L'AME AMÉRICAINE

Les Origines - La Vie Historique

PAR

Edmond de NEVERS

TOME Ier

PARIS
Jouve & Boyer, Éditeurs
15, Rue Racine, 15

1900

L'AME AMÉRICAINE

AVANT-PROPOS

De tous les pays modernes, les Etats-Unis sont
incontestablement celui dont la bibliographie a
tenu le plus de place, au XIXe siècle. Les
ouvrages publiés depuis quarante ans, en différentes langues, sur l'histoire, la civilisation et les
mœurs américaines représentent probablement,
à eux seuls, plus d'un millier de volumes.

Des historiens, comme Bancroft, Bradford, Hil-
dreth, Carlier, MM. Goldwin Smith, Mac-Master
etc., ont raconté l'établissement des colonies anglaises d'Amérique, la fondation de la République,
sa croissance prodigieuse et la vie des générations
successives qui l'ont habitée. Des légistes et des
écrivains politiques, comme MM. Curtis, Tiedman,
Ellis Stevens ont rattaché les institutions libres
des Etats-Unis à celles du pays de liberté d'où
elles ont été importées et établi leur filiation. Des
économistes, comme Emile Chevalier et M. de

Rousiers, des universitaires, comme M. Barnaud ont très consciencieusement mis en lumière le développement matériel et les systèmes éducationnels de la grande République. Des penseurs, comme Tocqueville, Claudio Jeannet, Matthew Arnold, MM. James Bryce, Lecky ont recherché quels enseignements offre au Vieux Monde cette démocratie jeune, vigoureuse, poussée dans un sol vierge, et quel rôle elle est appelée à jouer dans la marche du progrès et l'évolution des idées.

Enfin, tous les touristes européens lettrés qui ont traversé l'Atlantique, Hamilton, Sir Charles Lyell, Dickens, Xavier Marmier, Laboulaye, M. Paul Bourget, pour ne nommer que quelques-uns des plus célèbres, ont rapporté de leurs voyages d'Outre-mer des tableaux de mœurs pleins d'aperçus neufs, de remarques piquantes et d'observations subtiles.

On trouvera, sans doute, présomptueuse la tentative d'un inconnu qui, venant après tant d'écrivains autorisés, prétend trouver encore à glaner dans le vaste champ d'études que constituent l'histoire et la vie américaines ; on la trouvera surtout bien superflue.

Un haut fonctionnaire anglais, sir Lepel Griffin, écrivait, il y a quelques années, pour expliquer l'intérêt qu'il portait aux États-Unis (1) : « Les destinées de la République américaine et de

---

1. *The Great Republic* p. 94 (Londres 1884).

la race vaillante et énergique qui l'habite, sont d'une importance suprême pour le monde et surtout pour l'Angleterre. Avant que les enfants de la génération actuelle soient devenus des vieillards, il ne restera plus que trois grandes puissances dans l'univers civilisé, l'Empire Britannique, la Russie et les Etats-Unis. La France, l'Allemagne et l'Autriche seront peut-être encore prospères, peut-être entretiendront-elles encore, comme aujourd'hui, des armées permanentes, mais la domination du monde sera échue aux races anglo-saxonne et slave. Nous avons donc un intérêt direct à bien connaître dans quel sens s'oriente la civilisation américaine et quel est le volume et la force de propulsion des courants qui, partis de l'autre côté de l'Atlantique, atteignent nos rivages ».

Mon explication ou mon excuse, mais pour des raisons infiniment moins ambitieuses, sera la même. *Les destinées des Etats-Unis sont d'une importance suprême pour nous, Canadiens-Français.* La civilisation américaine représente un courant d'idées, d'aspirations, de sympathies dont nous subissons fortement l'influence et dans lequel nous nous défendrons difficilement d'être entraînés ; c'est pourquoi il nous importe de voir clair dans son orientation, de ne pas nous laisser éblouir par de faux mirages et de nous mettre en état de faire un choix dans ce qu'elle offre à notre imitation.

La République américaine, c'est l'édifice gigantesque dans l'ombre duquel s'élève notre humble
toit ; l'étranger peut en admirer ou en critiquer
la façade, les dispositions, le confort ; nous devons, nous, étudier l'ampleur de ses assises, véri-
fier la solidité de sa structure.

D'ailleurs, un rameau important de notre nationalité s'est déjà implanté au sein de l'Union, et,
qui sait s'il ne viendra pas un jour, où, à la suite de l'une de ces crises profondes que nous
voyons vaguement se dessiner à l'horizon, les conditions de liberté, de sécurité, de bien-être dont
nous bénéficions depuis plus d'un demi-siècle, seront compromises ou détruites, et où il nous faudra jeter les yeux du côté de nos puissants voisins,
ainsi que vers un port de salut ?

Il me paraît certain, quoi qu'il arrive, que,
dans un avenir plus ou moins éloigné, la question
suivante prendra la première place dans nos
préoccupations patriotiques : Est-il de notre intérêt de contribuer à l'unification politique de tout
le continent nord-américain ; nous sera-t-il possible, sous le drapeau étoilé, de grandir et de nous
développer sans rien abdiquer, sans rien abandonner de ce qui nous est cher, en restant fidèles à
nos traditions françaises et catholiques ? A cette
question nous ne pourrons répondre qu'en inter-
rogeant le passé et en lui demandant ce qu'il contient de promesses ou de menaces pour l'avenir
de notre race et de notre foi.

En 1775, lorsque nos ancêtres déclinèrent les pressantes invitations des colons américains qui les adjuraient de se joindre à eux, pour secouer le joug anglais, ils avaient, pour leur servir d'avertissement, le spectacle uniforme et ininterrompu que leur avait donné la Nouvelle-Angleterre, de cent cinquante ans de fanatisme religieux et d'intolérance.

Il s'agira pour nous, ou pour ceux qui viendront après nous, de dégager au milieu du conflit des dogmes et des principes dont l'Union est le théâtre, dans le flux et le reflux des courants psychiques divers qui la pénètrent, dans le décor changeant de tout un siècle de transformations, un ensemble d'idées directrices, d'aspirations constantes et de tendances irréductibles sur lequel nous pourrons baser notre ligne de conduite. Il y aura là, un problème difficile à résoudre.

Les ouvrages des auteurs américains et étrangers dont j'ai parlé nous seront, certes, d'une grande utilité et nous faciliteront ce recul dans l'histoire qui permet d'envisager, dans une lumière plus sereine, les évènements qui se déroulent sous nos yeux. Cependant, il me semble (mais je partage peut-être, ici, l'illusion commune à la plupart des écrivains, qui s'imaginent volontiers être appelés à combler des lacunes laissées par leurs devanciers) il me semble, dis-je, que certains côtés des origines et de l'évolution américaines ont été négligés dans les études qu'on y a consacrées jusqu'à présent. Il me semble qu'au sujet de ce peuple en formation et dont de constantes agrégations modifient, chaque jour, les éléments constitutifs, on s'en tient trop obstinément aux clichés qui avaient cours au commencement du siècle, tel par exemple celui d'après lequel les Etats-Unis seraient un pays anglo-saxon. Il me semble que l'on n'a pas attaché assez d'importance aux procédés de fusion et d'alliage des groupes hétérogènes qui peuplent la République et que l'on ne s'est pas enquis suffisamment des états d'âme résultant de l'extinction ou du réveil des hérédités que les premiers colons et les immigrants des générations successives avaient apportées du pays natal.

Les publicistes européens qui se sont occupés du Nouveau-Monde ont tenu, sans doute, à se montrer absolument sincères et impartiaux, mais plusieurs n'ont pu échapper à certaines préoccupations ou triompher de certains préjugés. Il en est qui sont venus chercher en Amérique, des arguments en faveur d'une thèse politique ou la condamnation d'une théorie gouvernementale. D'autres y ont voulu trouver simplement des données et des faits à l'appui d'un système économique. Il en est dont la bonne foi a été surprise par des apparences fallacieuses, et qui ont dégagé trop vite la formule d'un état de choses observé seulement à la surface.

L'Anglais dont les appréciations devraient être les plus exactes et les mieux documentées, puisqu'il parle la langue de l'immense majorité du peuple des Etats-Unis, l'Anglais, on l'a constaté bien des fois, est incapable de rendre justice à ce qui n'est pas lui. Aussi, la plupart des écrivains d'Albion qui ont consacré à la Démocratie américaine, des volumes ou des articles de revues, appartiennent-ils à deux catégories bien distinctes. Les uns, considérant les Américains comme des étrangers, les écrasent de leur mépris hautain; les autres, et le nombre en est considérable depuis quelques années, se rappelant leur parenté avec une partie des pionniers des premières colonies anglaises, et oubliant la diversité des races amalgamées aujourd'hui dans la confédération américaine s'écrient : « Mais vous êtes des Anglais ! L'Amérique c'est un agrandissement de la Grande Bretagne, *Greater Britain.* Vous appartenez comme nous à cette fière nation qui tend à dominer le monde; nous reconnaissons en vous notre énergie, notre audace, notre sens pratique, notre esprit politique ». Et leurs études américaines se résolvent, le plus souvent, en essais sur l'expansion britannique (1).

On accuse les Américains en général de se montrer d'un optimisme excessif, lorsqu'ils trai-

1. Ces lignes ne s'appliquent pas à l'excellent ouvrage de Matthew Arnold « La civilisation aux Etats-Unis », non plus qu'à quelques autres.

tent des choses d'Amérique, et d'exagérer la tendance qu'ont, du reste, les auteurs de tous les pays, à se placer à un point de vue ethnocentrique d'où l'on n'aperçoit qu'un horizon très rapproché (1).

Je n'ai pas la prétention d'échapper moi-même aux erreurs d'appréciation et d'analyse que comporte inévitablement un sujet aussi complexe que celui que j'ai inscrit en tête de cet ouvrage, mais je veux apporter à son étude toute la sincérité, toute la circonspection dont on doit faire preuve, en explorant un territoire accidenté que l'on est destiné, soi et les siens, à habiter un jour.

Mon livre sera, en somme, une fort modeste contribution à l'histoire de la civilisation américaine, portant en particulier sur quelques facteurs que l'on a généralement négligés jusqu'à présent et qui ont, au moins pour nous, étant donnée la situation spéciale que nous occupons sur ce continent, une importance considérable.

1. Il serait injuste de ne pas rendre hommage aux études si impartiales et d'un esprit si élevé qu'ont publiées sur les institutions et la vie américaines, MM. Russell Lowell, Godkin et plusieurs écrivains des grandes revues.

PREMIÈRE PARTIE

LES ORIGINES

______

APERÇU GÉNÉRAL

« When it is remembered that there was only a popula-
« tion of less than two millions and a quarter in the
« whole of the United States, in the year 1776 (exclu-
« sive of Slaves and Indians) it will be seen that but
« a small proportion of the present population can
« claim the honor of being descended from the original
« american stock ; and consequently in ages to come,
« the arrival of the Virginians, the emigration of the
« Puritan and Dutch Settlers, as well as the settlement
« of the Quaker and Huguenot refugees, will form as
« memorable epochs in the history of the great Repu-

1.

« blic as the Saxon and Norman conquest of Great-
« Britain now do in the history of that country (1). »
(Thomas P. Hughes. American Ancestry. Introd.).

Les coloniesanglaises d'Amérique n'ont pas
eu de temps fabuleux ; nulle légende de combats héroïques, d'actes de dévouement ou d'audace ne flotte sur leur berceau. Leur établissement a inauguré dans l'histoire l'entrée paisible
de l'homme pratique qui ne se laisse pas détourner par le rêve de conquêtes d'âmes, d'empires
ou de trésors, des deux buts qu'il estime être les
seuls dignes de son ambition et de ses efforts :
l'acquisition de la liberté et de la prospérité matérielle, le salut de son âme *à lui.*

Pendant que nos ancêtres venus de France
s'en allaient dans les profondeurs du nouveau
continent, marquer « l'occupation » d'immenses
régions de forêts en y construisant des forts et

1. Si l'on se rappelle qu'en 1776, la population blanche
des Etats-Unis n'atteignait pas deux millions deux cent
cinquante mille âmes, on voit qu'une faible proportion de
la population actuelle peut réclamer l'honneur de descendre des anciennes familles américaines. Un temps viendra
où l'arrivée des colons de la Virginie, l'émigration des
Puritains et des Hollandais, l'établissement des réfugiés
huguenots et quakers constitueront dans l'histoire de la
grande République des époques aussi mémorables que celles que constituent la conquête saxonne et la conquête
normande dans l'histoire de l'Angleterre.

guerroyer avec les tribus indiennes qu'ils voulaient gagner à la foi chrétienne ; pendant que les
Conquistadores espagnols rêvaient

... En arrivant au port de Panama

de voir

Jusqu'au zénith brûlé du feu des pierreries,
Resplendir au soleil les vivantes féeries
Des sierras d'émeraude et des pics de saphir (1).

les colons anglais, bien pénétrés de la vérité du
proverbe « qui trop embrasse mal étreint », s'é-
tablissaient sur les bords de l'Atlantique et prenaient possession de la terre, en la défrichant, en
y fondant des villages, en s'y construisant des
habitations. Les explorateurs et colons français
travaillaient pour Dieu, pour la France et pour
le Roy ; les colons anglais travaillaient pour eux-
mêmes et pour leurs descendants. Ceux-là ont
continué la vie du passé ; ceux-ci ont été, en
quelque sorte, les précurseurs de la vie moderne.

L'histoire des colonies françaises et espagnoles
gravite autour d'un certain nombre de figures
dominantes, héros de l'aventure ou du sacrifice,
chefs militaires, missionnaires, coureurs des bois.
L'histoire des colonies anglaises ne s'occupe que
de groupes et de collectivités ; on y rencontre

1. J. M. de Hérédia. *Les Trophées. Les Conquérants
de l'or.*

bien çà et là, quelques noms en vedette, quelques hommes qui eurent une plus grande part que leurs compagnons dans l'œuvre accomplie en commun, John Smith, les deux Winthrop, Lord Baltimore, John Davenport, William Penn, Oglethorpe, mais ce sont presque tous des théologiens, des philanthropes ou simplement des organisateurs ; ils n'ont aucun de ces traits de caractère qui parlent à l'imagination du poète et du peuple. D'ailleurs, à cette époque, plus d'un demi-siècle après l'établissement de l'austère Réforme, l'esprit aventureux, semble-t-il, n'avait plus le don de séduire l'Anglo-Saxon. On raconte que le capitaine John Smith ayant publié un récit des épisodes romanesques de ses voyages et des aventures extraordinaires auxquelles il avait été mêlé, s'était vu de ce fait tenu en suspicion par ses compatriotes, et que son prestige en avait reçu un grave échec.

Quoi qu'il en soit, ces hommes pratiques et ces théologiens ont rempli une mission plus féconde pour l'avenir de l'humanité que la plupart des plus sublimes et des plus purs héros ; ils ont été les champions invincibles de la liberté politique, de la moralité et du travail. Conquérants pacifiques, ils ont étendu leur domination sans accumuler de ruines et sans semer la mort sur leur passage ; ils ont préparé des demeures aux générations futures, ensemencé des champs, donné des lois.

Au commencement du xvII^e siècle, on le sait, l'Angleterre n'avait pas encore eu la révélation de la mission colonisatrice qu'elle était destinée à accomplir plus tard. Les établissements anglais d'Amérique furent des entreprises dues essentiellement à l'initiative privée : la mère-patrie ne fit aucun sacrifice pour les créer ou les maintenir, et ce n'est que lorsqu'elle comprit que le Nouveau Monde allait offrir un vaste débouché à son commerce et à son industrie qu'elle s'occupa d'y affirmer ses droits de suzeraine, en mettant des entraves au commerce et à l'industrie des courageux pionniers. Ainsi donc, si le lien qui unit la Nouvelle-Angleterre et la Virginie à la Grande-Bretagne fut longtemps le lien du sang, il ne fut jamais celui de la reconnaissance.

Les colonies anglaises eurent, dès la fondation de leurs premiers hameaux, une vie indépendante et absolument distincte de celle de la Grande-Bretagne ; elles ont dû à certains moments, il est vrai, subir le contre-coup des guerres et des querelles de celle-ci, mais leur expansion n'en a guère été modifiée.

Leur histoire manque d'unité ; les établissements du Sud, de l'Est et du Centre ont été l'œuvre de plusieurs groupes de pionniers différant les uns des autres par la race, la religion, la langue, l'esprit, les habitudes et la manière de vivre. La plupart venaient chercher en Amérique un refuge contre la persécution religieuse ; d'autres y voulaient trouver un abri contre la pauvreté et la misère ; quelques-uns enfin n'avaient en vue qu'un placement avantageux de capitaux. Tous, cependant, ont passé à peu près par les mêmes phases de lutte et d'action, tous ont bénéficié ou ont été victimes de circonstances à peu près identiques.

Les Puritains et les Virginiens, qui devaient jouer le rôle principal dans le développement de la jeune nation, tenaient de leur hérédité, des institutions libres déjà anciennes de leur mère-patrie, de la religion qu'ils venaient d'embrasser et pour laquelle ils professaient l'ardeur de tous les néophytes, la croyance absolue que chaque citoyen a un mot à dire dans l'administration de la chose publique, que la pauvreté constitue entre les hommes la seule infériorité réelle, que la Bible doit être le guide suprême dans toutes les circonstances de la vie. Jusqu'après la guerre de l'Indépendance, cette croyance est restée, au-dessus des divisions, des rivalités et des querelles d'intérêt, le point commun sur lequel tous les esprits se sont rencontrés.

Les autres groupes ont subi fortement l'influence des Virginiens et des Puritains ; dans chacun d'eux cependant certaines qualités et aptitudes héréditaires, certaines aspirations, certains préjugés ont dû se transmettre dont l'action a modifié l'orientation de la collectivité. Pour bien apprécier les éléments constitutifs de la nation américaine, il faut savoir quelle semence chacun de ces groupes a jetée dans le sol.

.:.

Les documents authentiques concernant la vie et les actes des premiers pionniers sont fort nombreux, surtout ceux qui se rapportent aux habitants de la Nouvelle-Angleterre, aux Puritains, et l'étudiant qui veut se renseigner sur la fondation des diverses colonies n'a que l'embarras du choix. Ajoutons que les écrivains de la dernière partie de ce siècle qui se sont occupés des origines de la nation américaine, ont soumis tous ces documents à une critique sévère, comparé ensemble rapports et mémoires, lettres et registres, expliqué les uns par les autres et réduit à leurs justes proportions ceux des événements et des hommes que la piété des premiers historiens avait d'abord trop idéalisés (1).

Il se mêle, d'ailleurs, presque toujours un peu de fiction à l'histoire des jeunes peuples qui ne sont pas encore sûrs d'eux-mêmes et qui ont besoin que du fond du passé un foyer brillant leur éclaire la route vers l'avenir. Plus tard, nécessairement, les mirages disparaissent et le passé, alors, se

1. Citons entre autres les travaux publiés sous la rubrique de « *John Hopkins historical series.* »

déployant en pleine lumière, vient aider à la compréhension du présent.

Les origines des nations européennes se perdent dans la nuit d'âges barbares que l'historien ne peut faire revivre qu'au prix de longs travaux. Les ancêtres américains, eux, sont des hommes de notre époque ; les vertus qu'ils ont pratiquées, les idéaux qu'ils ont nourris sont de ceux que ce siècle intéressé, prosaïque et terre à terre comprend bien ; notre esprit peut, sans effort, reconstituer leur vie et évoquer la calme vision de l'œuvre qu'ils ont accomplie.

J'ai divisé en cinq groupes les premiers pionniers de la patrie américaine :

1° Les planteurs des provinces du sud.
2° Les Puritains.
3° Les Hollandais, les Quakers, les Huguenots.
4° Les Allemands.
5° Les Celtes.

LES PLANTEURS DE LA VIRGINIE
ET DES COLONIES DU SUD

L'établissement des colonies anglaises d'Amérique, de même que celui des colonies françaises, fut précédé de quelques voyages d'exploration et de découverte qui restèrent sans résultats pratiques. Frobisher en 1576, Gilbert en 1583, et Raleigh en 1588, visitèrent les côtes occidentales de l'Atlantique. L'expédition de Raleigh périt tout entière, de même que périt en 1599 celle du marquis de la Roche au Canada; car il semble décrété par une loi fatale qu'aucun peuple ne pourra prendre possession d'une terre nouvelle sans y semer d'abord quelques cadavres, sans y payer le tribut du sang.

Les premiers sujets d'Albion qui s'installèrent d'une manière permanente sur le sol américain furent amenés par les soins de la *Compagnie de Londres* qui avait obtenu, en 1606, du roi Jacques, une charte l'autorisant à prendre possession de tout le pays qui s'étend du 34e au 38e degré de latitude nord. Des 105 colons qui traversèrent l'Atlantique sous les ordres du capitaine John Smith, cinquante périrent la première année, et la *Compagnie de Londres* céda ses droits à la *Compagnie de la Virginie*, laquelle fut incorporée en 1608.

Cette dernière ne fut pas d'abord plus heu-

reuse que sa devancière; elle perdit en quelques
mois, 440 hommes sur les 500 qu'elle avait expé-
diés en Amérique; mais lord Delaware qui rem-
plaça le capitaine Smith, réussit à réconforter
les survivants, à stimuler leur énergie, et la colonie se maintint, bien qu'en Angleterre on consi-
dérât cette entreprise comme téméraire, ridicule,
vouée à l'insuccès, et qu'on s'en moquât.

Les membres de la *Compagnie de la Virginie*, en majorité des marchands de Londres et
des spéculateurs, avec quelques hauts fonctionnaires, tenaient surtout à ce que l'affaire fût d'un
bon rapport. Quelques-uns d'entre eux cependant payèrent de leur personne et se rendirent
dans la colonie en qualité de membres du Conseil
d'administration.

La Virginie ne fut, selon l'expression des écrivains du temps, « ni une plantation religieuse, ni
une plantation politique, mais une plantation commerciale ». La plupart des ouvriers qui y furent
amenés appartenaient à la classe des vagabonds
et des indigents de Londres, des prisonniers pour
dettes et des repris de justice. Je trouve dans les
Archives coloniales l'un des avis que la Compagnie faisait répandre et afficher afin de recruter
des colons. Après l'énumération des avantages
qu'offre la Virginie, il y est dit que « l'Angleterre
regorge de vagabonds, lesquels, n'ayant pas de
moyens de travail pour sortir de leur misère,
s'abandonnent à des pratiques basses et vilaines,

de telle sorte que si on ne s'occupe pas de leur trouver de l'emploi à l'étranger, il faudra bientôt bâtir de nouvelles prisons et inventer de nouveaux châtiments ».

En 1610, Thomas Dale débarqua sur les bords de la *James river*, avec 300 de ces particuliers.

« Ce sont des profanes, écrivait-il lui-même à Londres (1), et si remplis d'esprit de mutinerie que la plupart d'entre eux ne sont chrétiens que de nom ; leurs corps sont tellement couverts de maladies et pourris que c'est à peine s'il s'en trouve soixante qui soient capables de travailler ».

En 1611, trois cents autres colons arrivèrent avec John Gates. Dans la seule année 1614, la colonie reçut plus de douze cents personnes, la moitié en qualité de colons indépendants et de serviteurs de ces derniers, les autres envoyés aux dépens de la Compagnie.

Les terres étaient distribuées aux membres de la Compagnie, proportionellement à leur mise de fonds, et aux colons libres. Ceux-ci recevaient cinquante acres gratuitement, plus cinquante acres additionnels pour chaque serviteur ou esclave blanc qu'ils amenaient à leurs frais ; ils étaient, en outre, exemptés d'impôts pendant sept années, à la seule condition qu'ils fissent défricher trois acres par année sur chacun de ces

1. Lettre de sir Thomas Dale à Salisbury, 17 août 1611.

lots de cinquante acres. Ainsi un colon qui amenait dix serviteurs, recevait cinq cent cinquante acres de terre. Enfin, chacun avait le droit d'acheter autant de terrain qu'il le voulait, moyennant une somme de douze livres et dix shelings (fr. 312. 50) versée à la Compagnie, par lot de cent acres.

La plupart des serviteurs amenés par les colons étaient engagés, en vertu d'un contrat qui les liait à leur patron pour un temps limité, généralement de trois à sept années; on les appelait *indented servants*. Les gens envoyés aux dépens de la compagnie recevaient par année, en échange de onze mois de travail, trois acres de terre et deux boisseaux de grain.

La *Compagnie de la Virginie* avait établi un gouvernement presque militaire et les colons étaient régis par un code de lois d'une sévérité draconienne. Etait puni de mort quiconque blasphémait le nom de Dieu, parlait contre les dogmes de la foi chrétienne, tournait en dérision, par ses paroles ou ses actes, la parole du Très-Haut ou manquait d'assister au service divin, le dimanche. C'était encore un crime entraînant la peine capitale que de parler contre le roi, de calomnier la compagnie, de tuer du bétail ou de la volaille sans la permission du gouverneur. Quant à ceux qui manquaient de respect au clergé, ils étaient fouettés publiquement et tenus de faire amende honorable (1). Le travail était réglemen-

1. Un nommé Henry Spelman fut condamné à mort

té et obligatoire pour tous, six heures par jour, car beaucoup des colons. n'en avaient ni le goût ni l'habitude ; les membres de la compagnie eux-mêmes y étaient astreints. « Les Gentlemen, dit Bancroft (1), apprirent le maniement de la hache et devinrent d'excellents bûcherons ». Les anciens vagabonds se pliaient difficilement aux besognes manuelles. « On. les avait mis à bûcher, raconte Stith, le plus ancien historien de la Virginie (2), afin de les rendre pacifiques; mais la hache bles-sait leurs mains délicates et, à tous les deux ou trois coups, une bordée de jurons faisait retentir les échos. Pour prévenir cette grave infraction aux lois divines, le gouverneur ordonna que chaque juron fût compté et puni le soir par un seau d'eau versé dans la manche du pêcheur, ce qui avait en même temps pour effet de le laver et de l'assainir. Au bout d'une semaine on n'entendit plus un seul juron ».

L'administration de la Compagnie ne fut guère qu'une succession de querelles, de rivalités et d'émeutes suivies de répression violente. Cependant à côté des « *indented servants* » qui n'é-

---

pour avoir parlé irrespectueusement du gouverneur Yeard-ley et avoir dit à un Indien qu'il aimerait voir arriver quelque personnage influent qui mettrait Yeardley à la raison et le destituerait de ses fonctions. Sa peine fut commuée.

1. *History of the United States.* vol 1ᵉʳ.
2. *History of the discovery of Virginia* (p. 80)

taient guère mieux traités que des esclaves, il y avait un assez bon nombre de colons libres, venus avec la ferme volonté de faire fortune et de profiter des avantages qu'offrait la Virginie, au point de vue du sol et du climat. En 1624, ils avaient déjà défriché une grande étendue de terrain, bâti une ville, Jamestown, et établi quelques fabriques. La culture du tabac avait pris une grande extension et commençait à devenir un élément de richesse.

Aux querelles intestines s'ajoutèrent, à partir de 1619, des difficultés entre la Compagnie et la Couronne relativement à l'impôt sur le tabac. La Compagnie avait à la Cour des ennemis qui intriguèrent contre elle, si bien qu'en 1624 sa charte lui fut enlevée, et que la Virginie devint et resta jusqu'à la guerre de l'Indépendance, une province relevant directement du roi d'Angleterre.

Pendant les années qui suivirent l'annulation de la charte, une ombre plane sur l'histoire de la Virginie, car les habitants de cette colonie n'eurent pas soin, comme les Puritains, de conserver leurs annales. On ne sait même pas très bien comment les petits propriétaires libres, dont font mention les lettres qui nous sont restées de cette époque, disparurent pour la plupart.

Sans doute il se fit une sélection; les uns énergiques, entreprenants et possédant quelque capital, agrandirent leur domaine ; les autres, moins industrieux, isolés au milieu des grands propriétaires, préférèrent vendre leurs terres et se mettre au service des plus riches planteurs.

La population continua à se recruter de la même manière que sous l'administration de la Compagnie et se développa assez rapidement.

Elle n'était que d'environ 3000 âmes, lors de l'abolition de la charte ; quatorze ans plus tard, en 1638, elle s'élevait à plus de 7000. « Des centaines d'émigrants qui arrivent chaque année, écrit à cette époque Richard Kempt (1), à peine s'en trouve-t-il quelques-uns qui ne sont pas amenés comme une marchandise, pour être vendus ».

En 1643, il fut statué par une loi votée à la législature de la province que les indigents importés sans aucun contrat préalable serviraient pendant une période de quatre à sept années, suivant leur âge, et seraient libres ensuite.

L'importation des Noirs, qui devait donner à la Virginie, de même qu'aux autres colonies du Sud, son caractère particulier, commença dès 1620, mais n'atteignit pas de suite une grande extension. Ainsi, en 1650, il n'y avait dans la province qu'un Noir pour cinquante Blancs. En 1665, alors que la population totale de la Virginie était d'en-

1. R. Kempt avait été l'un des membres les plus influents de la Compagnie.

viron 35.000 âmes, on n'y comptait que 9.000
Africains contre 8.500 esclaves blancs ; en 1683,
3.000 Noirs avaient pour compagnons de travail
15.000 *indented servants* (1).

C'est en 1662, que fut incorporée la *Société
Royale Africaine* dont l'objet principal était
d'enlever des Nègres en Afrique et de les vendre
aux colonies ; le duc d'York en était le président
et le roi lui-même l'un des plus forts actionnai-
res (2).

A partir de cette époque, la vie coloniale en
Virginie cessa d'être ce qu'elle avait été à l'origine et se façonna peu à peu telle qu'elle devait
se maintenir jusqu'en 1861.

En 1660, les Gentlemen n'ont plus besoin de se
faire bûcherons, et tout le luxe compatible avec
l'état encore primitif de la colonie, les difficultés de

---

1. Le commerce des Blancs se faisait alors sur une grande
échelle. Les archives coloniales contiennent des mentions
fréquentes à ce sujet. Ainsi « le 14 mai 1652, le navire
« *John and Sarah* » est arrivé chargé de quincaillerie, d'articles de ménage et de prisonniers écossais ; les acheteurs
se rendent à bord du navire et choisissent la marchandise
humaine comme ils auraient choisi un cheval au marché »
(Suffolk County records, p. 5).

2. Le premier Anglais, dit Seely, qui se rendit coupable
de cette atrocité fut John Hawkins. En 1567, il entra dans
une ville africaine, y mit le feu et, sur les 8.000 habitants
qu'elle contenait, il réussit à en enlever 250, hommes, femmes
et enfants.
(Expansion of England, p. 74).

l'importation d'Europe, le manque d'artisans et de fabriques locales, même pour les objets de première nécessité, commence à s'introduire et à se développer chez les grands planteurs.

Peu à peu, un abîme profond se creusa entre ceux-ci et les autres classes de la population. Les *Gentlemen* regardaient de haut les petits propriétaires qui, eux, affichaient un souverain mépris pour les esclaves blancs, lesquels, à leur tour, avaient le Noir en horreur. Ajoutons que le Nègre lui-même méprisait le Blanc qui n'était pas propriétaire de quelques esclaves.

La transmission des héritages par droit de primogéniture avait été établie comme en Angleterre, de sorte qu'il se constitua de ce fait une véritable aristocratie. La propriété foncière et les esclaves étaient protégés contre les créanciers. Enfin, comme il y avait d'immenses étendues de terres inoccupées, tant dans la Virginie que dans les provinces voisines, il était facile aux chefs de famille de créer à leurs cadets de superbes domaines que ceux-ci exploiteraient avec leurs esclaves. A partir de 1690, le nombre de ces derniers augmenta rapidement, l'Angleterre faisant tout ce qui était en son pouvoir pour en développer l'importation, qui lui rapportait d'énormes profits. Le commerce des esclaves blancs diminua dans les mêmes proportions; en effet, il eût été imprudent de mêler ceux-ci aux Noirs, qu'ils auraient pu facilement exciter à la révolte. En 1715, la Virginie comptait déjà

une population de couleur de 23.000 âmes. Aussi
les grands planteurs qui possédaient parfois huit
ou neuf mille acres de terre, dont seulement quelques centaines étaient en culture, se gardaient-
ils d'en vendre aucune partie, car ils pouvaient
espérer, en augmentant le nombre de leurs esclaves, de réussir un jour à exploiter leur domaine
tout entier (1).

« Les serviteurs blancs, écrit Hugh Jones en
1724 (2), ne sont plus qu'une proportion insignifiante vis-à-vis des Noirs ».

Le travail étant absolument méprisé, les serviteurs blancs, une fois libérés de leur service,
s'en abstenaient eux-mêmes généralement; d'ailleurs il n'y avait dans la province aucune espèce
d'industrie Et c'est ainsi que se forma cette classe,
de beaucoup la plus considérable de la population, qu'on appela plus tard *Mean Whites* «Petits
Blancs ». Ceux des anciens serviteurs qui
étaient courageux et désiraient améliorer leur
situation, pouvaient toujours se créer un patrimoine, en s'éloignant vers les territoires non
encore colonisés; car l'acquisition du terrain était
facile, et rarement un individu qui s'était emparé
d'un lot inoccupé et l'avait défriché, s'en voyait

1. Certains favoris du roi avaient reçu d'immenses domaines, comme les Fairfax, les Beverley, etc. A un membre de cette dernière famille, en 1732, furent accordés
118.491 acres de terre.
2. *The present state of Virginia.*

contester la possession; mais ces anciens repris
'de justice, vagabonds, indigents séquestrés et
vendus comme esclaves, étaient peu préparés par
leur hérédité et leurs habitudes à devenir d'industrieux colons. Ils vivaient le plus souvent dans
l'indolence,la paresse et le vice,en cultivant un peu
de maïs et en se livrant à la chasse et à la pêche (1).

Jusqu'en 1654, le mouvement de la population
a été irrégulier et sujet à beaucoup de fluctua-
tions; à partir de cette date jusqu'à la guerre
de l'indépendance, la Virginie a doublé le nombre de ses habitants tous les vingt-sept ans. Une
nombreuse immigration lui est venue d'Allemagne, d'Irlande, d'Ecosse et même des colonies
voisines, le Maryland et la Pensylvanie.

Mais, d'un autre côté, la Virginie a été une
colonie mère et elle a essaimé dans le Maryland,
les Carolines et, plus tard, dans la Géorgie et le
Kentucky.

L'immigration postérieure à 1654 n'a guère
affecté que les classes inférieures de la population; les familles des riches planteurs s'étaient à
cette date assuré la possession de la plus grande

1. Le 20 avril 1670, le Conseil général tenu à James-City
fait des représentations à la métropole, relativement au
danger que cause à la colonie, le grand nombre de félons
et de mécréants qu'on y envoie des prisons d'Angleterre et
décrète qu'à partir du 20 janvier prochain,ceux qui emmè-
neront des prisonniers dans la colonie, devront les transporter, à leurs frais, dans d'autres pays.

partie du sol, et leur influence est restée absolue jusqu'à la guerre de l'Indépendance.

A la fin de la guerre, en 1782, la population totale de la Virginie était, d'après Jefferson (1) de 543.438 habitants, dont 284.208 blancs et 259.230 esclaves.

Les plantations d'une grandeur moyenne avaient une trentaine d'esclaves, mais quelques-unes en comptaient jusqu'à neuf cents. En outre, un bon nombre de colons libres, qui s'étaient recrutés surtout parmi les plus énergiques des anciens *indented servants,* en possédaient quelques-uns. Ces colons libres avaient droit de vote, mais ne briguaient aucune charge honorifique et vivaient comme le reste de la population blanche, en dehors des grands planteurs, dans l'oisiveté, l'ignorance et la malpropreté (2).

1. *Notes on Virginia.*

2. Un journaliste de Boston, M. Sidney Andrews (*un homme du Nord,* il est vrai, mais qui expose ce qu'il voit, apparemment sans parti pris) a visité le Sud, en 1866, immédiatement après la guerre de Sécession, et a assisté aux séances de la Convention d'Etat, dans la Caroline du Sud, l'Etat le plus aristocratique de l'Union. « La plupart des hommes, dit-il, n'ont pas l'air intelligent ; un bon nombre des membres de la Convention sont des campagnards rudes et ignorants. La différence entre les deux classes de délégués, ceux qui conduisent et ceux qui sont conduits, est beaucoup plus grande qu'elle ne pourrait l'être au sein d'une assemblée de ce genre, dans le Nord. Ce n'est pas que la première catégorie soit, en aucune manière, supé

Un bon nombre d'agriculteurs établis dans le nord et dans l'ouest de la province, en majorité des Allemands et des Écossais, cultivaient de leurs propres mains des légumes, des céréales et avaient fondé plusieurs villages prospères. Une « *Description de la Virginie* » publiée à Londres en 1724, fait mention « d'une colonie d'émigrés du Palatinat qui s'occupe avec succès d'agriculture, vit heureuse, se montre d'esprit libéral et vient d'entreprendre la plantation de la vigne, qui promet de donner de magnifiques résultats. »

En 1619, le gouverneur Yeardley avait réuni, à Jamestown, une assemblée de bourgeois, pour délibérer sur les affaires de la Virginie. Ce fut la première législature du Nouveau-Monde.

Et il en a été ainsi, plus tard, dans tous les autres établissements fondés par les Anglo-saxons ; c'est ce qui les a distingués surtout des colonies françaises et espagnoles.

rieure à la meilleure classe des citoyens du Nord ; mais la seconde catégorie est incomparablement inférieure ». (*South since the war* p. 40 (Boston, 1866). —

M. Andrews mentionne ailleurs « des planteurs ayant possédé jusqu'à 70 esclaves, qui sont ignorants, grossiers et parlent un horrible patois ». Et cependant à cette époque, après deux siècles de grande prospérité, le Sud était parvenu à son apogée.

Dès qu'un certain nombre de sujets d'Albion
sont groupés, leur premier soin est de s'organiser
politiquement, de se constituer un gouvernement
local, d'adopter un code de lois civiles et criminelles. Cette vie politique dont on exagère généralement l'importance est intéressante comme
manifestation d'un état d'esprit particulier et unique à cette époque. Mais si nous l'envisageons à
un point de vue strictement pratique, il nous faut
bien reconnaître qu'à l'enfance de colonies peu
peuplées et sans cesse exposées aux incursions
et aux attaques de tribus sauvages belliqueuses,
une administration absolue eût produit d'aussi
bons, sinon de meilleurs résultats. Souvent aux
réunions des législatures, des discussions sur des
motifs futiles s'envenimaient et faisaient des ennemis de gens qui, s'ils n'avaient pas pris part au
gouvernement, seraient restés tout au moins indifférents les uns aux autres. Les guerres contre
les Indiens étaient menées sans vigueur, sans esprit de suite, sans prévoyance, car la main ferme d'un chef manquait, et ce n'était qu'au prix
de très grandes difficultés qu'on parvenait à réu-
nir les fonds nécessaires à l'organisation d'une
expédition. D'un autre côté, la prépondérance dans
les législatures des provinces, de l'élément conservateur de la population, des propriétaires intéressés au maintien de la paix et de la stabilité,
a probablement constitué une sauvegarde contre
le goût des aventures qui, sous des gouverneurs

militaires, se serait facilement donné libre cours, et a empêché l'œuvre de la colonisation de dévier de son but véritable. Enfin, en cultivant leurs traditions de *self-government*, les colons, à travers bien des discussions oiseuses et des querelles inutiles, ont développé l'esprit de logique, le sens critique, l'amour du vrai et du bien qui devaient plus tard créer ce chef-d'œuvre immortel, la Constitution des Etats-Unis.

Le gouvernement de la Virginie était exercé par le roi et un conseil siégeant en Angleterre et par un gouverneur, un conseil, et une législature siégeant à Jamestown. Les franchises électorales étaient distribuées d'une manière assez libérale, mais bien contre le gré du gouvernement, qui s'efforça constamment de les limiter aux propriétaires fonciers. Cinq ou six lois furent votées dans ce sens, à différentes époques, puis abrogées successivement, sous la pression de l'esprit public, peu de temps après leur adoption.

La vie politique de la Virginie, de même que celle de la plupart des autres colonies, pourrait tenir tout entière dans une table chronologique indiquant la répétition régulière des mêmes faits, sans beaucoup de variantes et se lisant à peu près comme suit : Difficultés avec le gouverneur. Pétition en Angleterre. Envoi de commissaires royaux. Rapport des commissaires. Attaque des Indiens. Expédition contre les Indiens. Difficultés au sujet de la délimitation des frontières.

L'atmosphère administrative était remplie de vénalité et de corruption, ainsi qu'en témoignent tous les documents qui nous sont restés. La collation des emplois publics donnait lieu à de continuels pots-de-vin. Les gouverneurs Berkeley, Lord Culpepper et Lord Howard entre autres furent, paraît-il, des concussionnaires sans vergogne.

Les incursions des Indiens coûtèrent à la colonie, dans l'espace de soixante ans, plus d'un millier de victimes. Les massacres de 1620, de 1644 (1) et de 1677 surtout, laissèrent longtemps une impression de terreur. La répression de ces attaques ne fut jamais aussi prompte qu'on aurait pu le désirer, la question des subsides à payer pour une expédition, donnant lieu, comme je l'ai dit, à de longues discussions et étant fort difficile à régler. Les Virginiens, en outre, de même que les Puritains, ne surent jamais gagner ni l'affection, ni la confiance des tribus sauvages, car il leur arriva plusieurs fois de manquer vis-à-vis des Peaux-Rouges, à la parole donnée et de mettre à mort des otages et des parlementaires envoyés pas ces derniers. La foi des colons britanniques était pour les Indiens la *fides punica*.

1. Le massacre de 1614, dans lequel 300 colons furent tués, fut considéré par les théologiens de la Nouvelle-Angleterre, comme une punition infligée par le ciel aux Virginiens qui avaient attaqué une colonie de Puritains établie en Virginie.

Toute la propriété était rurale, les villes, même à l'époque de la Révolution, ne comptaient que quelques milliers d'habitants. Les plantations étaient disséminées,de loin en loin, sur de vastes étendues, de sorte que l'aspect de la province,au premier abord,était celui d'une solitude immense. La seule culture était celle du tabac et du maïs; tout était importé d'Angleterre. Lorsque l'arrivée d'un navire de la métropole était signalée, on voyait se diriger vers le port, sur les rivières navigables fort nombreuses, des flottilles d'embarcations et à travers les chemins impraticables, de lourds chariots mal attelés, tous chargés de ces deux produits. Au retour, on rapportait les épiceries, les instruments d'agriculture, les étoffes de prix, les meubles de luxe, les ustensiles de tous genres qui se distribuaient chez les grands planteurs. La province n'avait qu'un très petit nombre de négociants et quelques artisans. Des colporteurs allaient offrir aux plantations, les menus objets qui pouvaient tenir dans leur balle; des artisans, menuisiers, charpentiers, forgerons voyageaient également, pour faire certaines réparations que les Nègres étaient incapables de faire.

Le luxe et l'opulence dans lesquels vivaient les grands planteurs,ne s'étendait pas aux habitations, car les maçons, charpentiers, menuisiers, déco-

rateurs d'une certaine habileté, ne s'établissaient
pas dans cette colonie où le travail même artisti-
que était déconsidéré ; les difficultés et la longueur des traversées sur l'Atlantique empêchaient
ces mêmes artisans d'y venir, momentanément,
pour exécuter des commandes. Les maisons
étaient de vastes bâtisses à un étage, sans aucun
style et d'apparence plutôt rustique. Les étrangers qui, au moment de la guerre de l'indépendance, visitèrent les Etats du sud, s'émerveillè-
rent de la demeure de Jefferson, la seule, paraît-
il, qui fût construite avec le respect des lois de
l'architecture et le souci de l'élégance. Les maisons des propriétaires pauvres, c'est-à-dire de
ceux qui ne possédaient que quelques esclaves,
étaient misérables, composées de deux ou trois
pièces à cloisons en bois brut, et sans vitres aux
fenêtres, dont les carreaux étaient faits de papier
huilé. Les habitations des *petits Blancs* étaient
des tannières différant peu des cases de Nègres.
Les chemins publics, en dehors de ceux qui re-
liaient parfois certaines grandes plantations,
étaient à peine entretenus et dans un état pitoya-
ble, les ponts y étaient à peu près inconnus. C'est
à cheval que les *gentlemen* se rendaient aux séances de la Cour de comté, aux courses, à la chasse
et aux batailles de coqs qui composaient leur
passe-temps favori. Les comtés étaient très nombreux et n'avaient généralement guère plus de six
à sept lieues de diamètre, la Cour était au centre.

Les batailles de coqs étaient un amusement dont raffolaient toutes les classes de la population.

« Lorsque les principaux amateurs se proposent de faire battre leurs champions, raconte le marquis de Chastellux (1) qui prit part à la guerre de l'Indépendance et visita la Virginie, ils ont soin d'en donner avis au public et quoiqu'il n'y ait ni poste, ni messageries établies, cette nouvelle importante se répand si facilement, qu'on voit des planteurs venir de trente ou quarante milles, quelques-uns avec des coqs, mais tous avec de l'argent pour les paris, qui ne laissent pas d'être considérables. Il est nécessaire d'apporter avec soi quelques provisions, car l'auberge ne pourrait pas en fournir pour tant de personnes de bon appétit. Quant au logement, une grande chambre pour toute l'assemblée et une couverture pour chacun, suffisent à ces campagnards qui ne sont pas plus délicats pour les commodités de la vie que dans le choix de leurs amusements ».

Les Virginiens semblent avoir possédé la plupart des qualités qui sont l'apanage des populations rurales ; ils étaient fort hospitaliers et leurs mœurs étaient pures. La terre étant très fertile les « Petits Blancs » qui n'en possédaient que quelques arpents, trouvaient moyen de vivre cependant, en s'aidant de la chasse et de la pêche. La misère sordide et la faim qui sont de grands

1. *Voyages en Amérique*, vol. II, p. 25. (Paris, 1786).

excitants au crime n'existaient pas, bien qu'il y eût beaucoup d'indigents.

« Parmi ces riches plantations où le Nègre seul est malheureux, dit encore Chastellux (1), on trouve souvent de misérables cabanes habitées par des Blancs dont la figure hâve et l'habillement annoncent la pauvreté ».

La paresse, que les préjugés en honneur et le climat contribuaient à développer, et l'ivrognerie étaient, dans les masses, les vices dominants. Afin de ne pas être mis au rang des Noirs, les anciens *indented servants* s'abstenaient autant que possible de tout travail et passaient leurs journées dans les tavernes, à jouer, à boire et à se quereller. Les riches planteurs, en dehors du temps qu'ils consacraient aux exercices violents, à la chasse, aux courses et aux séances de la Cour du comté, restaient, en général, nonchalamment étendus dans un hamac, à côé d'une table chargée de liqueurs fines, entre deux esclaves armés d'éventails et chassant les mouches. Leur conversation roulait invariablement sur le tabac, le maïs, les courses, les dernières difficultés survenues à la législature, le dernier scandale religieux.

La période d'excitation par exellence, pour les gentlemen comme pour les *Petits Blancs*, était celle des élections. Chaque candidat amenait à sa

____

1. *Op. cit.* vol. II, p. 143.

3

suite, une bande de fier-à-bras qu'il abreuvait copieusement, et la victoire restait à celui qui possédait la plus forte armée.

Quant aux Noirs, tout a été dit sur les cruautés qu'on leur faisait subir. Ils étaient importés et vendus par la *Compagnie africaine* de Londres et parfois aussi par des gens de la Nouvelle-Angleterre qui allaient, en contrebande, acheter du rhum à la Jamaïque et continuaient leur voyage jusqu'en Afrique (1). On enlevait sans scrupules les malheureux que la curiosité attirait sur les navires des Blancs, on les enchaînait et on les transportait en Amérique. Un grand nombre mouraient pendant la traversée. Dans les plantations, ils étaient traités comme du bétail. Le fouet leur était appliqué par un employé préposé à cette besogne et payé à forfait ou tant par coup. Souvent ils s'échappaient et s'enfuyaient dans la forêt ; tout homme libre qui rencontrait un Nègre fugitif, pouvait le tuer impunément. John Davis qui, à la fin du siècle dernier, fut précepteur dans une famille de planteurs de la Caroline et qui a publié les souvenirs de son séjour en Amérique (1), reproduit l'avis suivant, affiché sur une place publique :

1. La reine Anne recommandait aux gouverneurs des colonies d'encourager par tous les moyens, les commerçants anglais et surtout les marchands d'esclaves.

2. John Davis. *Travels in America*, p.93. (Londres, 1801).

« *Arrêtez le fugitif !* 50 *dollars de récom-*
pense » !

Attendu que mon domestique Will s'est échap-
pé samedi dernier sans provocation (car je suis
un maître très humain), la récompense sus-indi-
quée sera payée à quiconque fera loger le dit Will
dans quelque prison, ou me le remettra à moi-
même, dans ma plantation de Liberty Hall.

On peut reconnaître Will, *aux cicatrices faites*
par les coups de fouet dont son dos est marqué :
je suppose qu'il doit avoir pris le chemin de *Coo-*
sabatchie, où il a *une femme et cinq enfants que*
j'ai vendus, la semaine dernière, à M. Gillespie.

A. Levi ».

Des lois sévères étaient édictées pour empêcher
les rapports des *Petits Blancs* avec les femmes
noires ; ceux qui se rendaient coupables de ce
crime étaient eux-mêmes, vendus comme esclaves.

La religion n'a pas joué un rôle fort important dans l'histoire de la Virginie. La religion des
Virginiens était celle des Cours, elle se prêtait
facilement aux compromissions et aux subterfuges ; elle ne laissait pas cependant, du moins en
principe, d'être fort intolérante. Les quakers,
les dissidents et les catholiques n'avaient pas le
droit de s'établir dans la province, l'assistance

au service divin était requise, sous peine de châtiments très sévères. Seulement, il semble que dans
la pratique on se soit montré plutôt libéral. Il eût
été difficile de faire régner dans le Sud la discipline sévère qui régissait la Nouvelle-Angleterre,
alors que certaines paroisses s'étendaient sur des
dizaines de lieues et qu'il fallait souvent chevau-
cher cinquante milles pour se rendre à l'église.
De plus, la facilité de la vie, la douceur du climat, l'élégance relative des mœurs adoucis-
saient, surtout chez les classes dirigeantes, l'austérité de la religion réformée. Enfin, le clergé
était loin de posséder l'influence énorme qu'il
possédait dans l'Est ; longtemps il dut dépendre
pour sa subsistance du bon vouloir de la population ; sa situation était précaire, le paiement de
ses émoluments se faisait en nature, (en tabac)
et donnait lieu à de fréquentes difficultés. Ce
n'est qu'en 1696 que son revenu fut fixé d'une
manière définitive, par une loi. Il paraît encore
que plusieurs de ses membres n'étaient guère
recommandables et se recrutaient trop souvent,
parmi ceux dont on voulait se débarrasser en
Angleterre.

On eut bien, de temps à autre, certains faits
de persécution à déplorer, mais l'histoire de la
province n'en fut guère affectée ; c'étaient des
faits isolés dont quelques-uns même eurent pour
auteurs, des gens venus d'ailleurs et qui n'obte-
naient pas l'assentiment de la masse de la popu-

lation (1). Deux ans avant la déclaration de l'indépendance, James Madison, un futur président de la République, écrivait au sujet de l'état social de la Virginie les lignes suivantes, qui nous paraissent quelque peu pessimistes : « La pauvreté et le luxe règnent dans toutes les classes, l'orgueil, l'ignorance, et la bassesse au sein du clergé, le vice et la méchanceté chez les laïques. Cela est déjà déplorable, mais ce n'est pas le pire de ce que j'ai à vous dire : le principe infernal et diabolique de la persécution fait rage au milieu d'un certain nombre, et à leur honte éternelle, les prêtres fournissent leur quote-part de démons dans les affaires de ce genre ; c'est là ce qui me chagrine le plus. Dans le comté voisin de celui-ci, il n'y a pas moins, à l'heure qu'il est, de cinq ou six personnes respectables qui sont enfermées dans un cachot, pour avoir énoncé publiquement leurs opinions religieuses, qui, en somme, sont parfaitement orthodoxes. »

Chastellux constate que les Virginiens se passent fort bien de religion. « Avant la guerre, dit-il (2), les pasteurs allaient étudier en Angleterre et s'y faire ordonner. Aujourd'hui les églises sont

---

1. Plusieurs milliers d'Ecossais s'étaient établis en Virginie, après la révolution de 1715 ; la plupart étaient calvinistes et un peu de même allure que les puritains de la Nouvelle-Angleterre.

2. *op.*, *cit.*, vol. II, p. 160.

fermées ; cet interrègne ne produit pas grand mal ».

Les lois civiles et criminelles qui régissaient la Virginie, étaient celles de l'Angleterre : un grand nombre . d'offenses étaient punies de la peine de mort, mais il ne paraît pas que cette peine ait été souvent appliquée ; les crimes étaient rares, si les méfaits étaient nombreux. Un délit, d'ailleurs, était considéré jusqu'à un certain point comme une bonne fortune, car il ajoutait au menu des séances de la Cour de comté et servait à défrayer les conversations des oisifs, dans un pays où il n'y avait pas de théâtres et fort peu de livres.

II

Le Maryland fut un véritable domaine féodal dont le roi d'Angleterre fit cadeau à lord Baltimore. Le propriétaire y recevait les impôts, nommait à toutes les fonctions publiques, enrôlait des milices pour la défense du territoire, imposait des droits sur les bateaux des colonies voisines qui entraient dans ses ports, etc., etc. Comme le roi son suzerain, il exerçait tous les droits de souveraineté compatibles avec la constitution anglaise et les institutions du gouvernement local, auxquelles tenaient avec opiniâtreté tous les sujets de la Grande-Bretagne, si infime que fût leur position sociale. La colonie jouit tout d'abord d'une grande prospérité. Les premiers colons qui y furent envoyés en 1633, au nombre de trois cents, étaient presque tous des cultivateurs et des artisans, en majorité catholiques. Le terrain était distribué de la même manière qu'en Virginie ; c'est-à-dire proportionnellement au nombre de serviteurs amenés par les colons et aux sommes versées par eux. Le propriétaire et la législature, se conformant à l'usage de cette époque, édictèrent des lois sévères et firent régner une discipline fort austère dans la province ; plusieurs crimes étaient punis de mort, entre autres le blasphème, la sorcellerie, l'idolâtrie et le sacrilège. Le Maryland est la première des colonies anglaises où fut établie la liberté de conscience absolue, ce qui en fit le refuge des dissidents de toutes les sectes et donna de suite, un grand essor au développement de sa population.

La paix cependant ne régna pas longtemps ; des difficultés s'élevèrent d'abord entre le propriétaire et la Virginie, les Virginiens prétendant que le territoire dont se composait ce domaine leur appartenait. La question fut portée à Londres, et lord Baltimore eut gain de cause.

Cette querelle n'était pas plutôt réglée que les dissensions religieuses commencèrent. Un certain nombre de puritains avaient fondé dans le Maryland une ville appelée Annapolis, y avaient bâti une église et s'étaient constitués en gouvernement local ; l'arrivée au pouvoir du Parlement

en Angleterre, leur permit de reconnaître l'hospitalité du propriétaire en fomentant des troubles et en persécutant les catholiques et les
loyalistes. Quand vint la Restauration, lord Baltimore eut le tort de leur pardonner ; les désor-
dres continuèrent, les difficultés s'envenimèrent
et finalement, en 1692, ce seigneur fut frustré de son
domaine, et le Maryland devint province royale.

A partir de cette époque les protestants gagnè-
rent continuellement du terrain, et en 1704, ils
purent faire voter par la législature une loi établissant un droit de vingt schellings (1) sur l'importation de chaque serviteur irlandais « afin
d'empêcher la trop grande multiplication des papistes ». En 1715, lord Baltimore, sixième du nom,
s'étant converti au protestantisme, fut réintégré
dans ses droits, et dès lors, les catholiques furent
virtuellement persécutés, bien que la liberté des
cultes restât statuée dans les lois de la colonie.
Ce lord Baltimore était de mœurs très dissolues.
« Des repris de justice, des libertins, des ivro-
gnes, dit Bancroft furent par lui nommés aux
cures des quarante paroisses anglicanes qui existaient alors dans le Maryland ». Les mêmes mesures arbitraires et oppressives au moyen desquelles le gouvernement de Cromwell avait cher-

1. Un impôt sur l'importation du whisky avait été inclus
dans la même résolution, les législateurs tenant à marquer ainsi leur mépris aux « papistes ».

ché à protestantiser l'Irlande furent employées contre les catholiques de la province. La population ne s'en accrut pas moins très rapidement. En 1710, elle était de 30.000 âmes.

En 1748, elle comprenait 98.357 hommes libres, 6.870 serviteurs blancs et 36.000 Noirs. D'après Bancroft, les catholiques formaient la moitié de la population totale en 1754.

Le recrutement des colons paraît s'être fait sur les mêmes bases qu'en Virginie et parmi les mêmes éléments peu recommandables. « De 1700 à 1760, dit Pitkens (1), le commerce néfaste et pestilentiel des convicts a augmenté dans des proportions considérables. Trois ou quatre cents convicts étaient importés annuellement dans la colonie et les habitants commencèrent à se plaindre ».

La *Maryland Gazette*, dans un article publié à la date du 20 juillet 1767, en vue de justifier ce commerce, admettait que pendant les trente dernières années, la moyenne des convicts importés avait été de six cents par année.

Ces convicts n'étaient le plus souvent peut-être que des victimes de la persécution religieuse, mais les historiens ne les désignent pas autrement et leurs descendants n'ont jamais protesté « car, dit Mac-Mahon, dans son livre « *Maryland* », l'orgueil de notre époque se révolte à aller chercher en tels lieux les racines d'un arbre généalogique, et beau-

____

1. *The United States*, p. 133.

coup qui se complairaient à retracer leur lignée à travers plusieurs générations d'ancêtres idiots, stupides et imbéciles, n'ayant pour tout mérite que le nom qu'ils portaient, se soumettraient à être appelés *novi homines*, plutôt que de confesser un convict dans leur ascendance ».

La vie privée, dans le Maryland, ne différait guère de celle de la Virginie, si ce n'est que les distinctions de castes y étaient moins tranchées, les petits propriétaires et les artisans formant une partie importante de la population et les grands planteurs (1) se trouvant en nombre moins considérable que dans cette dernière province. La terre étant très fertile et le climat excellent, il en résultait que la vie était facile, les mariages précoces (2) et les familles nombreuses.

III

Les Carolines furent, comme le Maryland, une

1. Certaines plantations, dans le Maryland, comptaient cependant jusqu'à 1300 esclaves.

2. Dans la classe pauvre, parmi les anciens convicts surtout, on escomptait facilement l'avenir et on n'attendait pas la fortune pour se créer une famille « C'était devenu une habitude, dit Kalm, qui visitait le pays en 1749, qu'au milieu d'une cérémonie nuptiale, le pasteur s'interrompait et disait : « Où est mon argent ? Si le marié ne s'exécutait pas, la suite de la cérémonie était remise à un autre jour » (Voyages dans l'Amérique septentrionale. vol. 1er, p. 43).

colonie féodale; le roi d'Angleterre en fit cadeau
à six courtisans, mais avec des droits un peu
moins étendus que ceux de lord Baltimore.

Le philosophe Locke avait rédigé, pour régir
ce vaste domaine, une constitution qui a prêté
depuis à beaucoup de plaisanteries ; il y établissait de toutes pièces une hiérarchie qui ne peut
jamais être que le produit du temps et des événements, et y échafaudait, les uns au-dessus des
autres, des dignitaires à titres ronflants, pala-
tins, landgraves, caciques, barons, avec des
pouvoirs et des fonctions exactement limités et
définis. Quiconque transporterait dans la colonie,
en un an, 600 serviteurs mâles, serait nommé
landgrave et aurait sous sa suzeraineté quatre
baronnies ; celui qui en emmènerait 900 aurait droit
en outre à la nomination d'un cacique ; le patron
de 1200 serviteurs aurait pour grands vassaux
deux caciques, quatre barons, etc. La terre était
distribuée aux colons proportionnellement au nombre de serviteurs qu'ils transportaient dans la
colonie, à leurs frais, cent acres pour chaque
homme et soixante-dix acres pour chaque femme.

Inutile de dire que la constitution du philosophe ne fut jamais appliquée, ou le fut à peine
suffisamment pour donner à quelques familles
un droit à la prétention de descendre d'ancêtres de haut lignage. Les mémoires du comte
de Shaftesbury, l'un des propriétaires, font
mention de quelques colons qui amenèrent avec

eux de 50 à 100 serviteurs, et d'un certain nombre qui en amenèrent de 5 à 10 (1).

Les Carolines, partagées en deux provinces,
eurent un développement économique différent de
celui des deux premières colonies établies dans le
Sud, mais reproduisirent, avec quelques variantes,
les mêmes phases de croissance et la même vie politique que la Virginie et le Maryland. Chacune d'elles a son chapitre de querelles avec les propriétaires et les gouverneurs, son chapitre de concus-
sions administratives, son chapitre de persécutions
religieuses, son chapitre de guerres avec les
Indiens, son chapitre de pétitions et de représentations en Angleterre.

En 1663, Berkeley gouverneur de la Virginie
et l'un des propriétaires, fut autorisé à nommer
deux gouverneurs, l'un pour la Caroline du Sud
et l'autre pour la Caroline du Nord.

⁂

La Caroline du Sud fut principalement peuplée,
tout d'abord, par des colons venus des Barbades
avec quelques émigrants de la Virginie. En 1667

1. Parmi les 92 passagers que le navire « *Caroline* »
transporte dans la colonie, en 1669, nous voyons qu'un
capitaine Sullivan amène avec lui 7 serviteurs, que
MM. Ed. Hollis et Joseph Dalton en amènent chacun 9,
M. Cartright 5, John Rivers 7 et S. Bull 6 (*Shaftesbury
papers*).

elle comptait déjà environ 800 habitants et était très prospère.La population s'accrut rapidement ; en 1682, elle s'élevait à près de 3.000 âmes et en 1708 à 10.000, mais les esclaves en formaient l'énorme majorité.A cette dernière date, les hommes libres ne dépassaient pas le nombre de 1360; il y avait 6.000 Noirs ; le reste se composait de quelques *indented servants* et d'Indiens qu'on avait réduits en esclavage. La Caroline du Sud se plaça dès lors à la tête des Etats esclavagistes, position qu'elle a conservée depuis (1). La terre était excessivement fertile et tout le monde s'occupait d'agriculture, les quelques négociants et artisans qui s'étaient trouvés parmi les premiers colons, avaient bientôt abandonné leurs ateliers et leurs boutiques pour se faire défricheurs. Les plantations n'étaient pas aussi considérables qu'en Virginie,et un petit nombre comptaient plus de trente esclaves.

En 1719, les colons se révoltèrent contre les droits des propriétaires et, dix ans plus tard, la Caroline du Sud devint province de la couronne. A partir de cette époque,un courant régulier d'émigration y afflua du Vieux-Monde, se recrutant

---

1. A plusieurs reprises, la législature de la Caroline du Sud vota des lois pour limiter l'importation des Noirs,accordant une prime à ceux qui amèneraient des serviteurs blancs et imposant des droits sur l'importation des esclaves africains ; mais le gouvernement de Londres mit obstacle à cette législation.

surtout, parmi les Huguenots, les Allemands, les Irlandais et les Ecossais.

La liberté de conscience avait été accordée à tous, en 1697, à l'exclusion des catholiques. En 1702 cependant, les propriétaires et le gouverneur adoptèrent une loi établissant la religion épiscopalienne, les dissidents furent défranchisés et la persécution se donna libre cours. Les Huguenots, eux-mêmes, furent victimes de l'exclusivisme anglo-saxon; on s'opposa pendant quelque temps à leurs prétentions à une représentation égale à la législature et l'on chercha à leur enlever leurs droits civils et leur liberté religieuse (1). La reine avait déclaré nul l'acte des propriétaires de 1702; la religion épiscopalienne n'en resta pas moins, jusqu'à la Révolution la religion d'État.

Les commencements de la Caroline du Nord furent assez difficiles, les premiers colons y vinrent des Barbades, des Bermudes et de la Virginie, qui, comme on l'a vu, joua dans le Sud, le rôle de colonie-mère.

Il est à remarquer qu'à partir de 1640, il y eut fort peu d'émigration volontaire d'Angleterre dans les colonies.

La Caroline du Nord réunit des dissidents et

1. Rivers. *History of South Carolina.* p. 176.

des adeptes de toutes les sectes, puritains, frères moraves, quakers, Irlandais catholiques, luthériens allemands, presbytériens écossais, épiscopaliens de Virginie. Ce fut un refuge, on ne put y établir ni l'intolérance, ni l'exclusivisme, ni l'ordre. « C'est un pays, écrivait en 1737, Spottswood, gouverneur de la Virginie, où il n'existe aucune forme de gouvernement; chacun fait ce qui lui semble bien et ne paie de tribut ni à Dieu ni à César ». On y cultivait le riz et le maïs, il y avait une grande abondance de poisson et de gibier; la vie était facile; chacun s'emparait du terrain qui lui convenait sans se soucier de savoir si on lui réclamerait des titres. Toutes les religions étaient tolérées ou plutôt on n'en pratiquait aucune. Au commencement du xviiie siècle, d'après Bancroft, il n'y avait qu'un seul prêtre dans toute la Caroline du Nord. En 1704, cependant, les épiscopaliens, qui n'étaient dans la province qu'une faible minorité, obtinrent de la législature et des propriétaires, l'établissement de leur culte et se firent construire des églises aux dépens du trésor public : les membres des autres sectes, naturellement, protestèrent; et ce fut là, la seule manifestation de l'esprit religieux dans cette partie des colonies anglaises.

La population, de même que dans les autres établissements du Sud, augmenta rapidement, surtout à partir de 1729, époque à laquelle la couronne acheta les droits des propriétaires. En

1754, elle était de près de soixante dix mille âmes, les Ecossais en constituaient une partie importante (1).

« Les établissements de la Caroline du Nord, éloignés de tout commerce, écrivait en 1785 le marquis de Chastellux (1), sont fondés sur l'agriculture, je veux parler de cette agriculture des patriarches qui consiste à faire croître des denrées pour la seule consommation des propriétaires, sans espérance de les vendre ou de les échanger.

Il faut donc que les colons se suffisent à eux-mêmes, que leurs propres brebis fournissent la laine pour leurs vêtements et le cuir pour leurs souliers... L'article qui manque le plus ce sont les clous, car la hache et la scie peuvent suppléer à tout le reste... Le seul commerce est la vente des chevaux plus faciles à conduire ».

IV

La Géorgie, la dernière des colonies du sud par ordre chronologique de fondation, fut établie par un philanthrope nommé Oglethorpe, membre

1. Après la bataille de *Culloden Moor*, en 1746, un grand nombre de Highlanders émigrèrent en Amérique, et beaucoup s'établirent dans la Caroline du nord.

2. *Op. cit.* vol. II, p. 31.

du parlement anglais, qui en fit un refuge, comme
avait été la Caroline du Nord, et y interdit l'esclavage. Elle fut colonisée par des cultivateurs ruinés, des débiteurs insolvables, tout frais sortis
des prisons de la Grande-Bretagne, des Ecossais,
des Irlandais, des frères moraves, des Salzbourgeois catholiques, des quakers et même des Juifs.
Les premiers colons y arrivèrent en 1733, et déjà à
l'époque de la guerre de l'Indépendance, elle
comptait une population de 50.000 âmes ; mais
elle était devenue province royale et avait reçu,
pendant les vingt dernières années de l'époque
coloniale, un nombre considérable d'esclaves ;
car beaucoup de cadets de la Virginie, du Maryland et de la Caroline du Sud y avaient acquis
des domaines.

<h2 style="text-align:center">V</h2>

En résumé, au moment de la déclaration de
l'Indépendance, les cinq provinces du sud comprenaient près de la moitié de la population
totale de la confédération, soit environ 1.300.000
âmes, dont 480.000 esclaves.

Aucun historien n'indique quelle était la proportion des grands planteurs vis-à-vis des autres
classes de la population, mais les données que
nous possédons permettent de l'établir d'une

manière approximative. Les esclave s noirs étaient en 1776, au nombre de 480.000. Or nous savons par les relations des voyageurs qui ont visité le Sud au moment de la guerre, qu'il s'y trouvait des milliers de petits propriétaires ignorants, vivant très mesquinement et qui possédaient cinq ou six esclaves ; il ne serait certainement pas exagéré d'admettre qu'au moins 100.000 Noirs se trouvaient disséminés chez ceux-ci, et cela surtout en Virginie (1).

Si nous supposons, maintenant, que la moyenne des esclaves, dans chacune des grandes plantations, était d'une trentaine, nous arrivons à un chiffre de treize ou quatorze mille grands planteurs. En y ajoutant quelques milliers de professeurs, de médecins, d'hommes de loi et de fonctionnaires, il se trouve que la population du Sud qui, concurremment avec les meilleurs éléments des provinces de l'Est et du Centre, a pu jouer un rôle dans les destinées de la nation et exercer quelque influence autrement que par le nombre, ne dépassait pas vingt mille âmes.

Les petits propriétaires cultivant de leurs propres mains étaient nombreux, surtout dans la Caro-

1. Au milieu des bois et des soins rustiques, dit Chastellux, un Virginien ne ressemble jamais à un paysan d'Europe, c'est toujours un homme libre qui a part au gouvernement et qui commande à quelques Nègres ». *Op.cit.* vol. II, p. 46.

line du Nord, le Maryland et quelques comtés de la Virginie. Les *Petits Blancs*, enfin, formaient l'immense majorité de la population blanche. Que l'on se reporte seulement à quelques chiffres cités plus haut : En 1665, il y avait en Virginie, sur une population de 35.000 âmes, 8.500 *indented servants*, en 1672, leur temps de service dont le maximum était de sept années, étant expiré, ces serviteurs étaient devenus libres ; en 1683, les *indented servants* étaient au nombre de 15.000, en 1690, 15.000 affranchis prenaient place dans la classe des *Petits Blancs* et se multipliaient aussi rapidement que le reste de la population, car toutes les familles étaient très nombreuses.

Ainsi, chaque année un certain nombre de serviteurs ou esclaves blancs recouvraient leur liberté. Quelques-uns sans doute en profitaient pour améliorer leur situation matérielle et se créer un patrimoine par le travail, un trop grand nombre restaient oisifs et vivaient dans le dénûment. Au Maryland, ainsi que nous l'avons vu, la population s'accrut annuellement de trois ou quatre cents convicts.

..

Dans toutes les colonies du Sud, l'éducation était absolument négligée ; la distance qui séparait les différentes plantations rendait très difficile, sinon impossible, la construction d'écoles sur

un point du territoire suffisamment rapproché
des habitations de deux ou trois familles Les propriétaires peu fortunés et les *Petis-Blancs* ne
voyaient pas la nécessité pour leurs enfants de
savoir lire ; les grands planteurs, de leur côté,
étaient d'avis que le bas peuple n'a pas besoin de
s'instruire (1). Eux-mêmes avaient un excellent
collège à Jamestown, le collège de Guillaume et
Marie ; les plus riches d'entre eux pouvaient, en
outre, garder un précepteur à domicile et envoyer leurs enfants étudier en Europe. Il n'y avait
quelques écoles que dans les villes.

La Caroline du Sud était la mieux partagée des
cinq provinces méridionales, au point de vue éduca-
cationnel, car sa capitale, Charleston, où la plupart des grands planteurs possédaient une maison et passaient une partie de l'année, était un
foyer de culture et de vie sociale aristocratique
et raffinée.

Dans leurs relations avec l'Angleterre, les colonies du Sud ne paraissent pas avoir eu trop à se
plaindre. Un impôt était perçu sur le tabac (2) et

1. Le Gouverneur de la Virginie, Berkeley écrivait en
1671 : « Je remercie Dieu de ce que nous n'avons ni écoles
libres, ni imprimeries, et j'espère que des centaines d'années s'écouleront avant que nous en possédions ; car l'instruction a apporté au monde la désobéissance, l'hérésie et
les sectes. L'imprimerie les a répandues en même temps
que des libelles contre le meilleur des gouvernements. Que
Dieu nous préserve de toutes deux ! »

2. Sir John Knight écrit, dès 1670, à Lord Shaftesbury que

les restrictions apportées au commerce et à l'industrie équivalaient à une prohibition, mais personne dans le pays ne songeait au commerce ou à l'industrie. Les marchands anglais fournissaient aux colons tous les objets de consommation et d'habillement que leur sol ne produisait pas et qu'ils n'avaient pas le droit de fabriquer eux-mêmes. L'Angleterre était le marché unique des provinces du Sud, et beaucoup des grands planteurs considéraient la métropole comme leur *home*. La terre très fertile étant coupée de cours d'eaux et de rivières qui facilitaient le transport des produits à la mer, dans la plus grande partie des cinq provinces, on n'avait pas songé à construire de villes ou de ports.

Le commerce de la Grande-Bretagne avec ses colonies employait, au moment de la guerre de l'Indépendance, 1.100 navires et 29.000 marins. Les intermédiaires des échanges étaient, pour le plus grand nombre, des employés de maisons de Londres. Les Anglais voyant qu'ils n'avaient pas dans les gens du Sud, de rivaux pour leur trafic et que les États à esclaves leur achetaient tout ce dont ils avaient besoin, ne poussaient pas trop loin l'ingérence, relativement à l'occupation et à la translation de la propriété; chaque colon était

la Virginie paie aux douanes, seulement pour le tabac importé en Angleterre, 150.000 livres sterling, et que cette somme, dans quelques années, s'élèvera à 250.000 livres.

pour eux un client, et ils avaient intérêt à ne pas entraver la mise en valeur du sol.

Le grief le plus sérieux que le Sud eut à faire valoir contre l'Angleterre fut de lui avoir imposé l'importation des esclaves, de lui avoir légué ce problème dont la solution devait coûter tant de sang et d'argent, accumuler tant de ruines, et qui, à l'heure qu'il est, reste encore menaçant. Il est vrai qu'à cette époque, le grief n'était ressenti que par la partie la plus éclairée de la population et que la masse des planteurs bénéficiait sans remords de la situation privilégiée que lui faisait l'esclavage.

L'Angleterre forçait pour ainsi dire, ses colonies, à acheter des Nègres. Dans l'une des Antilles, la terre des domaines publics n'était concédée aux colons qu'à la condition qu'ils garderaient quatre esclaves pour chaque lot de cent acres. Dans les provinces du Sud, le commerce des Noirs était activé par tous les moyens. «De 1620 à 1776, dit Bancroft, l'Angleterre n'a pas transporté moins de 300.000 esclaves dans l'Amérique du Nord, elle savait que son commerce n'aurait jamais rien à redouter des Nègres, tandis que les émigrants blancs pourraient devenir artisans, négociants, marins, créer des fabriques et des comptoirs » (1).

1. *Hist. of the United states*, vol. III, p. 402.

L'esclavage eut, avec beaucoup d'autres inconvénients, celui de maintenir cette classe oisive, grossière et tapageuse des *Petits Blancs*, anciens criminels et vagabonds, qui auraient pu se réhabiliter par le travail, se constituer des patrimoimoines et devenir d'excellents citoyens dans un pays où le travail eût été considéré et où ils eussent pu utiliser leurs bras (1).

1. Tout s'est transformé en Amérique, le *Petit Blanc* seul est resté immuable. M. Sidney Andrews, que j'ai déjà cité, écrivait en 1866 : « Le Nègre de la campagne est généralement paresseux, vicieux, imprévoyant, négligent et incapable de voir à ses propres intérêts..., et malgré tout, il vaut autant que la moyenne des Blancs de la campagne, dans les Etats du Sud ». (*South since the war* p. 22).

« Dans la Caroline du Nord, les Nègres sont supérieurs aux *Petits Blancs*.

Ceux-ci n'ont pas, en général, de domicile fixe ou d'occupation définie, ils sont à peine vêtus, leurs habitations sont de simples huttes ; ils sont absolument ignorants, et les habitudes de plusieurs d'entre eux sont celles des bêtes· Peu de familles possèdent en biens meubles ou immeubles, pour une valeur de plus de 50 dollars. Les hommes vivent la plus grande partie du temps dans les bois, ils possèdent généralement un fusil bon marché et un ou deux chiens. Les femmes sont malpropres et n'ont aucune notion de décence ; elles cultivent un peu de maïs et parfois quelques carrés de pois et de pommes de terre ; tous ces gens sont extrêmement bigots et superstitieux, ils croient généralement aux mauvais esprits, mais rarement à Dieu.

Ils sont paresseux, préfèrent la mendicité au travail et sont inférieurs comme valets de ferme aux pires des Nègres (*id*. p. 177).

L'habitant de la Caroline du Nord, qui avant la guerre,

possédait 5 ou 6 Nègres, est ignorant, malpropre, vit comme un paysan ordinaire, et ne possède pas un seul livre. Tout le monde fume et chique, les hommes et beaucoup de femmes boivent du whisky. Dans la Caroline du Sud, le langage des gens de la basse classe est un mélange d'anglais et d'africain.

Les *Petits Blancs* des Carolines et de la Géorgie sont inférieurs aux Nègres, en ce que ceux-ci ont, au moins, le désir d'améliorer leur situation. (Même ouvrage, *passim*).

M. Laird Clowes qui a fait en 1891, une étude très élaborée sur l'état des populations du Sud, écrivait ce qui suit : « Il y a dans le Sud, une classe de Blancs qu'on ne rencontre nulle part ailleurs, aux Etats-Unis. « Je veux parler de la classe pauvre, paresseuse et sans pudeur des *Petits Blancs*... Ces gens-là ne veulent pas s'occuper de travaux manuels, parce qu'ils croiraient se placer *ipso facto* au même niveau que le Nègre. Le Blanc du Sud, en général, est ou un « Boss » (un patron) ou un vagabond ; le Boss est souvent un bon citoyen, le vagabond est toujours un mauvais sujet.... Il vit aux dépens de ses concitoyens, blancs et noirs, et croit plus digne de sa « blancheur » d'être un joueur, un aventurier politique corrompu, un pilier d'estaminets de bas étage, que de gagner sa vie par un humble, mais honnête travail. Assez souvent le Blanc qui n'est pas un vagabond, mais un « Boss » n'est lui-même qu'un « Boss » infime, propriétaire de quelques arpents de terre aride ; et il ne l'est que pour des raisons de race, parce qu'il se trouve trop fier pour aller chercher du travail dans les Etats du Nord-Ouest, où il serait nécessairement valet de ferme, mais où il vivrait beaucoup plus à l'aise que dans la Géorgie et le Mississipi (*Black America*, p. 149 (Londres 1891).

LES PURITAINS

I. Le « Mayflower ». — Les premiers colons.— II. Foi des Puritains en eux-mêmes. — Caractère des Puritains.— Leur religion. — Leurs lois. — III. La Nouvelle-Angleterre de 1630 à 1660. — Extension de la colonisation. — Ingérence de l'Angleterre dans les affaires de la colonie. — Déclin de l'influence exclusive du clergé. — Les guerres avec les Indiens et les Canadiens. — L'amour du gain chez les Puritains. — IV. La vie économique. — Les écoles. —Les prisons. — V. Raisons de la prépondérance des Puritains en Amérique.

« Faith in God, faith in man, faith in work, that is the
« short formula in which we may sum up the teaching of
« the founders of New-England ».
   (*James R. Lowell.* Litterary Essays p. 2) (1).

Vers 1608, un certain nombre de fermiers, de petits propriétaires et d'artisans anglais, dissidents de la religion établie dans le Royaume-Uni, avaient quitté leur patrie et s'étaient réfugiés en Hollande pour échapper à la persécution religieuse. Pleins de courage, mais peu fortunés et ignorant la langue du pays, ils avaient vécu douze ans à Amsterdam et à Leyde, exerçant différents métiers

1. Foi dans la Providence, foi dans l'homme, foi dans le travail, telle est la courte formule par laquelle nous pouvons résumer l'enseignement des fondateurs de la Nouvelle-Angleterre.

4

qu'ils avaient dû apprendre depuis l'exil, car la plupart ne connaissaient que l'agriculture, lorsqu'un jour, ils entendirent parler des établissements d'Amérique. Ils décidèrent alors de se rendre en Virginie, « attendu que s'ils restaient en Hollande, disaient-ils, leur postérité après quelques générations, deviendrait hollandaise et perdrait tout intérêt dans la langue et la nationalité anglaises. »

Ils prirent passage à bord d'un petit bateau appelé le *Mayflower* et arrivèrent dans la baie de Plymouth, le 20 novembre 1620. Leur intention avait été au départ, de s'établir sur les bords de l'Hudson, mais le hasard leur fit prendre terre à New-Plymouth et c'est là qu'ils fondèrent leur premier établissement. Le sol était peu fertile, le climat froid, le paysage sévère, l'âme de ces exilés était en harmonie avec le climat, le paysage et la nature du sol.

Tout le monde a lu le fameux « *covenant* » ou contrat social, par lequel les passagers du *Mayflower* s'engagèrent à vivre en commun :

« Au nom de Dieu. Ainsi soit-il.

Nous soussignés..., ayant entrepris pour la gloire de Dieu, l'avancement de la foi chrétienne et l'honneur de notre roi et de notre pays, un voyage pour établir la première colonie dans la partie nord de la Virginie, nous constituons par les présentes, personnellement et mutuellement, en présence de Dieu, en un corps civil et politique, dans le but de nous gouverner et de travailler à l'accomplissement de nos desseins ; et en vertu de ce contrat, nous convenons de promulguer des lois, actes, ordonnances et d'instituer selon nos besoins des magistrats auxquels nous promettons soumission et obéissance ».

Le nombre des « Pèlerins » qui débarquèrent dans la baie de Plymouth ne dépassait pas 102, et sur ce nombre, d'après les documents les plus dignes de foi, déjà au mois de mars suivant, 44 avaient succombé au froid et aux privations.

On leur attribue généralement une influence plus grande que celle qu'ils ont réellement exercée sur les destinées de la Nouvelle-Angleterre ; mais les circonstances qui ont accompagné le départ et l'arrivée du *Mayflower*, les engagements solennels par lesquels les « Pèlerins » se sont liés « en présence de Dieu » donnent à la première page de l'histoire des colonies anglaises dans l'Est de l'Amérique, un cachet romanesque qui lui manquerait autrement.

Un petit groupe d'une centaine d'individus, égaux entre eux, sans chef reconnu, sans autre richesse que leur énergie et leur foi en la Providence, allant à mille lieues de la mère-patrie jeter les fondements d'un Etat, ce fait sans doute est unique dans les annales de l'humanité.

En 1628, deux cents émigrants anglo-saxons munis de lettres patentes, patronés par des gens riches et influents, arrivèrent, sous la conduite d'Endicott et s'établirent en un autre endroit de la côte de l'Atlantique, non loin de Plymouth, à Salem ; deux cents autres se joignirent à ceux-ci l'année suivante.

En 1630, enfin, John Winthrop avec 900 colons bien outillés et comptant parmi eux plusieurs hommes de valeur, jeta les fondements du Massachusetts. Ce fut le premier effort sérieux et logique en vue de la création d'établissements permanents.

Ces treize cents colons, de même que ceux qui continuèrent à arriver les années suivantes, se recrutèrent parmi les cultivateurs pauvres et les artisans, parmi ceux qui avaient eu à souffrir de l'intolérance et de la persécution religieuse, et plus encore parmi des gens pieux qui voulaient fuir « la corruption du vieux monde. » Il s'y mêla bien un certain nombre d'éléments moins purs, puisque, parmi les neuf cents compagnons de Winthrop, cent quatre-vingt étaient des *Indented servants* et que deux des colonies qui formèrent la Nouvelle-Angleterre, le New-Hampshire et le Maine, furent établies, comme la Virginie, par des compagnies de marchands et d'hommes d'affaires qui ne songeaient qu'à tirer un bon rapport de leurs placements et à recruter des serviteurs dans les conditions les plus avantageuses et les plus modiques possible. Mais quels qu'aient été les antécédents et des *indented servants* et des colons amenés par les soins de ces compagnies, le moule rigide dans lequel on les renferma les

réduisit bientôt, de même que le reste des habitants de la Nouvelle Angleterre, à un type uniforme.

En 1635, les colonies de l'Est comptaient 21.200
habitants, elles en comptaient 32.000 en 1643. A
partir de cette date l'immigration de la Grande-
Bretagne fut fort peu nombreuse, plusieurs colons parmi les plus riches retournèrent même au
pays natal au cours des années suivantes et s'enrôlèrent dans l'armée de Cromwell (1). Les provinces se peuplèrent par le seul développement
naturel de la population primitive venue d'Angleterre et que les historiens évaluent généralement
à 20.000 âmes. Plus tard il s'y joignit un petit
nombre de Huguenots, d'Allemands et d'Irlandais.
La population de la Nouvelle-Angleterre était en
1688, d'environ 75.000 âmes, et d'environ 320.000
en 1754.

II

Ce qui distingue les Puritains des habitants des
autres colonies, c'est la foi absolue qu'ils semblent
avoir eue tout d'abord en eux-mêmes, en leur
mission, en l'avenir des établissements qu'ils fondaient. Ils se considéraient comme un peuple choisi, et ils ont conservé avec soin leurs annales,

1. Seely. *Expansion of England* p. 82, (Londres, 1884).

4.

croyant qu'elles pourraient servir d'exemples à
d'autres groupes de colons et édifier les générations futures. « Tu apprendras dans ces pages, dit
un de leurs chroniqueurs, (1) en quel temps, de
quelle manière et pour quelle cause, il a plu au
Seigneur Dieu d'assurer le succès de cette poignée
de ses saints dans la Nouvelle-Angleterre ».

Un pasteur puritain, le révérend Stoughton,
s'écriait vers 1668, dans un sermon : « Le bon
Dieu a passé au tamis toute une nation, afin de
trouver un grain de choix pour semer dans ce
désert ». John Winthrop écrivait : « Que nos établissements soient prospères et plus tard quand
on parlera d'autres plantations, on dira « Puisse
Dieu les rendre semblables à celles de la Nouvelle-Angleterre ! ».

On peut en quelques traits résumer le caractère des Puritains, car chez eux ni les élans de
l'esprit, ni les impulsions du cœur n'avaient libre
jeu ; tout dans leur vie était soumis à une discipline inexorable ; chacune de leurs paroles,
chacun de leurs actes, chacun de leurs gestes,
pour ainsi dire, était contrôlé et règlementé. Ils
étaient ce que les avait faits la doctrine de Calvin et leur hérédité anglo-saxonne, sobres, austères, pieux, énergiques, tenaces, patients, intéressés, âpres au gain, fanatiques. Les quelques
rares penchants auxquels ils livraient leurs âmes

1. Edward Johnson.

étaient violents en raison même de leur concentration.

Ils possédaient surtout, à un degré extrême, cette force qui plus que toute autre assure aux peuples la prééminence et aux individus le succès, quels que soient les idéaux et les principes en faveur desquels elle s'exerce, cette force qui, avant la conscience même, est le bien propre de l'homme, non le résultat de l'éducation ou des circonstances, la force de la volonté.

Ils avaient apporté d'Angleterre les institutions du gouvernement local et emprunté à la Bible des formes théocratiques de vie en commun ; des traditions anglaises et des préceptes israélites ils tenaient l'amour et le respect de la fortune. Le cercle de leurs idées, très étroit, tournait autour de deux axes, accomplissement de leurs devoirs envers Dieu, liberté de se gouverner à leur guise. Ils ne demandaient à la vie ni ses jouissances, ni ses sourires, car ils étaient convaincus que cette terre est une vallée de larmes ; aussi leur histoire est-elle généralement sombre et n'offre-t-elle rien de ce caractère idyllique qu'on aurait pu s'attendre à trouver dans des établissements agricoles où régnait une grande pureté de mœurs.

Les Puritains étaient intolérants, comme tous ceux qui croient posséder exclusivement le dépôt de la vérité et pouvoir tout se permettre pour la

faire prévaloir. Ainsi qu'on l'a dit souvent, ils n'é-
taient pas venus établir en Amérique, la liberté
religieuse, mais « *leur* » liberté religieuse.

Leur foi était celle de Torquemada. Personne
du reste n'était tolérant à cette époque, la tolérance est d'invention plus récente, elle a frayé la
la voie au scepticisme moderne. C'était le temps
où, en France sévissaient les dragonnades, et où
l'Europe presque tout entière avait été mise en
feu par les guerres de religion. L'idée d'un Dieu
vengeur s'imposait alors avec tant de force, qu'en
Angleterre, par exemple, ainsi que le rapporte
Hume (1), « l'enthousiasme violent amenait chez
les sectaires des troubles nerveux et les jetait
très fréquemment dans des convulsions de tous
leurs membres ».

La religion réformée était encore plus ardente,
plus exclusive peut-être que la religion catholique, car c'était une religion nouvelle ; ses fidèles
avaient la foi des néophytes et l'ardeur des mar-
tyrs. Pour les Puritains, elle constituait surtout,
un code de discipline ecclésiastique, une règle
morale.

La froide doctrine calviniste prescrivait et
châtiait, mais elle offrait peu de consolations et
n'ouvrait pas aux âmes les sources des joies
idéales ; ce n'était pas une religion d'amour. Les
Puritains étaient invinciblement portés à l'aver-

1. *History of England*, vol. IV, p. 152.

sion et au mépris de tout ce qui ne se trouvait pas dans leur sphère de compréhension : nombreuses étaient parmi eux les inimitiés et les haines. De même que les personnages de la Bible qui parlent constamment de leurs ennemis, chaque Puritain avait les siens.

Les non-conformistes étaient généralement appelés par eux des « profanes », des « infidèles » et des « suppôts de l'Ante-Christ ».

Ainsi donc, si purs et si vertueux qu'ils fussent, les Puritains n'étaient rien moins que sympathiques. La vertu réglementée par la discipline perd son caractère de noblesse et de beauté, la sainteté devenue une institution presque gouvernementale, et comme telle astreinte à des règles, n'a plus le charme qui séduit et qui attire.

Dès 1631, une loi fut votée statuant que nul homme ne saurait devenir citoyen de la colonie et avoir droit aux franchises électorales, s'il n'était membre d'une église, c'est-à-dire s'il ne soumettait sa conduite à la surveillance étroite que les théologiens avaient établie, et s'il ne réglait sa vie sur les préceptes rigides qu'ils avaient édictés.

A partir de 1631, le contrôle de ce cens électoral d'un nouveau genre devient la préoccupation dominante dans tous les milieux puritains. Pas une année ne se passe sans qu'il y ait plu-

sieurs individus punis, pour avoir tenu des propos séditieux ou hérétiques, manqué à l'observance du dimanche ou entretenu des opinions
non orthodoxes. Les discussions théologiques
font rage ; mais alors qu'en Europe l'intolérance
a été une force destructive, provoquant à la spo-
liation et au crime, ruinant les industries naissan-
tes, réduisant les populations à la misère, elle est
devenue en Amérique une force créatrice. On lui
doit la fondation de nombreux établissements et
l'extension de la colonisation. Beaucoup de territoires, dans la Nouvelle-Angleterre et dans le Sud,
ont été établis par des colonies de dissidents
chassés de villages puritains ou épiscopaliens.

Dans toutes les circonstances difficiles, lorsqu'il y avait une décision importante à prendre,
c'est à la Bible que l'on avait recours.

En 1642, De La Tour, gouverneur de l'Acadie,
l'une des colonies françaises, étant venu demander des secours aux Puritains contre son rival
d'Aulney, les membres de la législature et le
gouverneur Winthrop (1) discutèrent sur l'oppor-
tunité et la convenance d'accorder ces secours,
en se basant sur les textes bibliques, ainsi que le
rapporte Winthrop lui-même. Les uns arguaient
que, dans l'histoire juive, une alliance avec des
idolâtres avait toujours été considérée comme
un crime. Les autres contestaient l'argument, en

1. *Winthrop papers.*

disant que les rapports des rois de Juda avec leurs voisins idolâtres avaient été d'ordre intime, et non pas une simple alliance politique, laquelle n'est pas défendue par la Bible. Finalement, De La Tour ayant offert une forte somme d'argent aux armateurs de Boston, quatre navires avec leurs équipages prirent part à l'expédition contre d'Aulney, aidèrent au pillage d'un bateau chargé de fourrures et revinrent sans avoir perdu un seul homme. La plupart des Bostonais, paraît-il, se montrèrent scandalisés et évitèrent pendant quelque temps, la société et le contact des marins qui avaient eu des rapports avec des « papistes idolâtres ».

La persécution des « infidèles » était considérée comme un devoir. En 1645, un nommé Emmanuel Downing écrit à Winthrop (1). « Une guerre avec la tribu indienne des Narragansett est d'une grande importance pour cette plantation. Car n'est-ce pas un péché pour nous, qui avons le pouvoir de les en empêcher, de laisser les Indiens maintenir le culte du démon, qui est véritablement le culte de ces sauvages? (1) »

Trente ans plus tard, en 1675, quatre-vingts soldats envoyés contre un chef indien nommé Philippe ayant été massacrés, on attribua naturellement cette calamité, comme on le faisait toujours, à la transgression des lois divines, et un

1. *Winthrop papers.*

jour d'humiliation publique et d'expiation fut décrété. Les documents du temps nous ont conservé la liste où sont formellement énumérés les péchés dont on avait à se repentir ; ce sont entre autres les suivants : « avoir négligé de catéchiser les jeunes gens ; avoir commis des excès dans la toilette ; avoir porté les cheveux longs ; avoir quitté l'église avant la fin du service divin ; *avoir négligé la persécution contre les quakers et autres infidèles* ».

On se vengea ensuite des Indiens, en allant brûler leurs villages et en mettant à mort ceux d'entre eux qui venaient dans le Massachusetts dans le but de faire du commerce, ou qu'on avait faits prisonniers. Avant d'en venir à ces extrémités, on avait discuté les textes de la Bible et on s'était trouvé suffisamment autorisé.

Un certain nombre de fonctionnaires, appelés *Tithing-Men*, étaient chargés d'assurer l'observance de la discipline religieuse ; ils devaient contrôler l'assistance au service divin, voir à ce que les buvettes fussent fermées le dimanche et à ce que toute œuvre servile fut interrompue ; maintenir la paix et la tranquillité dans la ville ou le village et enfin demander au voyageur qui passait, le jour du seigneur, dans le territoire placé sous leur juridiction, son nom et le but de son voyage.

En somme les Puritains, qui se montraient fort jaloux de leur liberté politique, avaient complètement abdiqué leur liberté individuelle. On a souvent comparé la discipline qui les régissait à celle d'un navire ou d'une maison de correction.

Tous les documents de cette époque sont remplis de versets bibliques et parlent de Dieu et du Christ-Jésus. Les formules qui commencent une lettre, ressemblent à celles qu'emploient de nos jours, les membres de certaines congrégations religieuses (1).

Il serait fastidieux d'énumérer tous les articles du code draconien qui fut celui de la Nouvelle-Angleterre jusqu'à la guerre de l'Indépendance. La législation pénale, très arbitraire dans ses applications, punissait le mensonge, l'ivrognerie, la paresse, le vagabondage par la dénonciation publique, les amendes et le fouet. Un individu convaincu de s'être mis en état d'ébriété était marqué d'une grande lettre rouge D (DRUNKARD, ivrogne) cousue à la partie la plus en évidence de son vêtement.

Une femme qui s'était commise avec un Indien devait porter le profil de son amant découpé dans un morceau d'étoffe rouge et attaché à sa manche. On était sévèrement puni pour avoir parlé

1. Hugh Peter, l'un des principaux colons du Massachusetts, écrit à Winthrop :

« Cher monsieur,

M. Endicott et moi-même, vous saluons en Notre-Seigneur Jésus-Christ.— Nous avons entendu dire, etc... ».

(*Winthrop papers*).

contre le gouvernement (1). Quant à la transgression de la loi sur l'observation du dimanche et l'assistance au service divin, elle était souvent considérée comme un crime capital.

L'ingérence gouvernementale, ou plutôt sacerdotale, ne s'arrêtait pas là, il était défendu de jouer aux dés, aux cartes et de porter les cheveux longs. La danse était interdite à certaines personnes ; cependant un théologien du nom de Cotton la permit, attendu qu'il en est fait mention deux fois dans la Bible avec approbation. Le port des habits et des bijoux était réglementé.

En 1651, une loi fut votée limitant le droit de porter de la dentelle dorée et des bottes hautes, aux personnes qui possédaient un revenu annuel de deux cents livres ou qui appartenaient à la famille d'un magistrat.

Les préséances étaient également réglementées comme dans une Cour, et les chroniqueurs nous ont conservé les protocoles relatifs à la place que chacun devait occuper à la *Meeting-House.* Il y est tenu compte des circonstances d'âge, de dignité et de richesse. Les hommes et les femmes étaient séparés, de même que dans les synagogues.

Des fonctionnaires appelés *Select-Men* avaient le devoir de surveiller l'industrie domestique et

1. Dans l'été de 1831, un nommé Ratcliffe fut fouetté, eut les oreilles coupées et fut banni pour avoir dit du mal du gouvernement.

d'obliger dans chaque ménage les femmes et les enfants à filer et à tisser annuellement un certain nombre d'aunes d'étoffe (1). Dans le Connecticut, un célibataire n'ayant pas de serviteurs, ou n'exerçant pas de fonctions publiques, ne pouvait tenir maison ou prendre pension dans une famille sans avoir obtenu le consentement des magistrats.

Les mariages étaient généralement très précoces dans toute la Nouvelle-Angleterre ; un jeune homme vivant seul prêtait au soupçon ; l'autorité paternelle était, en outre, tellement absolue qu'un fils désobéissant pouvait être puni de mort.

La dénonciation était à l'ordre du jour ; car on considérait que le crime de l'un porterait malheur aux autres, et que la communauté tout entière serait punie de Dieu pour les fautes de l'un de ses membres. Il ne manqua pas de cas où l'on fit servir cette faculté de dénonciation à des actes de vengeance personnelle et de persécution.

On conçoit facilement que, dans ces conditions, la vie manquât de charme. Les familles étaient

---

1. Une des institutions les plus admirables de la Nouvelle-Angleterre fut celle qui a été connue sous le nom de *Bees* (Abeilles). A certains soirs, dans les villes villages, toutes les dames, même les plus huppées, se réunissaient à l'hôtel de ville ou dans la maison du pasteur pour filer. Elles apportaient leur rouet et du lin, et les *messieurs* qui les accompagnaient leur servaient, pendant les heures de travail, du thé et des gâteaux.

fort nombreuses, mais, tous les historiens sont d'accord sur ce point, un grand nombre d'enfants mouraient en bas âge. On pourrait croire que l'austérité, la froideur ambiante glaçât les cœurs en quelque sorte et créât une atmosphère dans laquelle les enfants délicats ou de tempéraments trop sensitifs ne pouvaient survivre. Il se faisait ainsi une sélection, et ceux qui croissaient et se développaient dans ce milieu, étaient de force à supporter toutes les adversités de la vie, quelles qu'elles fussent.

Un fait qui peut à bon droit nous étonner, chez un peuple aussi pieux, c'est qu'il s'y produisait des suicides. En 1660, la législature du Massachusetts rendit une ordonnance décrétant que les corps des suicidés seraient enterrés sur la voie publique. Il est vrai qu'aucun document ne nous indique que ce crime ait été commis souvent.

En résumé, quels qu'aient été les origines et les antécédents de quelques-uns des premiers colons de la Nouvelle-Angleterre, qu'il y ait eu parmi eux quelques prisonniers pour dettes ou par hasard quelques anciens criminels, le peuple auquel ils se sont incorporés a été pendant deux siècles le plus religieux et le plus moral qui ait jamais vécu.

III

L'histoire de la Nouvelle-Angleterre pendant l'époque coloniale est peu compliquée ; la population est homogène ; les idéaux, les aspirations, la manière de vivre sont partout les mêmes ; la même foi, les mêmes lois gouvernent les différents groupes, si nombreuses qu'aient été leurs discussions, si fréquentes qu'aient été leurs querelles.

De 1630 à 1660, les colonies se développent dans une indépendance presque absolue vis-à-vis de la couronne d'Angleterre et bénéficient de l'anarchie qui règne dans la mère-patrie. C'est l'époque de la puissance illimitée du théologien et de l'intolérance religieuse. Une oligarchie bigote et fanatique règne sans contrôle, exclut, punit, terrorise, expulse tous ceux qui lui portent ombrage. Ce sont les membres du clergé surtout qui jouent le principal rôle dans la vie publique du pays. John Davenport, fondateur de la colonie de New-Haven, Roger Williams, fondateur de la plantation de Providence, et plusieurs autres des hommes marquants de ce temps sont des pasteurs.

Jusque vers 1688, les *Freemen* ou citoyens ayant part au gouvernement ne composent qu'une minorité de la population. Les premiers habitants de la Nouvelle-Angleterre ne paraissent pas s'ê-

tre doutés qu'ils fondaient une démocratie modèle. John Winthrop lui-même était opposé au
gouvernement du peuple par le peuple, et il nous
reste de lui une brochure dans laquelle on lit :
« La démocratie est, chez les nations les plus
civilisées, considérée comme la plus mesquine et
la pire de toutes les formes de gouvernement...
L'histoire nous apprend que ce sont les sociétés
constituées sous cettte forme qui ont eu le moins
de durée et qui ont été le plus remplies de troubles ».

L'intolérance, comme je l'ai déjà dit, a contribué à agrandir le champ de la colonisation.
Ainsi, le Rhode-Island connu d'abord sous le nom
de « Plantation de Providence » fut fondé par
Roger Williams, qui avait quitté le Massachusetts
à la suite de violentes discussions théologiques :
La liberté des cultes y fut établie (à l'exclusion
des catholiques) (1) et cette province obtint en
1663 une charte que Bancroft appelle « la plus
ancienne charte constitutionnelle du monde »

Le Connecticut fut formé de plusieurs petites

---

1. William Harris écrit à la date du 30 juillet 1675 : « Les
pasteurs les plus tyranniques pour ceux qui ne partagent
pas leur opinion sont les presbytériens, et parmi eux le
plus terrible est M. Thatcher, le seul homme du pays qui
ait une voiture. La plus grande partie des ministres dans
le Rhode-Island sont anabaptistes, presbytériens et quakers.
Les quakers et les anabaptistes gouvernent ».

(Lettre à Sir Joseph Williamson. *Colonial papers*).

colonies nées les unes des autres, à la suite de
querelles portant sur quelques points du dogme,
Hartford, Windsor et Weathersfield, et qui se
réunirent ensuite, après avoir adopté une constitution acceptable pour toutes trois. A cette colonie
connue sous le nom de Hartford, se joignit, en
1664, celle de New-Haven, formée des groupes de
New Haven, Milford et Guilford qui s'étaient de la
même manière, successivement querellés, mutuellement ostracisés et finalement réunis.

Le New-Hampshire fut fondé par une compagnie qui y envoya des serviteurs appartenant au
culte épiscopalien. Des colons du Massachusetts,
qui a joué dans l'Est, comme la Virginie dans le
Sud, le rôle de colonie-mère, s'établirent sur le
territoire de la compagnie et trois petites colonies bientôt se trouvèrent constituées, Cocheco
Exeter et Hampton. Nécessairement des querelles
éclatèrent entre puritains et épiscopaliens, et le
Massachusetts annexa les villages rivaux. En
1682, après un bon nombre d'années de disputes
de tous genres, auxquelles avaient pris part
un aventurier prétendant à la propriété de la
province, du nom de Mason, le Massachusetts
et les agents de la couronne, le New-Hampshire
se trouva délivré du joug de son puissant voisin,
et un gouverneur lui fut donné par le roi d'Angleterre.

Le Maine fut un domaine féodal concédé en
1639 à un ancien soldat du nom de Ferdinando

Gorges. Les droits territoriaux du seigneur étaient absolus; quant aux droits législatifs et administratifs, il les partageait avec les colons libres du domaine conformément aux coutumes anglaises. Gorges prit son rôle au sérieux, et dans un établissement qui n'était composé, à l'origine, que de trois villages de pêcheurs, il créa autant de dignitaires, landgraves, caciques, *etc.*, qu'il en existait alors dans les petites cours allemandes. Lui-même ne traversa jamais l'Atlantique, mais délégua son fils comme gouverneur du domaine. D'autres concessions royales furent accordées dans le territoire limitrophe, ce qui fut l'occasion de fréquentes et longues querelles. En 1651, le Massachusetts s'annexa le « district du Maine », et il acheta trente ans plus tard les droits de Gorges.

En 1674, on comptait déjà 80 églises dans la Nouvelle-Angleterre, alors que, d'après Bancroft, la population ne dépassait pas 55.000 âmes.

A partir de 1660, le parlement anglais résolut de s'occuper des pionniers de l'Est de l'Amérique, et il décida, cette année là, qu'aucune marchandise ne serait importée dans les colonies, si ce n'est par des navires anglais, montés par des Anglais, toute infraction à cette ordonnance devant être punie de la confiscation. En conséquence, les ports de la Nouvelle-Angleterre furent fermés au commerce étranger.

En 1663, la Couronne nomma une commission de trente-quatre membres appelée « Conseil des colonies », dans le but de former un ensemble organisé de tous les établissements américains et de tirer de tous, d'une manière uniforme et régulière, autant de profits que possible.

En 1672-73, la liberté du trafic intercolonial fut abolie, et des droits furent établis sur les échanges entre les différentes provinces. Plus tard encore, le parlement vota une loi défendant de fabriquer les articles dont les boutiquiers anglais auraient pu redouter la concurrence, de scier le bois en planches, d'utiliser les cours d'eaux comme force motrice, de bâtir des usines ou des manufactures.

« Cette politique imitée de l'Espagne, dit Bancroft (1), fut appliquée d'un manière inflexible pendant plus d'un siècle, dans vingt-neuf actes du parlement..... Les colons échappés de la mère patrie s'étaient créé à leurs propres frais et à force de travail, des demeures dans le Nouveau Monde... La Virginie avait été fondée par une compagnie; la Nouvelle-Angleterre avait été le refuge des exilés. L'Angleterre les rejeta d'abord de son sein et ne les reconnut comme ses enfants que pour les opprimer »,

La lutte entre le pouvoir royal, qui veut faire bénéficier le commerce anglais des richesses des colonies, et les habitants de la Nouvelle-Angleterre qui se défendent énergiquement, est mainte-

1. *History of the United States*, vol. II, p. 44 et suiv.

nant commencée et ne cessera qu'avec la déclaration de l'indépendance des Etats-Unis. De 1680 à 1774, ce ne sont que négociations entre Londres et Boston, envois de pétitions en Angleterre, plaintes contre le gouverneur, nominations de commissaires royaux, promulgations d'ordonnances qui restent sans effet, etc., etc.

Les guerres contre le Canada, auxquelles prennent part, avec les soldats de l'Angleterre, les milices des provinces, créent une diversion temporaire, mais ne font pas perdre de vue aux Néo-Angleterriens la poursuite de leurs revendications.

Les colonies hollandaises ayant été conquises, le roi leur donna un gouverneur dont la juridiction s'étendit en même temps sur le Massachusetts et auquel fut confié le commandement général des milices de toute la Nouvelle-Angleterre. La position de ce haut fonctionnaire était loin d'être enviable ; avec toute la bonne volonté du monde, il ne réussissait à donner satisfaction ni au roi, ni à ses administrés. Les querelles s'éternisaient entre lui et les législatures.

Les habitants de la Nouvelle-Angleterre ne paraissent pas s'être jamais considérés comme tenus à aucune allégeance envers la Grande-Bretagne. Aux restrictions imposées au commerce, ils opposèrent la contrebande, qui se fit sur une grande échelle ; aux exigences des gouverneurs ils répondirent par un entêtement invincible.

Leurs requêtes au roi abondent en protestations d'obéissance et de respect, mais limitent cette obéissance aux conditions énumérées dans leurs chartes. « Ceux qui habitent cette colonie, disent-ils, ont quitté leur ancienne patrie et sont venus établir ici la crainte de Dieu.... ils ne demandent qu'à vivre en paix dans ce coin de terre... C'est la gloire de Job, alors qu'il s'est assis en qualité de roi au milieu de son peuple, d'avoir été le père des pauvres. Un peuple pauvre, dénué de toute faveur extérieure, de richesse et de pouvoir, implore maintenant son seigneur, le roi (1) ». Il y a, dans le style de ces suppliques, beaucoup de l'éloquence biblique et de la poésie des livres saints, mais on y sent aussi un peu d'hypocrisie; car, en réalité, les Puritains n'eurent jamais l'intention d'obéir au roi. Ils avaient un parlement local et leur conscience était en paix. En 1692, la Cour générale du Massachusetts décréta qu'aucune imposition ne pourrait être levée dans la colonie sur les sujets de sa Majesté sans le consentement du gouverneur, du conseil et des représentants réunis en Cour générale. Depuis longtemps déjà, tout sujet anglais considérait un parlement ou une législature comme un pouvoir supérieur à celui du roi lui-même.

A l'occasion, les Puritains n'hésitaient pas à recourir à des subterfuges que la Bible devait

1. *Colonial papers.*

difficilèment autoriser. Lorsqu'on voulut enlever sa charte au Connecticut, en 1687, le précieux document fut apporté et placé sur une table devant le gouverneur, qu'entouraient les membres de son conseil et les représentants de la province, puis tout à coup par un hasard que personne ne put expliquer, les lumières s'éteignirent et la charte disparut. On la retrouva plus tard dans le creux d'un arbre.

L'histoire des chartes des colonies anglaises est assez complexe ; elles furent accordées, puis abolies, puis successivement renouvelées, restreintes et élargies. D'ailleurs on s'explique très bien dans les circonstances, qu'une certaine incohérence présidât aux rapports du roi d'Angleterre et de ses sujets américains.

Pendant longtemps, les échanges avaient eu lieu exclusivement en nature ; lorsqu'on sentit un besoin urgent de numéraire, un maître de la monnaie fut nommé ; c'était en 1652, sous le règne de Cromwell et du Parlement. Après la Restauration, on continua à battre monnaie ; mais pour ne pas avoir l'air d'empiéter sur les prérogatives du souverain, on marqua toutes les pièces au millésime de 1652 (1). Plus tard encore, une enquête ayant été faite par les commissaires royaux, on chercha à leur persuader que l'emblème, une feuille de trèfle, que portait la monnaie de frappe

1. *Colonial papers.*

américaine, avait été adoptée en l'honneur du roi.

La politique des Puritains consistait, en somme, à sauvegarder les apparences vis-à-vis de la couronne d'Angleterre et à agir à leur guise (1).

.·.

Les difficultés politiques firent passer les discussions théologiques au second plan des préoccupations des Puritains. D'autres causes contribuèrent à diminuer le prestige exclusif des théologiens. Un bon nombre des pasteurs qui avaient accompagné les premiers colons étaient des hommes d'une distinction réelle, fort instruits, gradués souvent d'Oxford ou de Cambridge, versés dans la connaissance des Grecs et des Latins autant qu'experts dans la controverse religieuse.

Plus tard, quand l'immigration d'Angleterre eut cessé et que le clergé ne se recruta plus au-

1. En 1675, un certain William Harris, qui a des réclamations à faire valoir dans la Nouvelle-Angleterre, écrit à Londres, à Fletwood Shepherd, le priant de s'intéresser pour lui auprès du roi, et il répond d'avance aux objections qu'on pourra lui faire. « On vous objectera, dit-il, que les ordres du roi ne seront pas exécutés dans la Nouvelle-Angleterre, attendu que le Massachusetts n'a pas voulu reconnaître les commissaires qui lui ont été envoyés, mais les colonies de New-Plymouth, du Connecticut et du Rhode-Iland ont obéi aux commissaires royaux sur des choses importantes, dans les limites de leurs chartes ». (*Colonial papers.*

tant dans la mère-patrie, il ne put se maintenir au même niveau, en raison du manque d'écoles supérieures. D'un autre côté, le gouverneur, s'appliquant à faire disparaître les conditions que les prêtres avaient mises à l'obtention des franchises électorales, vit se grouper autour de lui tous les défranchisés, les quakers, les baptistes et autres dissidents. Enfin, un certain nombre d'aventuriers venus d'Angleterre et des Barbades s'étaient établis à Boston ; des maisons de commerce ayant leur siège principal à Londres avaient des succursales dans la capitale du Massachusetts et dans certaines villes du littoral, de sorte que l'oligarchie religieuse qui, pendant un demi-siècle, avait tenu la Nouvelle-Angleterre sous son joug, ne se trouvait plus seule à posséder le savoir et la richesse.

Ajoutons que l'exécution des *sorcières* de Salem, trop connue pour que j'aie à en parler ici, porta un coup assez sérieux à l'autorité absolue du clergé (1).

1. En 1688, les quatre enfants d'un nommé Goodwin de Salem, s'étant querellés avec une blanchisseuse irlandaise, l'accusèrent de sorcellerie. Elle fut pendue. Trois ans plus tard d'autres enfants de Salem suivirent cet exemple, et cela devint bientôt une épidémie. En 1692, lors de l'arrivée d'Angleterre, du gouverneur Phipps, cent personnes étaient en prison, sous l'inculpation d'avoir jeté des sortilèges. Le gouverneur nomma un tribunal qui en condamna vingt à mort. Les autres, pour avoir la vie sauve avouèrent. En octobre 1693, cinquante accusés subirent leur procès pour

A partir du commencement du xviii° siècle, on constate une tendance marquée vers un peu plus de tolérance ; les membres de plusieurs sectes qui avaient été ostracisés jusqu'alors sont admis aux franchises électorales. Les mœurs restent pures, mais sont moins austères. Dans un synode tenu à Boston dès 1679, on se plaint que les gens voyagent le dimanche, portent des toasts, que le nombre des débits de liqueurs s'accroît ; on se scandalise de voir les soldats s'amuser, parader par les rues, en bel uniforme et drapeaux déployés. Les équipages des nombreux navires faisant le commerce de contrebande n'ont pas été choisis avec un soin aussi scrupuleux qu'on aurait pu le désirer, et les pasteurs fulminent contre ces « profanes » qui ne se gênent pas pour rire, chanter et même fréquenter les estaminets.

D'un autre côté, le danger commun porte les différents groupes à se faire des concessions mutuelles et à s'unir. Séparés par leur conception religieuse, leur degré d'orthodoxie, virtuelle-

le même crime, et trois seulement furent acquittés. Puis on commença à penser que personne n'était à l'abri d'une accusation de sorcellerie, que chacun pouvait dénoncer son voisin, pour exercer une vengeance, et la réaction se fit. Cependant en 1700, un négociant de Boston ayant publié un livre blâmant les atrocités commises par les tribunaux et le clergé, les prêtres obtinrent que ce livre fût brûlé en public.

ment indépendants de la Grande-Bretagne, ils se concertent avec les autorités anglaises, pour porter la guerre chez leurs voisins du Canada. En 1691, après les campagnes désastreuses pour eux du gouverneur de la Nouvelle-France, de Frontenac, et l'expédition malheureuse du gouverneur du Massachusetts contre Québec, le roi Guillaume et les colonies sont un moment d'accord pour pousser avec énergie les hostilités contre les Canadiens.

*
* *

Les colons anglais ont été presque constamment malheureux dans leurs guerres contre les Indiens et les colonies françaises, malgré tout le courage dont ils ont fait preuve. « Bien supérieurs en nombre aux colons de la Nouvelle-France, dit Percy Gregh (1), disposant de ressources incomparablement plus importantes, courageux et énergiques, ils auraient dû écraser les Indiens alliés des Français, repousser les attaques de ces derniers, envahir leurs frontières et porter la guerre sur le territoire ennemi. En vérité, ils furent ignominieusement battus chaque fois qu'ils prirent l'offensive, et lorsqu'ils furent forcés de se défendre, ils se montrèrent incapables de protéger leurs établissements avancés contre les désastreuses incursions des Indiens ».

1. *History of the United States*, p. 146.

Le 8 juin 1676, Sir W. Berkeley, gouverneur
de la Virginie, écrit à Sir Thomas Ludwell (1).
« Les Indiens ont détruit plusieurs villes dans la
Nouvelle-Angleterre, tué plus d'un millier de miliciens, fait le désert sur environ cent milles de
terrain qu'on avait mis plusieurs années à coloniser et à bâtir ; ils n'ont eu le dessous dans
presque aucune rencontre. Je ne m'attends pas à
recevoir de bonnes nouvelles de ce côté, car les
Puritains n'ont pas, ou prétendent ne pas avoir
d'argent pour payer leurs soldats. Mais quoi qu'il
arrive, ils ne se relèveront pas de ces désastres
d'ici à vingt ans ».Et le gouverneur de la Virginie,
après avoir établi le détail des pertes qu'ils ont
faites, ajoute : « Je les plaindrais, s'ils l'avaient
mérité par leur conduite envers Dieu et envers le
roi ».

D'après les documents de source puritaine, il
semble cependant que sir W. Berkeley a exagéré
l'importance des ravages exercés, lors des incursions indiennes de 1676. Les dix ou quinze années
qui précédèrent la conclusion du traité d'Utrecht,
furent particulièrement malheureuses ; un grand
nombre de villages de la Nouvelle-Angleterre furent brûlés et beaucoup de colons massacrés.

Trop exclusifs et trop fanatiques pour exercer
aucune séduction sur l'homme des bois, trop pacifiques pour lui inspirer de la crainte, les Puri-

1. *Colonial papers.*

tains ne réussirent même pas à gagner sa confiance ; car à plusieurs reprises, de même que les
Virginiens, ils mirent à mort des parlementaires
et des otages. Les Indiens s'en vengèrent cruel-
lement. Aucun chef des milices de la Nouvelle-
Angleterre ne se distingua par des faits d'armes
ou par une stratégie habile.

La guerre qui fut poussée plus tard avec énergie par le gouvernement anglais contre la Nouvelle France et qui devait se terminer par la prise
de Québec en 1760, eut, entre autres résultats,
celui de préparer les différentes colonies à l'union,
leurs milices prenant part aux mêmes campagnes
et luttant sur les mêmes champs de bataille.

Si les Puritains étaient très pieux, ils étaient en
même temps très âpres au gain.

Il peut sembler, au premier abord, qu'il y ait
contradiction entre la piété, la résignation aux
desseins de la Providence, la pensée constante
de l'autre vie et la soif des biens de ce monde,
l'énergie poussée à ses dernières limites dans la
conquête de ces biens. Il est certain, cependant,
que l'amour du gain et l'esprit religieux ont toujours fait bon ménage. La religion de Calvin, en
enseignant l'austérité, ne préconisait pas la pauvreté, et les Puritains dont les Ecritures étaient la
seule lecture, n'ignoraient pas la parabole des
talents ; toute leur activité terrestre était appli-

quée à cette fin : Améliorer leur situation, acqué-
rir de la fortune.

« Chaque fois que la piété du Yankee se heurte
à son amour du gain, c'est ce dernier qui l'emporte », a dit à une époque plus rapprochée de
nous, un observateur anglais (1).

L'amour et le respect de la richesse ont été
dans la Nouvelle-Angleterre, de même que dans
les autres colonies anglaises, un grand stimu-
lant à l'action et un facteur de progrès.

Ainsi, nous avons peine à comprendre, de nos
jours, par quels miracles de travail, d'économie
et de prévoyance, les fermiers puritains ont pu
réussir à conquérir l'aisance, en cultivant les
terres ingrates du Massachusetts et du Rhode-
Island.

Cet amour et ce respect, les Puritains les tenaient
surtout de leur hérédité anglo-saxonne.

Dès le xvᵉ siècle, en Angleterre, toutes les carrières qui, autrefois, n'étaient accessibles qu'aux
chevaliers, sont à la portée de quiconque possède
un certain revenu. Le cens établit les limites de
la distinction sociale ; les seigneurs ne croient pas
déroger en s'occupant de la culture de leurs terres,
de la vente de leur laine et du croît de leurs
troupeaux.

Les Puritains, de même que les Virginiens

____

1. *Hamilton*. Men and manners in America, p. 126
(Londres 1833).

avaient quitté un pays où le *squire* ou propriétaire foncier jouissant d'un certain revenu, occupait le premier rang au-dessous des barons et où, pour être membre du jury et juge de paix il fallait figurer au cens pour un certain montant fixé. Ajoutons que, dans la Grande-Bretagne, le pauvre, alors comme aujourd'hui, était un fardeau pesant sur les contribuables, et qu'il était méprisé. On comprend que la grande ambition du colon devait être de se créer un patrimoine et d'accroître sa fortune.

Le contraste le plus frappant qui se puisse observer, à cette époque, entre les colonies françaises et celles de l'Angleterre, c'est l'importance différente attachée aux questions d'argent. Ainsi, quand les colonies anglaises sont attaquées, saccagées par les Indiens et qu'il s'agit de se défendre, ce qui paralyse et retarde la répression, c'est la question des frais de guerre, d'armement et d'équipement, dont chaque groupe ne veut supporter qu'une part minima.

Dans la Virginie, on lésine pour le traitement des curés; on refuse parfois ce traitement aux gouverneurs dans la Nouvelle-Angleterre. Les Canadiens, eux, qui se battaient sans être payés et vivaient pour ainsi dire au jour le jour, se trouvaient, au moment de la conquête par l'Angleterre, alors qu'ils ne comptaient que soixante-cinq mille âmes, créanciers du gouvernement français pour quarante millions de francs,

« Les Virginiens sont hospitaliers et magnifiques, dit Chastellux (1), mais très attachés à leurs intérêts, et leurs grandes richesses jointes à leurs prétentions rendent encore ce vice plus difforme ».

IV

La population de la Nouvelle-Angleterre (2) était composée, en grande partie, de fermiers qui ne cultivaient guère que l'orge et le seigle. Leur manière de cultiver était restée primitive, ils se servaient de la charrue en bois tirée par des bœufs et semaient le grain à la volée. La vie du fermier toute de travail et d'économie était la simplicité même ; sa nourriture d'un bout à l'autre de l'année se composait de deux seuls plats, du poisson fumé et du lard avec du pain de seigle. La semaine, il portait une chemise et un pantalon de nankin. Le dimanche, on lui voyait un complet de grosse étoffe qui lui durait sa vie et qu'il léguait à l'un de ses fils avec sa ferme, ses instruments aratoires et ses bestiaux. Sur la cheminée, il avait à côté de sa Bible un volume des sermons d'Edwards, qu'il lisait d'une voix monotone, à la lueur d'une chandelle de suif, le soir, après sa journée faite.

1. *Op. cit.* Vol. II, p. 152.
2. MacMaster. History of the American People Vol. 1er, p. 10 et suiv.

Le fermier produisait sur sa ferme tout ce qui était nécessaire à sa subsistance. Avec dix dollars par année, il achetait les clous, le sel et les quelques autres petits objets indispensables, ce qui lui permettait de mettre de côté, bon an mal an, environ cent cinquante dollars.

Les habitants de la Nouvelle-Angleterre ne se contentaient pas de défricher des terres, ils construisaient des scieries, des navires et faisaient un grand commerce. Dès 1665, la seule province du Massachusetts possédait 192 navires, petits et grands.

« Boston (1), un peu avant la guerre de l'Indépendance, avait une population de quinze mille âmes. Une partie de la ville était bien bâtie, les maisons étaient confortables et les rues bien entretenues. Dans la partie ancienne, les maisons étaient pauvres et sales, construites entièrement en bois, avec des auvents en planches brutes et des toits de bardeaux surmontés de vilaines balustrades sur lesquelles, les jours de lessive, les chemises et les jupons flottaient au vent »:

Plusieurs des villes du littoral jouissaient d'une grande prospérité ; leurs navires faisaient un important commerce de contrebande avec les colonies françaises et espagnoles et allaient jusqu'en Afrique, ou s'occupaient de la pêche de la baleine.

Les Yankees devaient nécessairement parvenir

1. Mac Master. *op. cit.* passim.

à l'aisance et à la fortune, car ils avaient de l'ordre, vivaient avec une grande économie, s'abstenaient généralement de liqueurs et se privaient de tous les amusements, qui, on le sait, représentent souvent dans le budget d'une famille, une aussi forte somme que la nourriture, les habits et le combustible.

Les habitants de la Nouvelle-Angleterre comprenaient la nécessité de l'instruction ; ils possédaient à Boston un établissement important d'éducation supérieure, le collège de Harvard, fondé en 1636, et ils avaient établi des écoles dans toutes les parties de leur territoire. C'étaient de petites maisons badigeonnées en rouge, d'une architecture uniforme, toute primitive, et qui sont restées l'objet d'une pieuse vénération de la part de leurs descendants. Les garçons pendant deux mois de l'hiver et les filles pendant deux mois de l'été (1) y apprenaient à lire, à écrire avec quelque souci de l'orthographe, et assez d'arithmétique pour pouvoir faire la monnaie d'une pièce chez l'épicier.

Le nombre des illettrés ne laissait pas d'être considérable, surtout, paraît-il, dans le Rhode-Island, qu'on appelait par dérision (Rogués-Island) « L'île des coquins » et auquel on gardait rancune de ce qu'il avait établi la liberté des cultes.

1. Mac Master, *op. cit. passim.*

Les écoles se ressentaient de la discipline austère qui avait été adoptée pour toutes les circonstances de la vie. Le fouet y jouait presque un
aussi grand rôle que dans les plantations à esclaves « Le pédagogue qui de nos jours, dit encore
Mac Master (1), soumettrait ses élèves à la discipline rigide, à la nourriture mesquine, aux
sermons, aux prières et aux flagellations qui
alors étaient le lot de l'écolier, serait voué
par la presse à l'exécration universelle et de-
vrait se considérer heureux de pouvoir échapper
aux poursuites pour cruauté envers l'enfance ».

Si la vie était rude pour les enfants internés
dans les maisons d'éducation, elle était abomina-
blement cruelle pour les prisonniers, et l'on
comprend que personne ne voulût s'exposer à en
faire l'essai. Les souffrances des infortunés enfer-
més dans les cachots dépassent en horreur tout
ce que l'imagination peut enfanter. Les prisons
étaient de véritables tannières où n'auraient pas
vécu même des bêtes féroces.

« On y jetait indistinctement hommes et femmes,
débiteurs insolvables, hérétiques et criminels de
droit commun. On ne donnait pas d'habits aux
prisonniers, pas de linge ; ces infortunés passaient des années sans se laver, leur cheveux
n'étaient pas taillés. Bientôt leurs corps étaient
couverts de plaies, de vermine, et répandaient

1. *Op. cit.*, vol. 1ᵉʳ, p. 20 et suiv.

une odeur infecte. La mortalité dans les prisons s'élevait annuellement jusqu'à 60 pour 1000 (1) ».

Peut-être les conditions des prisons et des écoles, dans beaucoup de pays d'Europe, n'étaient-elles pas supérieures à celles que je viens d'indiquer. Mais, dans l'histoire des pays d'Europe, ces faits passent inaperçus derrière le spectacle des batailles, des révolutions, des intrigues diplomatiques. Ici, l'histoire, c'est la vie du peuple.

A l'époque de la guerrre de l'Indépendance, les journaux étaient relativement nombreux dans la Nouvelle-Angleterre ; on en comptait 14, dont 5 à Boston.

« Celui qui voudrait étudier l'histoire coloniale dans les journaux d'alors, dit Mac Master (2), chercherait longtemps pour trouver peu de choses. Il lirait de nombreuses colonnes sur le péché de la paresse, sur l'importance de l'économie, sur la perversion de la méchante femme dont les pieds prennent racine dans l'enfer ; mais rien ou presque rien sur les questions les plus excitantes et les événements les plus importants de cette époque. Les colonnes d'injures à l'adresse de tel ou tel, les invectives, les dénonciations en termes très violents, sous forme de lettres à l'éditeur, des personnes dont on avait à se plaindre en remplissaient une partie importante ».

1. Mac Master, *op. cit. passim.*
2. MacMaster, *op. cit. passim.*

V

Tout l'intérêt de l'histoire américaine, depuis l'origine des colonies jusqu'à la guerre de l'Indépendance et même jusqu'à la guerre de Sécession, se concentre principalement sur les habitants de la Nouvelle-Angleterre, ou Yankees. Ce sont eux, qui pendant plus de deux siècles, incarnent l'âme de la jeune nation.

En 1776 ils ne constituaient qu'un quart de la population blanche totale, mais ils formaient un tout cohérent, une collectivité puissante, au sein de laquelle chaque individu était lui-même un facteur de force, d'énergie, de moralité, d'initiative.

L'émigration d'Angleterre dans les colonies de l'Est n'ayant pas dépassé 20.000 âmes, il en ré· sulte naturellement qu'un grand nombre de familles étaient unies par des liens de parenté et qu'en dehors de petits groupes d'Irlandais, d'Allemands et de Huguenots, l'homogénéité y était parfaite.

Les habitudes, les coutumes, les mœurs étaient absolument uniformes chez tous les Yankees, en dépit des multiples divergences sur des questions de dogme, d'administration ou de politique, qui les tenaient constamment en désaccord les uns avec les autres (1).

1. Les habitants de la Nouvelle-Angleterre, écrivait le général Greene, après la guerre de l'Indépendance, sem-

L'habitude de nourrir les mêmes pensées, d'être agités par les mêmes passions, de vivre de la même vie, avait de plus créé entre eux une certaine ressemblance physique. Le Yankee d'autrefois se reconnaissait facilement à l'austérité du regard, au pli rigide des lèvres, à la démarche roide, un peu automatique, au corps long, osseux, anguleux, au masque froid et rusé de l'homme qui n'a jamais souri, mais qui a torturé des textes bibliques pour les faire concorder avec ses intérêts.

Les Yankees étaient Anglais et jaloux de ce titre, dans une colonie dépendant de la couronne d'Angleterre et en rapports constants avec la métropole ; ils avaient une foi absolue en eux-mêmes et en leur mission, alors que les colons des autres races, coupés de tous rapports avec leurs patries d'origine, que la misère ou la persécution leur avait fait fuir, étaient isolés, sans liens solides d'union entre eux, sans même l'espoir ou le désir de conserver l'identité de leur être. On conçoit donc que les premiers aient fait prévaloir leur langue, leurs institutions, leurs idéaux, et l'on sent que, si d'immenses flots d'émigrants n'avaient, pendant tout un siècle, submergé la République, elle porterait encore l'empreinte exclusive de leur civilisation et de leur esprit.

blent avoir sans cesse besoin d'un prétexte pour se quereller avec les fonctionnaires. Faites disparaître un grief, ils en trouveront un autre, c'est dans leur tempérament.

LES HOLLANDAIS. LES QUAKERS. LES HUGUENOTS.

Le 11 octobre 1614, les Etats généraux de la Hollande accordèrent pour trois ans à la *Compagnie unie des marchands*, le monopole du commerce sur tout le territoire qui se trouve compris entre le 40ᵉ et le 45ᵒ degré de latitude nord, c'est-à-dire entre la Virginie et la Nouvelle-France, territoire qui reçut le nom de Nouvelle-Hollande. Malgré leurs efforts, les marchands ne réussirent à fonder aucun établissement durable et cédèrent, en 1621, leurs droits à la « *Compagnie Hollandaise des Indes occidentales* » qui fut incorporée, avec le privilège exclusif du commerce dans la Nouvelle-Hollande, pour vingt-quatre ans et commença à y transporter des colons, en 1623.

Les premières familles d'immigränts s'établirent au fort Orange et au Fort Nassau ; c'étaient des protestants, pour la plupart d'origine wallonne, et fugitifs des provinces belges. En 1628 la population de la colonie était de 270 âmes et elle augmenta rapidement les années suivantes, se recrutant dans toutes les classes de la société, cultivateurs, artisans, mécaniciens, ouvriers, boutiquiers, négociants ; elle s'accrut encore, principalement à Manhattan, aujourd'hui New-York, d'une assez forte émigration étrangère composée de Huguenots français échappés de la Rochelle et de colons anglais du Connecticut.

Comme, à cette époque, les Hollandais étaient puissants sur les mers, la Nouvelle-Hollande devint rapidement un centre commercial important, en même temps qu'une colonie agricole fort prospère, et ses habitants poussèrent leurs établissements, le long du Delaware, jusqu'aux confins de la province qui fut, plus tard, la Pennsylvanie. L'avenir semblait rempli de promesses, mais les Anglais qui, de tout temps, avaient protesté contre l'occupation des Hollandais et revendiqué comme leur propriété le territoire qu'occupaient ces derniers, soutinrent leurs réclamations par les armes, et en 1664 la Nouvelle-Hollande se rendit à la flotte anglaise. Le roi d'Angleterre nomma un gouverneur général pour administrer sa conquête, en même temps que pour soumettre la Nouvelle-Angleterre et la contraindre à l'obéissance.

6.

Neuf ans plus tard, la Nouvelle-Hollande fut reprise par une escadre de la République, qui battit la flotte anglaise dans les eaux américaines, puis, de nouveau et définitivement, rétrocédée à l'Angleterre, qui la divisa en trois provinces, le New-York, le Delaware et le New-Jersey.

Dans l'intervalle, les Suédois avaient fondé sur les bords du Delaware, une petite colonie à laquelle ils avaient donné le nom de Nouvelle-Suède. Les Hollandais avaient protesté, prétendant que le terrain leur appartenait, et en 1655, sous la conduite de Stuyvesant, s'étaient emparés des établissements des sujets de Gustave-Adolphe. Ces derniers, au nombre d'environ sept cents, conservèrent leurs terres et continuèrent à prospérer. Leurs descendants comptent aujourd'hui parmi les plus riches familles du Delaware.

Le naturaliste suédois, Kalm, qui visita (1) les colonies américaines en 1749 et 1750, mentionne brièvement l'établissement de ses compatriotes et les revendications des Hollandais. « Les Suédois se battirent, dit-il, et eurent le dessous, mais les Hollandais ne profitèrent pas longtemps de leur victoire ; en effet, quelques années après, les Anglais se sont emparés du pays à leur tour, et en ont gardé, depuis lors, la propriété incon-

----

1. *Voyages dans l'Amérique septentrionale*, vol. 1ᵉʳ, p. 20.

testée ». C'est en ces simples termes, que Kalm raconte les destinées de la Nouvelle-Suède et il ne revient plus sur le sujet.

∴

En 1664, à l'époque de la conquête par l'Angleterre, les Hollandais étaient en Amérique au nombre de 10.000 environ. Depuis lors, il y a eu fort peu d'émigration de Hollande, pas assez dans tous les cas pour modifier beaucoup le développement naturel de la population. Au moment de la guerre de l'Indépendance, leurs descendants devaient être environ 120.000 ou 130.000 dans les États de New-York, du New-Jersey et du Delaware.

Certains écrivains attribuent une part considérable à l'influence hollandaise dans les institutions américaines ; cette influence est contestée par le plus grand nombre. Il est assez probable cependant que c'est aux Hollandais que les fondateurs de la République ont emprunté le modèle d'une union fédérale.

Jusqu'en 1764, le hollandais fut exclusivement parlé dans les églises hollandaises. « Immédiatement après la conquête, dit Baird (1), le gouverneur fit de grands efforts pour introduire chez eux la langue anglaise, en ouvrant des écoles où on l'enseignait. Ce fait combiné avec l'établisse-

---

1. Robert Baird, *Religion in America.* p. 132.

ment d'une église épiscopalienne anglaise et l'encouragement qu'elle reçut du gouverneur Fletcher en 1693, fit que la nouvelle langue devint rapidement en usage ».

En 1750, Kalm constate que New-York est devenue une ville très cosmopolite, mais que la majorité de sa population est d'origine hollandaise. On y trouve, à cette époque, une église épiscopalienne, deux églises hollandaises, deux églises allemandes, une église presbytérienne, une église française, une *meeting house* de Quakers et une synagogue.

Les Hollandais, ayant été maintenus dans tous leurs droits, après la cession à l'Angleterre, s'emparèrent d'immenses terrains dont la valeur augmenta très rapidement ensuite, lorsque New-York devint la métropole commerciale des colonies, ce qui fait qu'un grand nombre de leurs descendants comptent parmi les familles les plus opulentes des Etats-Unis.

Les Hollandais apportèrent en Amérique les qualités d'ordre, de propreté minutieuse, de lésinerie, les mœurs douces qui les distinguent dans la mère-patrie. En 1750, Albany était une ville exclusivement hollandaise. « La langue et les manières y sont restées hollandaises, dit Kalm, les habits y sont anglais. .... L'avarice des habitants d'Albany est proverbiale dans tout le reste de l'Amérique. Si un juif s'établissait au milieu d'eux, ils trouveraient moyen de le ruiner.... Aussi personne ne va à Albany, car ils font payer très cher le moindre service qu'ils rendent... Les Hollandais de New-York et d'ailleurs ne leur ressemblent pas ». Le même auteur constate encore qu'ils n'aiment pas les colons anglais, et que les colons anglais ne les aiment pas. « A New-York cependant (1), si les anciens Hollandais parlent encore leur langue, les jeunes parlent plutôt l'anglais, vont à l'église anglaise et prendraient en mauvaise part d'être appelés Hollandais et non Anglais ».

On se rappelle que les *Pilgrims*, eux, quittèrent la Hollande parce que « s'ils restaient dans ce pays, leurs descendants, après quelques générations, deviendraient Hollandais et perdraient tout intérêt dans la langue et la nationalité anglaises ».

Cette fidélité invincible de l'homme de race anglo-saxonne à sa langue, et son exclusivisme dédaigneux, en présence de l'esprit nationaliste peu développé et du patriotisme craintif des autres races, ont été, comme nous le verrons plus tard, un facteur très important dans l'évolution américaine.

Un bon nombre de familles de descendance hollandaise, ont conservé l'épellation originale de leur nom, comme les van Ranselaer, les van Wyck, les Rosevelt, les Vanderbilt; d'autres noms ont été

1. *Op. cit.*, vol. II, p. 210.

modifiés et ont pris une tournure anglaise. Ainsi Wihler est devenu Wheeler ; Dahlbo, Dalbow, Van Culen, Culins; Konigh a été transformé en King, Hoppmann en Hoffman, Kahlsberg en Colesberry, Seneca en Sinexe, etc., etc.

II

L'organisation de la secte des Quakers fut, comme le puritanisme, l'une des nombreuses manifestations auxquelles donna lieu l'exaltation religieuse à l'époque qui suivit la Réforme ; chacun s'ingéniant à trouver des préceptes, des rites et des lois disciplinaires pouvant le mener plus sûrement dans la voie de la perfection, il n'est pas étonnant que beaucoup de combinaisons originales aient vu le jour.

Tandis que les Puritains réglaient leur conduite sur la Bible et se conformaient aux enseignements hébraïques, les Quakers s'étaient pénétrés de l'esprit évangélique et voulaient faire régner sur la terre la simplicité, la charité et la fraternité des premiers temps du christianisme. Leurs maximes favorites étaient celles qui enseignent l'amour du prochain et le mépris des vanités et des frivolités humaines. Les Quakers étaient opposés à la guerre, réprouvaient le luxe dans les habits et s'abstenaient des vaines formules de politesse, des saluts et des appellations honorifiques.

Certaines de leurs coutumes prêtaient à la plaisanterie, mais leur austérité n'avait rien de rude ou d'intolérant.

William Penn, fils d'un amiral anglais et l'un des premiers disciples du fondateur de la secte, Georges Fox, se trouvant créancier de la Couronne d'Angleterre pour une somme d'argent considérable, reçut du roi Charles un vaste territoire s'étendant entre la Nouvelle-Angleterre, le Delaware et les établissements du sud et formant le centre des treize colonies.

Ce territoire fut appelé Pennsylvanie, du nom de son propriétaire, qui y amena les premiers colons en 1682. Pendant les années 1678 et 1679, William Penn avait visité plusieurs parties de l'Allemagne et gagné à ses projets de colonisation, un si grand nombre d'adhérents que plus de 30.000 Allemands se rendirent en Angleterre avec l'intention de partir pour la Pennsylvanie, ainsi que nous le verrons plus loin.

Penn établit dans son domaine, la liberté absolue des cultes. « Nous tenons à accomplir notre devoir envers le roi, écrivait-il, à garantir les droits de tous, à supprimer le vice et à encourager la vertu, en accordant à chacun la liberté d'adorer Dieu suivant sa foi et sa croyance ».

Les Quakers n'avaient pas de pasteurs, ils étaient d'avis qu'un prêtre payé ne peut pas parler au nom de Dieu, mais ils laissaient à chacun le privilège de faire entendre à ses frères la bonne parole, si son inspiration l'y portait.

La première assemblée législative de la Pennsylvanie fut réunie en 1682 et vota des lois qui à cette époque devaient paraître plutôt bénignes : Etait puni d'une amende quiconque se permettait de jouer aux cartes, de fumer, de faire usage de liqueurs alcooliques ou de meubler sa maison avec luxe. La personne qui se rendait coupable d'adultère était, la première fois, fouettée en place publique et condamnée à un an de prison; si elle récidivait, elle était passible de l'emprisonnement à vie. Chaque juron était puni de cinq schelings d'amende et de cinq jours de prison. Celui qui se rendait coupable d'abus de langage ou de médisance était exposé une heure sur la place publique, avec un baillon dans la bouche, et payait cinq schelings. Relativement à l'observance du dimanche, on était beaucoup moins sévère que dans la Nouvelle-Angleterre et la Virginie. Le Quaker qui manquait d'assister au service divin, n'était puni que d'une amende.

William Penn, lorsqu'il fut devenu Quaker, refusa de se découvrir devant qui que ce fut, même devant son père. Il appelait le roi « Ami Charles » et le roi l'appelait, avec un sourire légèrement ironique « Ami William ». Les Quakers ne disaient jamais ni bonjour, ni bonsoir; ils parlaient peu et évitaient les paroles inutiles ; la musique chez eux était anathématisée comme un art de corruption et la danse comme une inven tion diabolique.

« Nous ne saluons pas, nous n'ôtons pas nos chapeaux, nous ne faisons pas de compliments, écrivait un ami de Penn (1), parce que nous croyons qu'il n'y a là dedans que flatterie et péché, mais nous traitons tous les hommes avec sérieux et gentillesse ».

Dans leurs rapports avec les Indiens, les Quakers sont les seuls parmi les colons américains qui n'eurent jamais à souffrir ; ils les traitèrent avec justice et conclurent avec eux un traité de paix qu'ils observèrent constamment ; jamais on ne put les amener à se porter à des hostilités contre aucune peuplade sauvage.

Ils étaient opposés à la guerre ; cependant pour concilier leur foi avec leur allégeance à la Couronne, ils payaient l'impôt destiné à l'entretien des milices, prétendant ignorer l'usage que l'on ferait des sommes qu'ils versaient ainsi. « Pour le service du roi » disaient-ils, en remettant leur argent au percepteur de l'impôt.

Les Nègres achetés par les Quakers furent traités avec beaucoup d'humanité, et en 1711 l'importation en fut prohibée. Toutefois, la métropole ne voulant pas renoncer aux profits que lui procurait son commerce de chair humaine et insis-

1. Cité par Applegarth. *Quakers in Pennsylvania*.

tant pour le maintenir en Pennsylvanie, ce n'est que l'année de la déclaration de l'indépendance, en 1776, qu'une loi rigoureuse mit fin à l'esclavage dans cette province, en frappant d'excommunication quiconque garderait un seul esclave.

D'une grande aménité de mœurs, les Quakers avaient rarement de différends entre eux, et les procès étaient réglés généralement au moyen d'un arbitrage. Ils avaient des écoles, dans lesquelles les enfants pauvres étaient admis gratuitement et les autres en payant une contribution modique (1).

« En Pennsylvanie, écrivait Franklin, l'industrie rapporte des bénéfices sûrs, le savoir est estimé et la vertu est vénérée ».

La population y augmenta plus rapidement qu'en aucune autre partie de l'Amérique ; elle n'était que de 30.000 âmes en 1710, paraît-il, et en 1763 elle s'élevait déjà à 280.000. La tolérance y avait attiré des opprimés de tous les pays huguenots, frères moraves, piétistes, mennonites, en outre, d'une fort nombreuse émigration d'Allemagne et d'Irlande.

La Pennsylvanie jouissait au moment de la guerre, et longtemps auparavant, d'une très grande prospérité. Philadelphie, sa capitale, se développait d'une manière remarquable et faisait un grand commerce ; chaque année de deux à trois cents navires mouillaient dans ses ports. « Les

1. Il se publiait neuf journaux en Pennsylvanie, au moment de la guerre de l'indépendance.

gens, dit Kalm (1), y vivent comme des rois, la liberté y est absolue. La population se compose de toutes sortes de nationalités. Philadelphie peut rivaliser avec plusieurs des plus belles villes de l'Europe ».

Les différents éléments étrangers s'étaient d'abord conformés à la manière de vivre des compagnons de Penn, mais étant devenus fort supérieurs en nombre aux premiers occupants du sol, ils finirent par faire prévaloir leur influence, grâce surtout au mauvais vouloir du gouvernement anglais envers les Quakers toujours réfractaires au paiement des impôts. En 1754, ces derniers se trouvaient en minorité à la législature de la Pennsylvanie.

Un point dans l'histoire des Quakers peut sembler obscur au premier abord. Ils possédaient un territoire régi d'après leurs propres lois et coutumes, où ils pouvaient jouir de toutes les immunités, se conduire à leur guise, et où, ce qui plus est, régnait une grande prospérité. Pourquoi, dans ces conditions, émigrèrent-ils dans les colonies voisines, le Delaware, le New-York, la Caroline du Nord (2) où ils constituaient vers

1. *Op. cit.* vol. I, p. 45.

2. En 1675, le comte de Shaftesbury, l'un des propriétaires des Carolines, recommande au gouverneur et au conseil un groupe de Quakers avec lesquels il a eu des rapports dont il n'a qu'à se louer et prie qu'on leur alloue 12.000 acres de terre). *Shaftesbury papers*).

1720 la secte la plus nombreuse et même dans
le Massachusetts, où six d'entre eux furent pendus et un grand nombre mutilés et emprison-
nés ? Il semble bien qu'au moment où la persécution se déchaîna contre eux en Angleterre, ils
aient été enflammés de même que les premiers
chrétiens, de la soif du martyre et de la fièvre
de l'apostolat, car ils envoyèrent des prédicateurs
en France, en Allemagne, en Hongrie, en Autriche
et jusqu'à Jérusalem dans le but de recruter des
prosélytes et de répandre partout la parole de
paix. Leurs efforts ne furent guère couronnés de
succès, en dehors de l'Allemagne. Quoiqu'il en
soit d'ailleurs, comme toutes les combinaisons religieuses qui s'insurgent contre les coutumes gé-
nérales et rompent en visière aux habitudes re-
çues, aux mœurs ambiantes, la secte des Quakers
ne pouvait se maintenir au-delà d'une ou deux générations dans l'intégrité de sa conception primitive. L'intérêt et l'hypocrisie finirent sans doute
par se substituer à l'enthousiasme de Penn et de
ses premiers adeptes « Couvrant du manteau de
la religion leur indifférence au bien public, dit
Chastellux , à propos d'un vieux Quaker français rencontré à Philadelphie en 1785, ils épar-
gnent le sang, il est vrai : surtout le leur, mais ils
escroquent l'argent des deux partis, et cela sans
aucune pudeur et sans aucun ménagement. C'est
une opinion reçue dans le commerce qu'il faut se
défier d'eux, et cette opinion est fondée ».

Le grand économiste Adam Smith lui-même, ne croyait pas à leur désintéressement « Les résolutions prises dernièrement par les Quakers de la Pennsylvanie d'émanciper leurs esclaves noirs doit, dit-il (1), nous convaincre que le nombre n'en est pas considérable ; si les Nègres formaient une partie importante de leurs biens, jamais ils n'auraient pris cette résolution ».

La prédominance, dans leur code pénal, des amendes comme châtiment de la plupart des délits et infractions aux lois, tendrait également à nous prouver qu'ils attachaient une grande importance aux biens de ce monde.

Il convient, dans tous les cas, de leur rendre ce témoignage qu'eux seuls ont su, en Amérique, non seulement établir, mais maintenir la véritable tolérance et la liberté absolue des cultes.

La secte se fondit peu à peu dans le reste de la nation, et il est rarement question des Quakers après la guerre de l'Indépendance. Il en existe encore quelques-uns cependant ; les enfants se les montrent du doigt comme des phénomènes curieux et amusants.

III

Les premiers Huguenots qui s'établirent dans les colonies anglaises furent amenés par les soins

1. *Richesse des nations.*

de la Compagnie de la Virginie (1) dès 1621, et reçurent une allocation de terrain, à *Elizabeth City* ; c'étaient des Français et des Wallons ; les archives coloniales nous ont conservé leurs noms. Ils étaient plus de deux cents, fort habiles dans la culture de la vigne et des vers à soie, ce qui fit qu'on les appela « les vignerons » ; malheureusement, l'année qui suivit leur arrivée, la plupart furent massacrés par les Indiens (2).

Quelques années après le siège de la Rochelle, en 1630, le baron de Rancé, qui avait fui en Angleterre avec un grand nombre de ses coreligionnaires, proposa au gouvernement anglais de s'établir dans la Virginie et d'y transporter quelques centaines de réfugiés. Le gouvernement le lui permit, à la condition que ceux qu'il emmènerait avec lui seraient des artisans et des marins experts, et que leur nombre ne dépasserait pas annuellement cent ou cent cinquante, pendant trois ou quatre ans (3).

En 1661, une allocation de terrain fut faite au docteur Touton et à un certain nombre de réfugiés français, dans la province de New-York. Nous savons que la Nouvelle-Hollande, avant la

1. Un demi-siècle auparavant, Coligny avait eu l'idée de fonder en Amérique, une France protestante. Son projet fut réalisé par l'Angleterre (*Seely. Expansion of England* p. 136).

2. *Colonial papers.*

3. *Colonial papers.*

conquête par l'Angleterre, avait reçu un nombre considérable de colons huguenots (1).

En 1679, faisant droit à une pétition présentée par Jacob Guérard et René Petit, le roi Charles II envoya à ses frais deux navires, avec quatre-vingts familles huguenotes, dans la Caroline du Sud et leur accorda une allocation de 4.000 acres de terre « Le roi encourage cette émigration, est-il dit dans l'Ordre du Conseil d'Etat qui statue sur l'allocation, parce que les Huguenots sont experts dans la culture de la soie, la fabrication du vin, et qu'ils attireront d'autres protestants français aux colonies » (2).

Le 29 janvier 1682, cinquante-cinq Huguenots arrivèrent en Virginie et s'y établirent.

En 1687, plusieurs familles de réfugiés français se fixèrent dans le canton d'Oxford (Massachusetts), où on leur accorda 11.000 acres de terre, mais à la suite d'incursions des Indiens, ils durent émigrer quelques années après à Boston, à New-York et dans la Virginie (3).

Cent cinquante familles huguenotes s'établirent

1. Plusieurs Huguenots émigrés en Hollande avaient traduit leur nom en hollandais ou lui avaient donné une consonnance hollandaise. Et il se trouvait plusieurs d'entre eux parmi ceux qui passèrent en Amérique. Ainsi un pasteur du nom de Dubois qui exerça quelque temps son ministère à Boston, se faisait appeler *Van den Bosc.*

2. *Colonial Papers.*

3. R. Baird. *History of the Huguenot Emigration in America.*

dans le Massachusetts, après la révocation de
l'Edit de Nantes (1). Ils eurent une église à Boston dès 1686.

Quarante-huit familles émigrèrent dans le Rhode-Island cette même année ; on leur y concéda
frauduleusement des terrains sur lesquels existaient des droits antérieurs, et lorsque les difficultés qui s'étaient nécessairement élevées de ce chef
eurent été aplanies, ils se trouvèrent en butte
à la défiance de leurs voisins anglais, qui saccagè-
rent leurs récoltes, détruisirent leurs clôtures et
démolirent leur église ; car c'était au temps des
guerres avec les Canadiens. Finalement ils durent
se réfugier ailleurs (1691) (2). Trois familles
seulement restèrent dans le Rhode-Island. Cette
province, de même que le Connecticut et le New-
Hampshire, avait reçu précédemment, à partir
de 1636, plusieurs réfugiés huguenots venus iso-
lément, ou par petits groupes (3).

En 1690, Guillaume II en envoya une nombreuse colonie dans la Virginie. Dans les deux
seules années 1699 et 1700, six cents familles huguenotes se fixèrent dans les provinces du sud.

La province de New-York, où ils fondèrent la
ville de la Nouvelle-Rochelle, fut, avec la Caroline

1. Palfrey. *History of New-England*. vol. 1er, préface.

2. R. Baird *op. cit.* Les trois familles restées dans la
province se nommaient Lemoine (Money), Ayraud et Jullien.

3. La famille Ballou, à laquelle appartenait la mère du
président Garfield, émigra dans le Rhode-Island dès 1636.

du Sud, leur principal refuge. Un peu avant la guerre de l'Indépendance, ils constituaient à New-York la classe la plus riche de la population.

« Les protestants français y devinrent si nombreux, dit Bancroft (1), que les documents publics étaient quelquefois rédigés en français, de même qu'en hollandais et en anglais ».

En 1733, deux cent soixante-dix familles protestantes de la Suisse française, sous la conduite de Pierre Bury, s'établirent dans la Caroline du Sud.

En 1752, seize cents Huguenots français traversèrent l'Atlantique et se fixèrent dans la même province, deux cents autres les rejoignirent en 1764.

« Dieu a béni leur émigration en Amérique, dit R. Baird (2), en eux et en leurs descendants. Plusieurs des premières familles de l'Etat de New-York, du Maryland, de la Virginie et des Carolines sont de descendance huguenote, de même que quelques-uns des hommes les plus éminents qui ont honoré les Etats-Unis. Des sept présidents du Congrès, pendant la guerre de l'Indépendance, trois étaient de sang français, John Hay, Henri Laurens et Charles Boudinot. Jamais aucun peuple n'a mieux reconnu la bonté hospitalière de la terre qui lui avait offert un refuge...

1. *Hist. of the United States*, vol. 1ᵉʳ, p. 512.
2. *Religion in America.* p. 92.

Parmi les plus brillants ornements des conseils
d'Etat, des législatures, de la magistrature et de
la chaire, on trouve des noms de réfugiés français. »

Quelles que soient les opinions que l'on professe sur les dogmes pour lesquels les Huguenots souffrirent et furent persécutés, il faut reconnaître qu'ils appartenaient en France aux classes les plus industrieuses et les plus progressives
de la population. Alors que, dans les pays voisins,
les masses abandonnaient la foi ancienne et s'attachaient à la réforme, sous une poussée aveugle,
pour obéir aux injonctions ou aux caprices d'un
monarque, ceux-là qui, constituant une minorité et,
se trouvant en butte à l'hostilité du roi et du peuple,
acceptaient l'oppression et l'exil pour rester fidèles à la croyance qu'ils avaient librement embras-
sée, avaient des âmes fortement trempées. On
peut dire des protestants français, comme des
catholiques anglais du temps de Henri VIII,
d'Elizabeth et de Cromwell, qu'ils faisaient partie
de l'élite de la nation.

Au moment de la guerre, les Huguenots devaient être aux Etats-Unis au nombre de quarante ou cinquante mille. Ils avaient en majorité
conservé leur langue, parce qu'ils se trouvaient
groupés dans le Maryland, les Carolines, la Virginie, le New-York et qu'ils avaient leurs églises
particulières. Nous voyons dans la biographie de
John Jay que, quelques années avant la Révolu-

tion, on parlait généralement le français à la Nouvelle-Rochelle, sa ville natale; il y avait des localités dans la Caroline du Sud où on le parlait exclusivement.

Vers 1715, le gouverneur de la Virginie, Spotts-wood, écrit à l'évêque de Londres (1) qu'à Manacan Town, où sont établies une quarantaine de familles françaises, on demande un pasteur, attendu que celui qui desservait la paroisse, M. Cairon, est mort il y a deux ans. « Mais que ce soit un pasteur français, ajoute le gouverneur, car c'est à peine s'il s'en trouve quelques-uns parmi ces colons qui comprennent suffisamment l'anglais pour pouvoir prendre part au service divin et profiter d'un sermon fait dans cette langue. On donnera à ce pasteur, quarante livres par année, payées en céréales, car les colons ne sont pas riches ».

Plus tard la fusion des Huguenots dans les groupes anglo-saxons s'est faite, sans efforts, sans contrainte, comme sans regrets. La patrie que l'on avait quittée avait été une marâtre, la langue des ancêtres avait servi à rédiger des édits de proscription, on abandonnait l'une et l'autre sans arrière pensée et d'un cœur léger. A cette époque d'ailleurs, sauf pour les Anglo-saxons, les mots race, langue et nationalité n'avaient pas la signification qu'ils ont aujourd'hui, la religion dominait toutes les autres préoccupations. Et la religion sans doute modifie les âmes, car les refugiés hu-

guenots semblent avoir gardé fort peu du tempérament français, ils n'ont pas apporté à la nation
américaine, les qualités gauloises d'ardeur, d'enthousiasme, de sociabilité, de hardiesse, mais bien
les vertus anglo-saxonnes d'ordre, d'activité et de
prévoyance calculatrice. On les trouve après la
guerre, lancés dans le mouvement industriel et
commercial et mettant en pratique ce conseil que
leur coreligionnaire Guizot donnait plus tard à ses
jeunes contemporains? Enrichissez-vous! (1) Ils
sont absolument disparus comme groupe distinct.

1. Les Huguenots dont un bon nombre avaient pu recueil-
lir, avant de partir pour l'exil, une partie ou la totalité de
leur fortune, se placèrent immédiatement en Amérique
parmi les plus riches citoyens des treize provinces.

Ainsi, James Beaudoin (Bowdoin) qui fut gouverneur du
Massachusetts, immédiatement après la guerre de l'Indépendance, réalisa *la plus grande fortune qu'on ait encore
vue dans cette province*. Son fils fut nommé ministre plé-
nipotentiaire près la Cour de Madrid (Baird. *op. cit.* p. 474)

En 1738, à la mort d'André Faneuil, l'un des principaux
citoyens de Boston sa fortune, *la plus grande de cette ville*, passa à son neveu Pierre (*Id.* p. 476).

Mascarene qui fut lieutenant gouverneur et commandant
en chef de la Nouvelle-Ecosse était aussi l'un des hommes
les plus riches de l'Amérique.

A Salem (Massachusetts) Philippe l'Anglois (English) devint très riche : « Au moment de sa plus grande prospérité
en 1692, il possédait 21 vaisseaux, 14 maisons en ville, un
chantier et un magasin. Cette année là, sa femme fut arrêtée comme sorcière, lui-même bientôt la suivit en prison
Boston, avec cinq autres personnes de Salem. Tous furent condamnés à mort et exécutés, sauf English et sa fem-

Les noms seuls, qui tous désignent des familles aisées ou riches et jouissant de la considération générale, rappellent chez un certain nombre, leur origine française (1).

Peut-être devons-nous mentionner ici, les 7000 Acadiens, catholiques, mais de race française (2) qui furent arrachés à leurs foyers en 1755, au mépris de toutes les lois de l'humanité et de la justice, jetés pêle-mêle dans des bateaux où un grand nombre périrent de misère, sans qu'on leur permît de rien emporter de ce qui leur appartenait, et dispersés dans les colonies anglaises, 1020 dans la Caroline du Sud, les autres en Virginie, en Pennsylvanie et ailleurs.

A Philadelphie, une pétition ayant été adressée à Lord Loudoun, alors commandant en chef des

me qui s'échappèrent de prison avec la connivence de l'autorité et se réfugièrent à New-York. L'année suivante, quand la violence du fanatisme se fut calmée, ils retournèrent à Salem, trouvèrent leur maison brûlée par la populace et leurs biens confisqués par le shérif. English se remit courageusement à refaire sa fortune. Mais sa femme ne survécut pas longtemps aux mauvais traitements qu'elle avait endurés. Le mari ne mourut qu'en 1736 (*Id.* p. 433).

Bernon et Ayraud furent deux des plus grands négociants et armateurs du Rhode-Island, pendant la première moitié du xviiie siècle. A New-York, vers 1816, la plus importante maison de commerce avait pour raison sociale, *Leroy, Bayard et Cie* ».

1. Voir appendice.

2. L'Acadie avait été cédée à l'Angleterre par le traité d'Utrecht, en 1713.

forces anglaises en Amérique, celui-ci furieux de ce que cette pétition était rédigée en français, fit saisir cinq des principaux Acadiens, qui en étaient les auteurs et les expédia en Angleterre, en demandant qu'ils fussent placés comme matelots à bord de navires de guerre (1).

Cette dispersion des Acadiens, l'une des infamies les plus criantes de l'histoire de l'Angleterre, a inspiré plusieurs écrivains, entre autres le poète américain, Longellow dont le poëme, *Evangeline* est très populaire aux Etats-Unis. La petite colonie dispersée resta fidèlement attachée à sa langue et à sa religion. Les uns se rendirent en Louisiane où leurs descendants forment aujourd'hui la majorité de la population de langue française; d'autres retournèrent dans leur ancienne patrie où ils sont maintenant plus de 100.000 et dans la province française de Québec.

1. Bancroft. *op. cit.* Vol.II, p. 234.

LES ALLEMANDS

Ils n'ont joué aucun rôle politique. — Causes de leur émigration. — Statistiques. — Etat social des émigrés allemands en Amérique. — Leur sentiment de la nationalité. — Leurs églises. — Leurs écoles. — Leur nombre à l'époque de la Révolution.

Les Allemands n'ont joué aucun rôle politique dans les colonies anglaises d'Amérique ; ils n'ont reçu ni chartes, ni allocations ; ils ne se sont jamais querellés avec les gouverneurs des provinces ; ils n'ont jamais persécuté là où ils se trouvaient en majorité, ceux qui ne partageaient pas leurs croyances ; ils n'ont apporté à leur nouvelle patrie que leurs qualités de sobriété, d'endurance, d'économie, ils ne lui ont donné que le travail de leurs bras.

Pour un grand nombre d'entre eux, ainsi que le disait un de leurs premiers historiens, l'Amérique n'a pas été la terre de la liberté, mais la terre de l'esclavage.

Aussi, bien que de tous les groupes divers qui ont constitué originairement la nation américaine, ils aient peut-être été le plus nombreux, c'est à peine si les historiens leur accordent une brève mention et notent, en passant, leurs établissements dans la Pennsylvanie.

Un certain nombre des émigrés allemands, anabaptistes, piétistes, mennonites, frères moraves, furent comme les puritains, les quakers et les huguenots, des victimes de la persécution religieuse; la plupart vinrent en Amérique pour échapper à la disette et à l'anarchie qui avaient accompagné, au pays natal, les guerres de religion. Au dix-septième siècle et pendant la première moitié du dix-huitième, l'Allemagne était décimée par les armées permanentes, composées de soldats de toutes nationalités, qui traînaient derrière elles, une foule de gens dépravés vivant de rapines et de brigandage. Sur le passage de ces hordes malfaisantes, les habitants des petites villes et des villages devaient se cacher ou s'enfuir, la vie n'avait aucune sécurité (1). On s'explique donc facilement que William Penn, lors du voyage d'Outre-Rhin, qu'il entreprit, en 1678-1679, afin de recruter des colons pour son domaine de la Pennsylvanie, ait été accueilli avec enthousiasme.

1. Wohlhausen rapporte qu'à cette époque, chaque régiment d'infanterie allemande traînait à sa suite, en moyenne 4000 personnes, hommes, femmes et enfants.

Le général de Gronsfeld dit qu'à la fin de la guerre de 1648, les armées impériales et bavaroises qui ne comptaient que 40.000 hommes recevant des rations, étaient suivies de 140.000 qui n'en recevaient pas et vivaient de pillage et de vol.

Un bon nombre partirent immédiatement sous la conduite de Pastorius et fondèrent German-town qui est aujourd'hui l'un des quartiers de Philadelphie. Quelques années plus tard, 32.468 Allemands se rendirent à Londres, dans l'intention de s'embarquer pour l'Amérique. La reine Anne avait promis de les faire transporter à destination, mais gênée par des difficultés matérielles et craignant en outre, qu'un nombre d'étrangers aussi considérable ne trouvât moyen d'échapper à sa domination, elle refusa d'accomplir ses promesses.

Les pauvres émigrants souffrant de la faim et décimés par la maladie, furent, les uns rapatriés en Allemagne, d'autres envoyés en Irlande ou ailleurs; onze mille environ furent transportés en Amérique, et cherchèrent d'abord à s'établir dans l'état de New-York. On les y exploita de toutes manières ; là où ils se faisaient donner des terres par les Indiens et commençaient le défrichement, se croyant chez eux, on venait les déposséder en leur disant que ces terres avaient déjà été vendues à d'autres colons (1). Traqués partout et sans moyens de subsistance, la plupart quittèrent le New-York pour se rendre en Pennsylvanie et dans les colonies du Sud, où ils furent traités de façon beaucoup plus hu-

1. F. Löher *Geschichte und Zustand der Deutschen in Amerika* (Leipzig 1846).

maine et formèrent bientôt des groupes nombreux et prospères. Les principales localités établies par eux à cette époque sont Newburg, Esopus, Luneburg, Johnstown, Germantown, Livingstone, Winden, Athènes, Cobleskill, Guilderland, Bern, Brunswick, etc.

La grande immigration germanique commença avec le dix-huitième siècle et l'on estime que de 1700 à 1725 plus de 50.000 Allemands arrivèrent dans la seule province de la Pennsylvanie (1), la plupart venant du Palatinat. Jonathan Dickinson écrit en 1719 (2) : « Nous attendons, de jour en jour, plusieurs navires de Londres qui doivent nous amener des habitants du Palatinat, au nombre de six à sept mille. Nous avons déjà reçu beaucoup d'émigrants d'Irlande et nous en attendons encore..... Nos amis font des progrès rapides et il y a une population nombreuse dans le désert qui bientôt, sera un champ fertile »

Dans les années 1714, 1715 et 1716, un nombre considérable de réfugiés du Palatinat et d'autres parties de l'Allemagne, venus avec le baron de Graffenried, s'établirent sur les frontières limitrophes de la Virginie et des Carolines (3).

Le nombre des Allemands qui se fixèrent dans

1. Andrew Mellick. *Pensylvania Magazine*, Octobre 1886.

2. Rupp. *History of Berks and Lebanon* p. 91 (Lancaster, 1844).

3. *Spottswood's letters.*

ces trois provinces, sous le règne de la reine Anne et avec la protection de cette souveraine est évalué par plusieurs chroniqueurs, à six ou sept mille (1). Les propriétaires des Carolines eux-mêmes en firent venir 1800 qui s'établirent près de New-Bern (2), et la Caroline du Nord seule en reçut plus de 17.000, pendant la première moitié du dix-huitième siècle.

En Virginie, les Allemands fondèrent Germana, Friedrichsburg, Stephenstown, Shepherdstown, et acquirent d'excellentes terres.

Le Maryland reçut un nombre important de catholiques de la Bavière et des provinces rhénanes, ils y fondèrent les villes de Frederickstown, Hagerstown, Middletown, etc., mais lorsque les épiscopaliens inaugurèrent l'intolérance dans cette colonie qui, la première, avait établi la liberté de conscience, ceux d'entre eux qui ne voulurent pas subir le joug protestant, passèrent dans la Pennsylvanie et quelques-uns en Louisiane.

Les promesses trompeuses du banquier Law amenèrent, vers 1720, deux mille Allemands sur les bords du Mississipi. La plupart périrent de misère, les autres se réfugièrent dans les colonies anglaises.

Ce furent principalement des Allemands, frè-

1. Howe. *Historical collections of Virginia*, p. 478-479 (Charleston, 1845).

2. Hewatt. *Historical account of South Carolina and Georgia* p. p. 198-204 (Londres, 1779).

res moraves, Salzbourgeois et autres qui fondèrent les premiers établissements de la Géorgie,
sous la conduite du philanthrope Oglethorpe, au
cours des années 1735-1741.

En 1765, six cents habitants du Palatinat et de
la Souabe, avec un nombre considérable de West-
phaliens et de Bas-Saxons furent amenés par des
navires anglais et établis à Savannnah, Charleston et dans les environs (1).

Enfin dans le New-Jersey et le Delaware plusieurs districts furent exclusivement peuplés par
les Allemands, entre autres les districts de Sussex,
de Passaic, de Sommerset et de Bergen dans cette
dernière province. Une partie importante du
New-Jersey était connue sous le nom de German
Valley (Vallée allemande).

Nous avons vu qu'en 1750, il y avait à New-York,
deux églises allemandes.

C'est en Pennsylvanie qu'afflua surtout l'immigration d'Outre-Rhin ; en 1742, on y comptait
déjà 100.000 représentants de la race germanique (2) et jusqu'à la guerre de l'Indépendance, le
mouvement ne fit que s'accentuer. Le port de
Philadelphie en recevait chaque année, plusieurs
milliers.

Dans l'été de 1749 dit Kalm (2) près de 22.000

1. *Proceedings of the committee appointed for relieving
the poor Germans* (Londres 1766).
2. Loher. *op. cit.*, p. 75.
3. *Op. cit.* vol. 2°, p. 45.

Allemands sont arrivés à Philadelphie, dont plusieurs se sont fixés dans cette ville ». .

Chacune des trois années suivantes en a amené plus de 6000. En 1759, il serait débarqué à Philadelphie environ 22.000 émigrants venant des seuls Etats du Palatinat, du Grand-Duché de Bade et du Wurtemberg (1). Ce nombre a été dépassé en 1770 et 1771.

De 1772 à 1776, de vingt à vingt-quatre navires chargés de passagers allemands, sont arrivés chaque année, dans le port de Philadelphie, en outre d'un grand nombre d'autres dans les ports des colonies du Sud qui cherchaient à attirer cette émigration (2).

Enfin, pendant la guerre de l'Indépendance, un nombre considérable de soldats mercenaires hessois qui faisaient partie de l'armée anglaise, désertèrent pour s'établir dans le pays ; on eut même l'idée de former un régiment américain, de ces déserteurs, Washington s'y opposa.

.·.

La plupart des émigrés allemands disent les chroniqueurs du temps, étaient des gens de bonnes mœurs, travailleurs, économes, n'aspirant qu'à la sécurité et à une liberté relative, cependant il ne

1. Mittelberger. *Reise nach Pennsylvanien* (Francfort 1786).
2. Löher *op cit.*,p. 76.

manquait pas parmi eux de mauvais sujets, de vagabonds et de criminels. Plusieurs étaient d'anciens
soldats mercenaires qui n'avaient jamais connu
d'autres lois que l'autorité de leurs chefs et qui se
pliaient difficilement à la vie d'industrieux colons.
En général, ils ne se préoccupaient pas d'obtenir
des titres de propriétés ; lorsqu'ils trouvaient un
terrain inoccupé, ils s'en emparaient et de suite
se mettaient à l'œuvre, considérant qu'il leur appartenait.

Le gouverneur de la Pensylvanie, J. Logan écrivait à William Penn en 1729, pour exposer cet
état de choses (1). « Il est clair, ajoutait-il, que
les groupes d'émigrants qui arrivent d'Allemagne
auront bientôt créé, ici, un état allemand. Il est
temps que le parlement intervienne ».

En revanche, un grand nombre étaient exploités
par des agents d'immigration qui faisaient luire à
leurs yeux, un tableau séduisant des richesses du
Nouveau-Monde, les embarquaient sur des navires
dans les ports de Hollande et vendaient à leur
arrivée en Amérique, ceux qui n'étaient pas morts
de misère pendant la traversée. Ce commerce a
fleuri surtout pendant les années 1728, 1729, 1737,
1741, 1750 et 1751 (2).

Kalm arrivant à Philadelphie en 1748, à bord
d'un navire anglais, s'applaudit de la beauté de la

1. *History of Berks and Lebanon.*
2. *Provincial records of Pensylvania.*

traversée qui n'a duré que six semaines et rend
hommage à la courtoisie du capitaine, « mais
avant de quitter le navire, dit-il (1), celui-ci com-
manda à ses hommes de ne pas laisser débarquer
les Allemands qui étaient à bord, à moins qu'ils
ne payassent leur passage, ou que quelqu'un ne le
payât pour eux et ne les achetât ».

On les achetait toujours, car dans ces territoires nouveaux où tout était à créer, la main-
d'œuvre seule manquait. La richesse était à celui qui possédait le plus grand nombre de serviteurs, aussi cherchait-on par tous les moyens, à
attirer les travailleurs quels qu'ils fussent. « Arrivés la plupart sans ressources, les Allemands
s'ils échappaient à l'esclavage, devaient passer
de longues années au service d'autres colons et
finissaient par parler une langue qui était un mélange d'allemand et d'anglais. Il est probable que
plus d'un tiers de ceux qui ont émigré pendant
l'époque coloniale et dont les descendants jouis-
sent, aujourd'hui, de beaucoup de bien-être ont
eu des commencements aussi difficiles » (2).

Voici quelques spécimens des annonces que
l'on trouvait alors, dans les journaux de la Pennsylvanie et du Maryland :

« *A vendre une servante allemande*, ayant en-

---

1. *Op.,cit.* vol. 1er, p. 15.
2. Löher. *op. cit.*, p. 82.

core trois ans et demi à servir. C'est une bonne
fileuse ».

(*Pennsylvania Gazette*, Juin 1742).

« *Immigrants Allemands*. Aujourd'hui le navire *le Boston*, capitaine Matthew Carr, est arrivé de Rotterdam, avec une centaine d'Allemands,
ouvriers et journaliers, hommes et femmes, garçons et filles. Ceux qui voudraient les examiner
sont priés de donner leurs noms à David Rundle,
Front Street ».

(*Philadelphie* 4 novembre 1764 : *Moniteur
Officiel*).

« *A vendre, une servante allemande*. Elle est
fraîche, forte, saine et de bonne valeur mar-
chande ; seulement, elle est impropre au travail
qu'on lui fait faire actuellement. Elle connaît tous
les travaux de ferme et peut aider aux travaux
de ménage. Elle a encore cinq ans à servir ».

(*Philadelphie* 4 août 1766. *Moniteur Officiel*).

« *A vendre*, un apprenti allemand qui a encore cinq ans et trois mois à servir. Il a travaillé
chez un tailleur et travaille bien ».

(*Pennsylvania Gazette*, 14 décembre 1773).

« *Allemands*. Il y a 50 ou 60 Allemands récemment arrivés d'Allemagne et qui logent chez la
veuve Kreiderin, au « Cygne d'or ». Il y a parmi eux, deux maîtres d'école, des ouvriers, des

paysans et des enfants, garçons et filles. Ils ser-
viront pour le prix de leur passage ».
(*Pennsylvania Gazette*, 18 janvier 1774).

« *A vendre*. Une jeune fille allemande qui a
encore cinq ans à servir ».
(*Pennsylvania Gazette*, 25 avril 1775).

« Beaucoup de parents dit Mittelberger (1)
sont obligés de vendre eux-mêmes leurs enfants
comme du bétail, afin de pouvoir quitter le navire
sur lequel ils sont venus; les enfants se chargeant
d'acquitter ainsi le prix du passage. Comme très
souvent les parents ne savent pas où vont leurs
enfants, il arrive qu'après être débarqués des
bateaux, les membres d'une famille passent des
années et quelquefois toute leur vie, sans se
revoir. Plus souvent encore, ils sont vendus dans
des maisons différentes et père, mère et enfants
se trouvent séparés ».

Des sociétés furent fondées à partir de 1740, à
Philadelphie, Baltimore, Charleston et New-York
pour protéger les Allemands contre les manœuvres des agents d'immigration, mais elles ne purent qu'atténuer le mal. On découvrit, grâce à
leur intervention, que plusieurs de ces esclaves
blancs étaient maltraités et battus de même que
les Noirs et on eut l'occasion de saisir de ces faits
les autorités judiciaires.

1. *Op. cit.*

Un peu avant la guerre, des lois furent votées dans le Maryland et la Pensylvanie, exigeant l'inscription des noms de tous les immigrants à leur arrivée. Mais les fonctionnaires chargés de tenir les registres ne comprenaient pas l'allemand et ortographiaient les noms à leur guise; c'est ainsi que de Frantz, on fit France : de Fuchs, Fox ; de Gulch, Gillis ; de Hecht, Pike ; de Heiss, Hayes ; de König, King ; de Uhl, Ewell ; de Voltz, Folts ; de Schulcraft, Schoolcraft ; de Michle, Megley etc. Souvent on s'amusait à affubler les émigrés de noms bizarres « C'est assez bon pour un Allemand » disait-on (1).

L'esclavage des Blancs sévit encore de longues années, après la fondation de la République et ne cessa qu'à l'avénement du Président Monroe.

Les Allemands avaient aussi tenté d'établir une colonie dans la Nouvelle-Angleterre. En 1736, ils s'étaient fixés au nombre de 2000, dans le Maine où ils avaient acheté des terres du général Waldo (2). A la mort de celui-ci, on prétendit que le général n'avait pas de titres valables et les Allemands durent payer une seconde fois ; puis il survint encore de nouvelles réclamations en vertu d'une possession prétendue antérieure aux deux autres, et les malheureux émigrés furent forcés d'aller chercher un refuge dans le Maryland et les Caro-

1. Mittelberger. *op. cit.*
2. Descendant de Huguenots, Waldo est une corruption de De Vaux.

lines ; quatre-vingt dix familles seulement demeu-
rèrent dans le Maine (1).

En 1749, un autre groupe entreprit de se fonder un *home* dans le Massachusetts, sur la foi de
la législature de cette province qui s'était mise en
rapport avec un agent d'affaires en Allemagne, et
avait promis de donner aux émigrants les moyens
de s'établir. Trompés là encore, il leur fallut aller
demander un asile à d'autres régions (2). Ils donnèrent au seul village qu'ils fondèrent dans le
Massachusetts le nom de « *Village de misère*
(Leidensdorf). »

Les conditions de dépendance et de dénûment
dans lesquelles se sont trouvés les Allemands, à
leur arrivée en Amérique, expliquent comment,
malgré l'importance de leur nombre, ils ont pu
être lentement absorbés par l'élément de langue
anglaise.

William Penn lui-même avait exigé qu'un certain nombre de ceux qui étaient venus à son instigation, modifiassent leurs noms et leur donnas-
sent une consonnance anglaise. Ainsi d'après ses
ordres Tschantz devint Jones ; Steineman, Sto-
neman ; Burghalter, Burgholder ; Bauman, Bow-
mon ; Meyer, Mire ; Beer, Bare ; Gut, Good ;
Sauer, Sowers ; Herr, Hare ; Weber Weaver ;

1 et 2. Löher, *op. cit.*, p. p. 71-74.

Muller, Miller ; König, King ; Riese, Reese ; Gewinner, Gwyer ; Krebs, Krape ; Licht, Light. etc.

Il est certain, en outre, que la fierté nationale et l'exclusivisme de race devaient occuper peu de place dans l'âme de soldats mercenaires et d'anciens sujets des roitelets et des principicules qui, alors, se partageaient l'empire allemand. Dans la Virginie, le Maryland, le New-York, la Georgie et les Carolines ils conservèrent leur langue, généralement jusqu'à la guerre de l'Indépendance, c'est-à-dire aussi longtemps qu'ils eurent des pasteurs ayant fait leurs études dans la mère-patrie. La seconde génération née dans 'les colonies fréquentait de préférence les églises desservies par des pasteurs de langue anglaise (1).

Le fils de l'Allemand Schneider vendu comme esclave, lorsqu'il devenait propriétaire, préférait s'appeler Taylor et se prétendait sans doute d'origine britannique. Dans le New-Jersey, le Delaware et surtout la Pennsylvanie, leur résistance fut beaucoup plus longue. Dans cette

---

1. En 1774 il y avait à Baltimore deux églises allemandes. A l'ouverture de la guerre de l'Indépendance, les Allemands du Maryland organisèrent un régiment d'infanterie et une compagnie d'artillerie ; le comté de Frédéric était exclusivement peuplé de gens de cette race.

En 1796, des sept échevins du conseil de ville de Baltimore trois étaient Allemands.

2. Dans la Caroline du sud, au moment de la guerre, il y avait seize églises où l'on prêchait en allemand.

dernière province, les Irlandais presbytériens très nombreux leur reprochaient de ne parler que l'allemand et demandaient au Parlement anglais d'enrayer leur immigration. Les Allemands s'unirent alors aux Quakers et formèrent le « *Freemen's party* » le parti des hommes libres, en opposition au parti anglo-irlandais qui s'intitulait le *parti des gentlemen*. En 1729, ils fondèrent un journal pour soutenir leurs droits. Les Irlandais proposèrent d'exiger que tous les documents publics les concernant fussent rédigés en anglais et qu'on leur imposât des pasteurs et des maîtres d'école de langue anglaise ; les Allemands résistèrent et les lois qu'on édicta contre eux ne subsistèrent pas longtemps.

La population de Germantown la partie allemande de Philadelphie, se composait, semble-t-il, d'excellents sujets. « La plupart, dit Kalm (1), sont des fabricants, ils font toutes choses en telle qualité et perfection que bientôt cette province aura peu besoin d'importer d'Angleterre ». Dans le Delaware et en gagnant les Alleghanys, les Allemands étaient en majorité et méprisaient ceux qui ne parlaient pas leur langue, se considérant eux-mêmes comme beaucoup plus fiers et plus intelligents que leurs voisins de langue anglaise. Ils traitaient de « Bougre Ir-

1. *op. cit.* p. 70.

8.

landais » quiconque se permettait de leur parler anglais (1).

Les Allemands qui sont devenus aujourd'hui, en général, assez indifférents à l'idée religieuse, ne le cédaient guère alors, en piété et en austérité de mœurs à leurs compatriotes d'autres races. Toute la littérature germano-américaine de cette époque roule sur des questions théologiques, tant dans les livres que dans les journaux. Le fondateur de Germantown, Daniel Pastorius, était un lettré ; il n'a pas écrit moins de quarante ouvrages dont quelques-uns ont été conservés, (en manuscrits). Dans l'un d'eux intitulé : « Livre de fondation de Germantown » il s'adresse à la postérité : « Salut à nos descendants, à notre postérité dans Germanopolis : Apprenez dans les pages qui vont suivre comment vos ancêtres ont quitté, par un exil volontaire, l'Allemagne, la terre sacrée qui les a vus naître et les a nourris pour finir leurs jours dans les vastes solitudes de cette terre de Pennsylvanie riche en forêts, avec moins de soucis et à la manière allemande, c'est-à-dire comme des frères. Apprenez aussi combien il a été difficile, après la traversée de l'Atlantique de fonder dans l'Amérique du Nord un foyer allemand. Et toi, chère lignée de nos descendants, suis notre exemple là où nous avons fait le bien, et là où nous nous sommes éloignés du droit chemin, par-

1. *Lôher*, p. 91.

donne nous, et que les dangers qui nous ont me-
nacés t'inspirent la prudence ! Adieu postérité !
Adieu frères allemands ! »

A l'époque coloniale, les pasteurs allemands,
de même que les pasteurs hollandais, suédois et
huguenots ont, par la religion, conservé pendant
de longues années aux divers groupes d'émigrés, leur langue maternelle. Aujourd'hui que le
sentiment de la nationalité est devenu plus intense que l'esprit religieux, les langues conservent
leur religion aux émigrés de fraîche date.

Les Allemands avaient à l'époque de la Révolution plusieurs églises dans la Virginie, les Carolines, la Géorgie, le Newyork, le Delaware, le
New-Jersey, le Maryland et surtout la Pensylvanie, mais, ainsi que je l'ai dit plus haut, un bon
nombre de fils d'émigrés fréquentaient de préférence dans les premières provinces nommées, les
églises épiscopaliennes.

A Philadelphie, en 1750, ils avaient deux églises. « Le pasteur de l'une d'elles, raconte
Kalm (1), était depuis plusieurs années, un certain
M. Slaughter, lequel avait généralement donné
satisfaction aux fidèles ; mais cette année-là, un
autre prédicant de l'église réformée arriva de
Hollande et par sa conduite avisée sut si bien
capter les bonnes grâces des membres de la con-
grégation du révérend Slaughter que ce dernier

1. Vol. 1ᵉʳ, p. 43.

se vit abandonné de la moitié de ses auditeurs. Plusieurs dimanches les deux pasteurs se disputèrent la possession de la chaire. Enfin, le nouvel arrivé, pour faire pièce à son confrère, y monta un samedi soir et y passa toute la nuit. L'autre arrivant le dimanche matin et se trouvant ainsi exclu, protesta avec véhémence, les deux partis en vinrent aux mains. Ce qui les exposa, conclut le naturaliste suédois, au mépris et à la risée de toute la ville ». Cette anecdote montre assez quelle place l'église occupait à cette époque dans les préoccupations des groupes de race eutonne.

Les Allemands de Pennsylvanie avaient établi quelques écoles; leurs instituteurs ne le cédaient en rien aux Puritains dans la rigueur du traitement qu'ils infligeaient aux élèves. Le fouet régnait souverainement. Un allemand, maître d'école à Suabia, dans cette province, avait eu la conscience de tenir un registre des corrections qu'il avait administrées. En 53 ans de service il avait obtenu un total de 1.282.360 punitions ainsi décomposées : Coups de canne, 91.500 ; coups de corde 121.000 ; mise au cachot, 209.000 ; coups sur les oreilles 10.200 ; pensums 22.700 ; à genoux sur un bois aigu, 6000 ; bonnet d'âne, 5000 etc. (1).

1. Cité par M. Ch. Barnaud, « *L'Education aux Etats-Unis* » p. 321 (Paris 1898).

Le premier livre imprimé en langue allemande, le fut par Benjamin Franklin, vers 1730.

D'après Löher qui a fait une étude très élaborée sur l'émigration de ses compatriotes en Amérique et qui s'est renseigné aux sources authentiques, les Allemands et descendants d'Allemands formaient, avec les Hollandais, dans l'état de New-York, au moment de la Révolution, les quatre cinquièmes de la population blanche totale ; dans la Pennsylvanie, ils en formaient les deux tiers; dans le Delaware, le New-Jersey et le Maryland, la moitié; dans la Virginie le quart; dans les trois autres états du sud (Carolines et Georgie) le cinquième; ils constituaient en bloc le tiers de la population totale du pays (1).

1. *Op. cit.*, p. 83.

LES CELTES

*Difficultés de se renseigner exactement touchant l'émi-
gration irlandaise en Amériqae. — Statistiques. —
Au temps de Cromwell. — Les Presbytériens de la
Pennsylvanie.*

« *Tyranny and injustice peopled America with men
« nurtured in suffering and adversity. The history
« of our colonisation is the history of the crimes of
« Europe* (1).
(Bancroft. *History of the United States*, Vo l. II,p. 251)·

De même que dans l'histoire des pays à castes
aristocratiques, les éléments inférieurs de la population tiennent peu de place dans les annales
de la Démocratie américaine. Les historiens et
chroniqueurs ne se sont pas occupés de raconter
leurs faits et gestes et d'établir leur état-civil ;
tels les clercs de l'ancien régime qui n'avaient
cure des bourgeois et des manants, lesquels songeaient rarement, eux-mêmes, à conserver leur
généalogie.

Les Irlandais et les Ecossais, les Irlandais sur-

1. La tyrannie et l'injustice ont peuplé l'Amérique
d'hommes nourris dans la souffrance et l'adversité. L'histoire de notre colonisation c'est l'histoire des crimes de
l'Europe.

tout, ont fourni une grande partie de leurs habitants aux Carolines, au Maryland, à la Virginie, à la Pennsylvanie, ils ont même contribué mais dans une mesure qu'il est difficile d'apprécier, au peuplement de la Nouvelle-Angleterre. Les documents détaillés les concernant sont rares ; il faut chercher en dehors des œuvres populaires et en vogue, dans la poussière des vieux registres; cependant, les données puisées à ces sources sont amplement concluantes.

Plus encore peut-être, que les autres groupes de la population, ceux-là ont été des opprimés, des persécutés, des victimes des crimes du Vieux-Monde. Indigents, prisonniers pour dettes, vaincus des guerres de rébellion, parias enlevés par des marchands d'esclaves, ils n'ont pas cherché dans la patrie nouvelle à affirmer leur identité, à revendiquer leur origine ; au contraire, ils ont dû autant que possible dissimuler l'une et l'autre, heureux de trouver un peu de repos et encore que pauvres, ignorants et méprisés, d'être libres au moins.

La première émigration irlandaise dans les colonies anglaises date de 1629. « Cette année-là se rendirent en Amérique 267 Anglais et Gallois, 43 Ecossais et 1.155 Irlandais » (1).

1. Anderson. *Historical and chronological deduction of the origin of commerce*, vol. III, p. 155.

Pendant le « règne » de Cromwell, plus de 100.000 Irlandais, hommes, femmes et enfants furent exilés. Un grand nombre d'entre eux durent être transportés en Amérique.

C'était l'époque où l'on tuait à coups de fusil les fils de la malheureuse Irlande, où l'on confisquait leurs biens, où l'on reléguait dans la seule province de Connaught tous ceux qui refusaient d'embrasser la religion réformée ; c'était l'époque où les commissaires nommés par le Protecteur pour administrer l'Irlande décrétaient, entre autres mesures, que « les femmes irlandaises, étant devenues trop nombreuses seraient vendues à des marchands et transportées en Virginie, dans la Nouvelle-Angleterre, la Jamaïque et d'autres pays ».

Après la révolte de 1641, les meilleures terres de l'Ile opprimée avaient été mesurées et distribuées, soit aux aventuriers qui avaient prêté de l'argent pour aider à la répression de la révolte, soit aux troupes, qui avaient reçu des terres au lieu de leurs arrérages.

« Les commissaires, dit Prendergast (1), donnèrent aux gouverneurs des garnisons l'ordre de remettre les prisonniers de guerre, et aux surveillants des *Work-Houses* celui de remettre les gens en état de travailler, à des marchands d'esclaves de Bristol et d'autres villes. Toutes les personnes qui étaient revêtues de quelque autorité

1. *Cromwellian settlements.*

reçurent, en outre, pour instructions de saisir les Irlandais qui n'avaient pas de moyens d'existence apparents et de les livrer aux agents des marchands anglais. MM. Leader, Yeoman, Lawrence et autres, tous de Bristol étaient des agents très actifs.

Nous trouvons dans les archives coloniales des traces de ce trafic :

« Le 1er avril 1653, il est émané un ordre du Conseil d'Etat, pour autoriser Sir John Clotworthy à transporter en Amérique 500 Irlandais *natifs* ».

« 6 septembre 1653. Sur pétition de David Sellock de Boston, marchand, le conseil d'Etat autorise Georges Dalle et Thomas Swanley à passer dans la Nouvelle-Angleterre et la Virginie où ils ont l'intention de transporter 400 enfants irlandais et ordonne qu'un mandat leur soit accordé, à condition par eux de donner des garanties, leur permettant de se rendre en Irlande, d'y prendre, dans le délai de deux mois, 400 enfants et de les transporter aux colonies ».

« Le 14 septembre 1653, le capitaine John Vernon, au nom des Commissaires de l'Irlande, passe avec MM. Leader et compagnie, de Bristol, un contrat par lequel il s'engage à leur remettre 250 femmes de race irlandaise, âgées de plus de douze ans et de moins de quarante-cinq et 300 hommes de plus de douze ans et de moins de cinquante, pour être transportés dans la Nouvelle-Angleterre ».

« Le 24 septembre 1653. Ordre du Conseil d'Etat, relativement à la transportation par A. Tichborne d'enfants pauvres irlandais en Angleterre et aux colonies ».

« 19 octobre 1654. Ordre par le Conseil d'État d'envoyer immédiatement aux Barbades, aux Bermudes, ou dans quelques-unes des colonies anglaises d'Amérique les pirates anglais, écossais et irlandais détenus dans la prison de Dorchester ».

« Le 29 juin 1655. Ordre du Conseil d'État relativement à une pétition d'Armiger Warner, demandant une indemnité. Celui-ci a passé un contrat avec John Jeffreys pour la transportation en Virginie de 100 Irlandais, mais le contrat n'a pu être exécuté, le bateau qui devait effectuer le transport ayant été réquisitionné pour le service de l'État.

Août 1657. Propositions pour transporter des Irlandais dans le Maryland (ajournées par le Conseil d'État).

« On calcule qu'en l'espace de quatre ans, dit le révérend August Thebaud (1), les marchands d'esclaves anglais ont envoyé 6.400 Irlandais, hommes, femmes et enfants, dans les colonies de l'Amérique du Nord ».

La révolte de Penruddock en 1655, la rébellion de 1666 en Ecosse, l'insurrection jacobite de

1. *The Irish race in the past and present.*

1715 furent l'occasion de la transportation en Amérique d'un grand nombre d'esclaves blancs.

Après la bataille de Worcester, le Conseil d'Etat rend un ordre « à l'effet que les prisonniers destinés à la Virginie, au nombre de 1.610, seront attribués à certaines personnes, à la condition que ces personnes s'engagent à les bien traiter ».

Beaucoup d'Irlandais ont émigré en Amérique, libres, mais forcés par l'oppression et par les lois agraires. En 1634, les premiers colons du Maryland qui accompagnèrent lord Baltimore, étaient, pour la plupart, des Irlandais catholiques.

« La première émigration irlandaise aux États-Unis dit M. Willis (1) se rendit dans les colonies du centre et du sud... En 1684, un établissement fut fondé par eux dans le New-Jersey... on en trouvait de petits groupes dans le Maryland, les Carolines et la Pennsylvanie, mais ce n'est que sous les règnes d'Anne et de Georges Ier qu'ils vinrent en grand nombre, chassés par les mesures oppressives du gouvernement ».

En 1700, la Caroline du Nord comptait une colonie importante d'Irlandais catholiques (2).

De 1729 à 1739 (3) les Irlandais fournirent aux Carolines et à la Georgie la majorité de leurs immigrants.

1. *Genealogy of the McKinstry family*.
2 et 3. Martin. *North Carolina*.

En 1715, des Irlandais presbytériens de Londonderry furent transportés dans le New-Hampshire, à bord de cinq navires.

En 1726, John Caldwell amena un groupe considérable d'Irlandais protestants de l'Ulster dans le comté de Charlotte, en Virginie.

En juin 1736, Henry Mac Culloch, de la province d'Ulster, Irlande, obtint du roi Georges II une allocation de 64.000 acres de terre dans le comté actuel de Duplin et y amena de trois à quatre mille émigrants de sa province natale (1).

En 1737, dit le Rev. T. A. Spencer (2), des multitudes d'Irlandais, journaliers et cultivateurs incapables de nourrir leurs familles, au pays natal s'embarquèrent pour l'Amérique.

En 1738, un groupe de protestants de la province d'Ulster se fixa dans le New-Hampshire où on les employa dans une manufacture de tissus.

Il est certain que d'autres Irlandais se trouvaient disséminés dans beaucoup d'endroits de la Nouvelle-Angleterre, et principalement dans le Rhode-Island, bien qu'il n'en soit jamais fait mention, puisque les archives coloniales nous apprennent qu'un bon nombre y furent transportés par des marchands d'esclaves.

Dans la narration de ses voyages en Amérique pendant la guerre de l'Indépendance, le

1. Martin. *North Carolina.*
2. *History on the United States.*

marquis de Chastellux indique au nombre des endroits où il reçut l'hospitalité, une famille irlandaise du nom de Pearce, dans le Rhode-Island, une autre du nom de Beard, dans le Connecticut, enfin une troisième du nom de Philips, à Lichfied, dans le même Etat. « L'hôte, M. Philips, dit-il, à propos de cette dernière (1) est un Irlandais transplanté en Amérique où il a déjà fait fortune ; il paraît homme fin et adroit, il parle aux *étrangers avec précaution et craint de se compromettre.* Du reste, il est d'un caractère plus gai que les Américains, même un peu persifleur, genre peu connu dans cet hémisphère... Sa femme est de famille américaine, vraie Yankee comme dit son mari. »

Les trois familles irlandaises chez lesquelles le hasard fit s'arrêter le voyageur, n'étaient évidemment pas les seules dans cette partie des colonies anglaises.

L'immigration des Irlandais presbytériens en Pennsylvanie a été notée avec assez de précision par les chroniqueurs, car la plupart de ceux qui la composèrent étaient des hommes libres qui jouèrent dans la suite un rôle important et qui réussirent à faire de Philadelphie, la première capitale fédérale de l'Union.

« Cette année (1727), dit la *Pennsylvania Gazette,* il est arrivé dans le gouvernement de New-

1. *Op. cit.,* vol. 1er, p. 47.

castle 4.500 personnes, presque toutes d'Irlande, et l'année dernière, nous avons reçu à Philadelphie 1.155 Irlandais dont pas un seul n'était serviteur. »

« A partir de 1728, l'émigration en Amérique a enlevé 3.000 personnes par année à la seule province d'Ulster (1).

Dans la lettre qu'il écrivait à William Penn, en 1729 et que j'ai citée plus haut, le gouverneur James Logan disait :

« Nous sommes surpris de voir les vastes multitudes qui nous arrivent du Nord de l'Irlande.

Ces deux espèces d'individus (Allemands et Irlandais) s'établissent souvent sur un morceau de terre vacant, prétendant que le propriétaire a invité les gens à venir coloniser son domaine. Ils affirment tous qu'ils paieront, mais il n'y en a pas un sur vingt qui ait de quoi payer ».

« En 1729, près de 6.000 Irlandais sont arrivés en Pennsylvanie, et jusqu'à 1750 il en est venu souvent 12.000 par année (2) ».

Un autre gouverneur de la Pennsylvanie, Keith, avait un moment, paraît-il, conçu le projet de faire de cette colonie un Etat indépendant de l'Angleterre et qui serait composé principalement d'Irlandais et d'Allemands (3).

---

1. Gordon. *History of Pennsylvania.*
2. Proud. *History of Pennsylvania* (Philadelphie 1797).
3. Löher. *op. cit.*, p. 44.

L'immigration des Irlandais presbytériens en Pennsylvanie se continua jusqu'à la guerre, au taux de plusieurs milliers par année.

Un statisticien anglais, Thomas Newenham, évalue à 260.000 le nombre des Irlandais qui ont été transportés ou ont émigré en Amérique, de 1691 à 1745 (1). Ces chiffres sont exagérés.

A la fin de la guerre de l'Indépendance, d'après M. John Hull (2), les Irlandais formaient le tiers de la population totale de l'Union ; et l'on assure qu'à cette époque, la moitié de l'armée américaine était composée d'hommes de cette race.

Les généraux Sullivan, Conway, O'Brien, Montgomery, Wayne, Irvine, Knox, Reed, Moylan, Stewart, Thompson, Hand. le major général Stark, le colonel Butler et John Barry, surnommé « le père de la marine américaine », étaient Irlandais.

En 1785, une enquête fut faite à Londres, devant un comité de la Chambre des communes, relativement aux détails de la guerre américaine et à la manière dont elle avait été conduite. Un des membres du comité, Edmond Burke, demanda au major-général Robertson comment était composée l'armée américaine, celui-ci répondit : « Quel-

1. Thomas Newenham. *Statistical and historical inguiries into the progress and magnitude of Ireland* (Londres 1805).

2. *Chatauquan Magazine*, octobre 1887.

ques corps sont composés de gens nés dans le pays, le plus grand nombre a été ramassé un peu partout.... Le général américain Lee m'a appris que la moitié de l'armée rebelle était composée d'Irlandais » (1).

Les Irlandais protestants ne craignaient pas, à cette époque, d'affirmer leur nationalité et ceux-là même dont les ancêtres avaient émigré d'Ecosse dans la province d'Ulster et qui se trouvaient de race celtique un peu plus mélangée, revendiquaient hautement leur titre d'Irlandais. Les documents de ce temps, du reste, ne se servent pas de cette appellation « Ecossais-Irlandais » (Scotch-Irish), qui est d'invention plus récente et n'a été mise en circulation que depuis qu'un mépris immérité s'attache au nom de l'Irlandais aux Etats-Unis. L'auteur de l'histoire des « *Fils de Saint-Patrice* » société irlandaise fondée en Pennsylvanie avant la guerre, M. John Campbell, rappelle dans cet ouvrage (2) qu'il peut se réclamer autant que n'importe quel Ecossais vivant, de nom écossais et de descendance écossaise, « mais en s'établissant en Irlande, dit-il, les Ecossais ont élargi leur horizon, ils se sont pénétrés de l'esprit irlandais et sont devenus aussi Irlandais que les des-

1. *The evidence as given before a commitee of the House of Commons, on the detail and conduct of the american war* (Londres, 1785).

2. *History of the friendly sons of St-Patrick*, p. 29 (Philadelphie, 1881).

cendants des plus anciens habitants de la terre de Saint-Patrice.... La société fondée par eux se réunissait le jour de la fête de Saint-Patrice et bien qu'elle fut, à l'origine, composée de presbytériens et d'épiscopaliens et qu'elle ne comptât que trois membres catholiques, elle choisit pour son premier président l'un de ces derniers, le général catholique Stephen Moylan (1) qui certainement n'était pas *Ecossais-Irlandais*. Les anciens colons irlandais protestants de la Pennsylvanie se considéraient comme des Irlandais ».

Les pauvres parias transportés en Amérique par les marchands d'esclaves, après la révolte de 1641, recrutés dans les prisons et les *workhouses* ; les femmes et les enfants enlevés dans les villages de la province de Connaught où ils étaient séquestrés et mouraient de faim, entassés dans des bateaux et vendus dans le Maryland, la Virginie, la Nouvelle-Angleterre ; tous ces malheureux, on le comprend, n'eurent pas le courage de s'offrir au martyre dans des provinces où la doctrine catholique était proscrite comme une monstrueuse impiété. Abrutis par les années d'esclavage, ignorants, méprisés et n'étant plus soutenus par les encouragements de leurs chefs et de leur clergé, ils devaient fatalement abandonner leur religion et abdiquer tous les souvenirs de

1. Un frère du général Moylan était évêque de Cork, en Irlande.

9.

leur passé. Leurs descendants, sans doute, se réclament de vieille souche anglo-saxonne et le temps ainsi a donné raison à leurs persécuteurs. « Car, dit Prendergast (1), alors que les agents du gouvernement anglais s'employaient activement dans toute l'Irlande à saisir les femmes, les orphelins et les indigents pour les transporter aux Barbades et dans les plantations anglaises d'Amérique, ils prétendaient exécuter une mesure bienfaisante. Bienfaisante pour l'Irlande qui se trouvait ainsi délivrée d'une population pouvant causer des embarras aux colons anglais, bienfaisante pour les exilés eux-mêmes *dont on pourrait faire ainsi des Anglais* et des chrétiens ».

Les qualités d'ardeur et d'enthousiasme, l'esprit aventureux et entreprenant qui caractérisent leur race ne les abandonnèrent pas tous et il est certain que parmi les pionniers qui colonisèrent, après la guerre, les Etats nouveaux, et inaugurèrent la grande poussée vers l'Ouest qui marqua la première phase d'expansion de l'Union, il se trouvait un bon nombre de Celtes, Ecossais et Irlandais. Citoyens de date déjà ancienne ils ont avec les *Yankees,* servi de cadres à l'immigration de fraîche date et pris leur part des richesses du Tennessee, du Kentucky, de l'Ohio, de l'Illinois, du Missouri.

Les Ecossais émigrés volontairement, ou dé

1. *Cromwellian settlements,* (p. 89).

portés et vendus par les marchands d'esclaves, mais protestants et ne se croyant pas tenus de rien renier de leur passé, ne furent pas long-temps à prendre la première place dans toutes les carrières ouvertes à leur activité et à leur industrie ; car de tous les groupes de population qui se sont donnés rendez-vous en Amérique ils ont été, de tout temps, ceux dont les progrès ont été le plus marqués et le plus rapides. A l'épo-que de la guerre de l'indépendance, ils ne de-vaient pas dépasser le nombre de cinquante ou soixante mille, mais ils avaient déjà dans les provinces du sud et du centre, accaparé une partie des meilleures situations, ainsi qu'on peut s'en rendre compte en parcourant la liste des noms inscrits dans les registres des législatures et des conseils communaux (1).

C'est principalement, sans doute, dans l'élément irlandais que s'est perpétuée la classe des Petits Blancs qui, jusqu'à 1860, s'est trouvée vis-à-vis des planteurs dans la proportion de neuf contre un ; mais il est impossible de rien affirmer de précis à ce sujet.

« Dans les Carolines, écrivait Löher, en 1846, on trouve des gens d'origine irlandaise qui sont

<hr>

1. On assure qu'il n'y a pas de Juifs en Ecosse. Cette constatation témoigne suffisamment en faveur des habi-tudes d'économie et d'épargne, du sens pratique et des instincts commerciaux des habitants de ce pays.

des espèces de Tziganes, vivant dans des huttes, de chasse et d'un peu de culture de maïs ».

Nous retrouverons plus tard des Irlando-Américains affirmant courageusement ce titre, mais ceux-là seront d'immigration récente. Il serait probablement impossible aujourd'hui de rattacher, d'une manière certaine, aucune famille dont les ancêtres habitaient l'Amérique avant la guerre de l'Indépendance, au rameau celto-hibernien catholique. Les noms mêmes pour la plupart, ont été modifiés et ont maintenant une allure anglo-saxonne. Il faut tenir compte, cependant, de leur présence dans la formation primitive de la population, pour bien comprendre l'évolution de la nation américaine.

DEUXIÈME PARTIE

LA NAISSANCE DE LA RÉPUBLIQUE

I. — *Manque d'union entre les treize provinces pendant l'époque coloniale. —La fondation de la République a été l'œuvre d'un petit nombre de citoyens d'élite. — Saine hérédité des colons américains. — II. Premières velléités d'union. — Sentiments des colons envers l'Angleterre. — Principaux foyers de l'opinion publique. — III. Il n'est pas question de l'indépendance avant les premières hostilités. — Rigueurs de l'Angleterre. Boston tea party. — Le congrès de Philadelphie. — IV. Bunker Hill.— La déclaration de l'indépendance. — V. La guerre. — Héroïsme chez les chefs. — Manque de discipline et instinct particulariste chez les miliciens. — La part de Washington. — Extraits de sa correspondance. — L'armée française. — Yorktown.*

La guerre de l'Indépendance et la formation de l'Union marquent dans l'histoire américaine, une phase nouvelle et probablement unique : la phase des grands dévouements en vue du bien public, des éclosions généreuses, des créations fécondes dans lesquelles l'égoïsme et l'intérêt personnel ne sont que des facteurs secondaires.

Nous avons vu dans les chapitres précédents comment cinq ou six groupes de colons de nationalités, de races, de religions différentes, la plupart chassés du pays natal par l'oppression et la misère, s'étaient constitués en Amérique, sous la suzeraineté de la Grande-Bretagne, en treize gouvernements ou États. Nous savons qu'aucun lien de sympathie n'unissait ni les groupes, ni les gouvernements, que l'exclusivisme religieux, au contraire, avait opéré comme force centrifuge au cœur des provinces et que, compliqué de questions d'intérêts il avait maintenu ces provinces dans un état presque hostile, les unes vis-à-vis des autres. Les quakers avaient été pendus dans la Nouvelle-Angleterre ; les anabaptistes, les antinomiens en avaient été chassés ; les quakers, les anabaptistes, les puritains eux-mêmes avaient été persécutés en Virginie ; les episcopaliens dans le Maryland et les Carolines, avaient attenté aux droits des autres dénominations religieuses ; les catholiques étaient ostracisés partout.

Des querelles au sujet de la délimitation des frontières s'étaient, à plusieurs reprises, élevées entre la Virginie et le Maryland, entre la Pennsylvanie et le Connecticut, entre le Connecticut et le New-York, entre le New-York et le New-Hampshire, entre le Connecticut et le Rhode-Island (1).

L'union et la concorde, d'ailleurs, n'étaient pas dans les idées de ce temps là et le Vieux-Monde, surtout dans les pays d'origine de la majorité des colons, en avait jusqu'alors donné peu d'exemples. Des luttes séculaires avaient couvert de sang l'Angleterre, l'Ecosse et l'Irlande ; l'Allemagne n'était qu'un assemblage de petits royaumes, de duchés, de principautés, de marches, d'électorats indépendants les uns des autres. Les guerres de religion avaient, pendant tout le siècle précédent, entretenu au cœur des peuples, des haines et des rancunes qui n'étaient pas encore apaisées.

Et voilà que quelques années allaient faire d'un pays de fanatisme intransigeant et d'exclusivisme féroce, la terre par excellence de la tolérance. Des provinces impuissantes à résister vigoureusement aux attaques des Indiens ou à lutter avec succès contre la Nouvelle-France, alors à peine peuplée de soixante mille âmes, allaient triompher d'un puissant empire.

La liberté allait accomplir sur le sol d'Amérique l'œuvre d'unification que n'avaient pu accomplir en Europe, ni les pouvoirs de droit divin, ni la tyrannie, ni l'oppression.

Pendant toute la période coloniale, ainsi que je

1. Aucun moyen régulier de communication n'existait entre les différentes provinces. Une poste ne fut établie que quelques années avant la guerre.

l'ai fait observer au commencemen de cet ouvra-
_ge, il n'est question dans l'histoire américaine,
que de groupes et de collectivités ; les faits et
gestes des individus y tiennent peu de place, car
chacun ne travaille que pour soi et ne songe qu'à
l'édification de sa propre fortune. Avec la guerre
de la Révolution, des hommes de dévouement, des
héros entrent en scène.

La fondation de la République a été l'œuvre
d'un petit nombre de citoyens d'élite, de patriotes
vertueux et éclairés, de quelques-uns des hommes qui, depuis l'aurore de la civilisation moderne, ont placé le plus haut l'idée de droit et de
justice et le mieux interprété la conscience universelle.

En général, dans la succession rapide des évènements, des guerres, des révolutions qui bouleversent la vie des peuples, il est difficile de faire
exactement la part des circonstances et celle des
individus, d'établir une ligne de démarcation entre les contingences du hasard et l'impulsion
d'esprits dirigeants, entre les nécessités fatales et
les transformations voulues et préparées. Ici cette
difficulté n'existe pas, la part de chacun est bien
définie.

Les circonstances ont concouru, dans une grande
mesure, à amener la révolte des colonies anglaises
contre leur métropole. La conduite heureuse de
la guerre et l'établissement de l'Union ont été surtout, je le répète, l'œuvre de quelques hommes ;

Franklin, les deux Adams, Jefferson, Patrick
Henry, Lee, Randolph, Hamilton, Laurens, Jay,
Hancock, pour ne nommer que les principaux et
avant tous les autres, de Georges Washington,
qu'on a appelé avec raison le *fondateur de la
République.*

Il s'est trouvé dans toutes les provinces, dans
tous les districts, dans toutes les villes, quelques
patriotes dévoués qui ont groupé les bonnes
volontés éparses; quelques orateurs éloquents qui
ont arboré comme des drapeaux les grandes vérités philosophiques, les grands principes humanitaires, invoqué les plus nobles instincts de leurs
concitoyens et fait pénétrer dans l'âme des foules
des sentiments qu'elle avait ignorés jusqu'alors.

N'oublions pas la part de la France qui, pour
préluder à la vie nouvelle qui germait en elle et
dont l'aurore sanglante allait luire bientôt, a voulu
se faire, en Amérique, la génératrice de la liberté.

Je n'insisterai pas plus qu'il ne faut sur les
causes qui ont amené la guerre entre l'Angleterre et ses colonies; je n'entrerai pas dans le
détail des opérations militaires, des succès, des
revers qui l'ont signalée; je me contenterai de
noter brièvement ceux de ces faits qui peuvent
nous renseigner sur l'état des esprits pendant la
période de formation de la République et d'indiquer les nouveaux facteurs psychiques et moraux
qui vont modifier l'âme de la nation.

L'époque coloniale avait été une époque de germination. Des forces fécondes pour l'avenir s'étaient développées au sein de la vie mesquine et renfermée qui avait été celle des pionniers. Au cours d'un siècle et demi de luttes obscures, de travail et d'austérité, des trésors de vigueur et d'énergie s'étaient accumulés qui allaient maintenant se révéler au jour.

En 1776, la population des treize provinces vivait encore presque toute entière à la campagne « ce laboratoire ou s'élaborent les forces du bien (1) ». C'est dire que la santé physique entretenait chez les Américains de ce temps, la santé morale, et qu'en eux jusqu'alors, des âmes saines s'étaient transmises dans des corps sains. Jefferson qui fut l'un des principaux ouvriers de la constitution américaine avait bien entrevu les perspectives heureuses qui s'ouvraient de ce fait pour ses compatriotes. « En général, disait-il, la proportion dans laquelle se trouvent toutes les autres classes de la population d'un État vis-à-vis des cultivateurs, correspond aux parties avariées d'un corps vis-à-vis des parties saines et c'est un excellent baromètre pour mesurer le degré de corruption d'un pays. La corruption des mœurs chez la masse des cultivateurs est un phénomène dont aucun peuple et aucune époque n'ont donné d'exemples » (2).

1. Montesquieu.
2. En 1700, l'Angleterre qui, au cours des deux siècles

J'ai dit ailleurs que les législatures et les gouvernements locaux établis dans chaque province
étaient l'occasion de bien des discussions oiseuses
et qu'ils empêchaient souvent l'efficacité de la défense et de l'action en commun, mais, d'un autre
côté, ils avaient habitué les colons à discuter
leurs intérêts, à chercher pour leur servir de ligne de conduite les formules les plus claires, les
plus logiques, les plus rationnelles. Partie du fanatisme intolérant des calvinistes et de la rage
de domination des episcopaliens, la doctrine des
deux groupes principaux de la population s'était
graduellement élargie, épurée et pouvait se prêter désormais à une conception moins mesquine
de la vie des sociétés et de la solidarité humaine.
Au moment de la Révolution, l'intolérance ne frappait plus guère que les catholiques

Dans chaque groupe on voit adoptée et défendue, quelqu'une des idées progressistes et humanitaires vers la réalisation desquelles les philosophes s'efforcent de faire marcher le monde.
Plusieurs des grandes conquêtes morales dont se
glorifie notre siècle ou dont se glorifiera le siècle
prochain sont en germe dans ces colonies. L'ha

suivants, devait conquérir son vaste empire colonial, industriel et commercial comptait 5.134.000 habitants dont
4.000.000 vivaient à la campagne.

Le petit peuple du Transvaal dont la lutte énergique
fait, à l'heure qu'il est, l'admiration et l'étonnement du
monde est composé exclusivement de cultivateurs.

bitant de la Nouvelle-Angleterre professe le culte du travail et affirme énergiquement le droit qu'ont les citoyens de se gouverner eux-mêmes ; l'égalité dans cette partie du pays règne presque partout, en dépit du respect spécial qu'inspire la fortune. Dans la Pennsylvanie, le quaker proclame que les hommes sont frères et ne sont pas faits pour s'entretuer. La Virginie donne cet exemple, le premier peut-être, d'une aristocratie oisive dont les mœurs sont pures.

Personne n'est désintéressé, il est vrai, personne ne se dévoue, mais le désintéresssement et l'abnégation sont de pauvres facteurs dans le succès des peuples modernes. Ces vertus se trouveront, au moment décisif, chez les chefs de la nation et cela suffira. Washington, Franklin, Jefferson, Adams, etc., etc. ne sont-ils pas eux-mêmes, d'ailleurs, les produits supérieurs de cette saine hérédité ?

II

A l'époque de la Révolution, l'idée d'une union politique entre les diverses provinces datait déjà depuis plus d'un siècle. Elle était née du danger commun et, de 1637 à 1684, elle avait été réalisée partiellement, car il avait existé une espèce de confédération portant le nom de « Colonies Unies de la Nouvelle-Angleterre. »

En 1690, un congrès fut convoqué qui projeta la conquête des possessions françaises d'Amérique. La guerre contre la Nouvelle-France réunit les milices des provinces sous le drapeau d'Albion et, souvent alors, à Philadelphie comme à New-York et à Boston, en Virginie et dans le Maryland comme dans la Nouvelle-Angleterre, on tressaillit des mêmes craintes, on déplora les mêmes désastres, car cette guerre fut longtemps malheureuse.

Mais l'entente n'était que temporaire, c'était une alliance entre pays étrangers qui laissait subsister les antipathies mutuelles et, nous le savons, les législatures ne votaient qu'à contre-cœur les subsides destinés à l'organisation des expéditions.

La première convention tenue en vue d'une union fédérale fut celle qui se réunit à Albany, en 1754, sur l'initiative de Benjamin Franklin ; si elle ne produisit pas immédiatement des résultats pratiques, elle apprit à plusieurs des principaux citoyens des différentes provinces à se connaître, à échanger leurs idées, à se concerter ; elle leur permit de se rendre compte des ressources collectives du pays.

..

Les sentiments nourris par les colonies envers la métropole étaient loin d'être partout hostiles au même degré : Les Allemands se mon-

traient plutôt indifférents à l'Angleterre, car les
restrictions imposées par le Parlement anglais
au commerce les touchaient peu et ils n'avaient
pas apporté de leur pays, ces traditions de liberté
économique chères aux Anglo-saxons qui pouvaient leur faire ressentir comme un grief bien
sérieux, la taxation sans la représentation. Il en
était de même pour les Huguenots et les Hollandais ; ces derniers, cependant, avaient des tendances franchement républicaines et les fonctionnaires de la métropole ne les appelaient pas
autrement que les « Républicains hollandais ».

Les Quakers étaient opposés à tout pouvoir
civil et gardaient rancune à l'Angleterre de vouloir imposer des terres non colonisées.

Les planteurs de la Virginie et des provinces
du sud, qui, ainsi que les Puritains de la Nouvelle-
Angleterre, étaient en majorité d'origine anglo-
saxonne semblent avoir été plus attachés à leur
mère-patrie que tous les autres groupes de la
population, mais ils subissaient l'influence d'une
petite oligarchie intellectuelle, d'un certain nombre d'hommes éminents, comme Washington,
Jefferson, Patrick Henry, Lee, Randolph, Madison qui, eux, voyaient loin par delà les questions
de rancune et de sympathie, l'avenir d'une grande
nation libre et qui s'étaient ralliés avec enthousiasme à l'idée de l'indépendance. Ils étaient, en
outre, aussi intransigeants que les Puritains sur
le principe des libertés constitutionnelles et s'op-

posaient énergiquement à l'impôt sans la représentation. Ajoutons que la manière dont l'Angleterre stimulait le commerce des marchands d'esclaves, constituait depuis plusieurs années, une entrave à la prospérité d'un bon nombre des planteurs de la Virginie. La population noire d'importation ancienne s'était développée très rapidement, et les grands propriétaires qui possédaient plus d'esclaves qu'ils n'en pouvaient raisonnablement garder avec profit, étaient empêchés de les vendre dans les Carolines ou la Géorgie en raison de la concurrence de ces marchands. A l'époque de la guerre, beaucoup de Virginiens étaient débiteurs envers des maisons de commerce de Londres de sommes très considérables qu'ils ne pouvaient solder.

Les Irlandais avaient à venger des siècles d'oppression, de pillage et de massacres.

C'est dans la Nouvelle-Angleterre cependant que l'idée de l'indépendance avait germé et s'était développée tout d'abord.

« Dès 1735, dit Charles Wesley, voici déjà le langage que l'on tenait à Boston : « Il nous faut secouer le joug anglais, nous ne serons jamais un peuple libre tant que nous n'aurons pas secoué le joug anglais ».

Une brochure publiée vers le même temps, dans la capitale du Massachusetts, proclamait « que la terre appartenait aux colons du droit de conquête ou d'achat des Indiens, que c'était de leur propre mouvement que ces colons s'étaient mis sous la protection de l'Angleterre, que les rapports mutuels qui naissaient de cette connexion avaient été définis dans des chartes et que jamais le droit d'exiger ou d'imposer un revenu n'y avait été compris ».

A partir de l'ouverture du long-parlement, l'autorité d'une charte, d'une législature, d'une assemblée populaire s'était imposée aux Puritains comme un dogme de foi ; et l'on sait que leur foi était intransigeante.

Alors que le roi d'Angleterre entravait par tous les moyens, le commerce et l'industrie des colons, des vieillards existaient encore qui se rappelaient avoir entendu raconter dans leur jeunesse comment les Communes avaient renversé Charles 1er, fondé une république et comment, dans la mère-patrie, le parlement avait établi son autorité au-dessus de celle du souverain lui-même.

Quel que fût l'amour de la fortune, l'âpreté au gain des habitants de la Nouvelle-Angleterre, il est certain que les désavantages matériels provenant des restrictions imposées au commerce, des impôts et de la loi du timbre ne venaient qu'au second rang dans leurs griefs. La question du principe de liberté mis en échec primait toutes les autres considérations. Le baron de Kalb envoyé par le gouvernement français pour étudier l'état de l'opinion en Amérique, écrivait au duc de Choiseul (1) : « Il me semble que la Cour de Londres entend mal ses intérêts. Si le roi demandait aux colonies des sommes beaucoup plus fortes que le produit de ces taxes, (sur le papier et sur le verre) elles seraient accordées sans balancer, pourvu qu'on leur laissât la liberté de se taxer elles-mêmes et qu'on les laissât jouir du droit de sujets libres qui ne donnent leur argent que de leur consentement ».

L'intérêt particulier s'ajoutait un peu partout aux raisons d'ordre général, car dans toutes les provinces, nombre de colons possédaient des terres sans titres officiels et craignaient qu'un jour, l'Angleterre ne leur en demandât compte.

Il ne manqua pas, surtout dans la Virginie, le New-York, les Carolines, le New-Jersey et, de fait, dans toutes les provinces, de loyalistes ou de *tories*, comme on les appelait, qui restèrent fidèles à la mère patrie et refusèrent de se joindre aux rebelles. La haine de l'Angleterre et le ressentiment des griefs qu'on avait contre elle, n'allaient pas sans une certaine somme de déférence et d'admiration, surtout peut-être chez les descendants des peuples qu'elle avait vaincus, Irlandais et Ecossais, et Franklin pouvait dire sans trop d'exagération devant le parlement anglais : « Un homme né en Angleterre est toujours regardé, en Amérique, avec un respect par-

1. Le 25 février 1768.

ticulier. Etre un Anglais de vieille souche est une distinction honorifique et donne en Amérique une sorte de rang ».

Un bon nombre de *tories* émigrèrent au Canada où on leur distribua les terres des malheureux Acadiens déportés.

Comme il n'y avait pas de grandes villes, il n'existait nulle part, à proprement parler, de foyer prépondérant d'opinion. Cependant New-York s'annonçait déjà comme future métropole, son commerce était considérable et l'esprit politique de ses habitants se montrait très ardent ; il est vrai que beaucoup d'entre eux étaient favorables à l'Angleterre. A Boston, les Puritains mettaient à repousser les empiètements du gouvernement royal tout l'entêtement, toute l'énergie qui les caractérisait et c'est là que les hostilités commencèrent : cette ville était à cette époque, comme elle l'est encore aujourd'hui, le centre intellectuel par excellence du jeune pays.

Philadelphie dont les progrès avaient été merveilleux pendant les trente dernières années, où l'élément irlandais enthousiaste et combatif, dominait, dont la situation était centrale et où régnait une tolérance religieuse absolue, était destinée à devenir la première capitale fédérale de l'Union. L'atmosphère qui était à Philadelphie plus qu'en toute autre ville des provinces, remplie de haine pour l'Angleterre constituait un milieu propice aux délibérations d'une assemblée révolutionnaire et propre à stimuler l'ardeur de ses membres.

III

En dehors de la publication dans la Nouvelle-Angleterre de quelques pamphlets anonymes et de certains articles de journaux d'avant-garde, il ne fut presque jamais question publiquement de l'indépendance des colonies, avant les premières hostilités. Les pétitions envoyées à Londres, de 1760 à 1775, tout en revendiquant énergiquement les droits garantis aux provinces par leurs chartes, restaient remplies de protestations de fidélité et les hommes publics ne faisaient à l'éventualité d'une révolte que des allusions lointaines.

En Europe, au contraire, depuis assez longtemps déjà tous les esprits prévoyants avaient prédit ce qui devait arriver. Kalm, en 1744, fait cette observation (1) : « Les habitants des colonies anglaises se querellent avec leurs gouverneurs et ne s'entendent pas entre eux, de sorte qu'ils ne sont pas forts contre un ennemi commun. C'est grâce à cela, que les Français du Canada qui sont en nombres insignifiants, comparés aux Anglais, obtiennent des avantages dans la guerre ». Et il ajoute : « Probablement aussi que l'Angle-

1. *Op. cit.*, vol. 1er, p. 209.

terre n'a pas songé sérieusement à soumettre les Français, car les colonies seront bientôt assez puissantes pour lui résister ».

Turgot disait en 1750 : « Les colonies sont comme des fruits qui ne tiennent à l'arbre que jusqu'à leur maturité. Devenues suffisantes à elles-mêmes, elles font ce que fit Carthage, ce *que fera l'Amérique* ».

La conquête du Canada en 1760 hâta le conflit.

« Avec la victoire de Wolfe sur les Plaines d'Abraham, dit Greene (1), commence l'histoire des Etats-Unis. En faisant disparaître un ennemi dont la crainte avait lié les colonies à la mère-patrie et en annulant la ligne par laquelle la France les avait exclues de la vallée du Mississipi, Pitt a fondé la grande république de l'Ouest ».

L'Angleterre dont la politique aurait dû être, à cette époque, d'user de beaucoup de mansuétude à l'égard des colons, exagéra au contraire ses exigences, comme si elle avait voulu précipiter la crise.

A partir de la conquête du Canada, les officiers des douanes se montrèrent plus sévères que par le passé, exercèrent une surveillance plus étroite sur tous les points de la frontière et dans tous les ports du littoral; ils allèrent même jusqu'à vouloir se faire donner par la Cour du Massachusetts

---

1. *History of the English people*, Livre II. chap. 1er.

des mandats généraux de perquisition ; les habitants de Boston s'insurgèrent et un jeune avocat, James Otis, dans un discours resté célèbre, se fit l'éloquent interprète de leurs protestations.

« C'est alors, écrivait John Adams (1), que l'enfant « Indépendance » est né. En 15 ans, il a grandi est devenu homme et s'est déclaré libre ».

En 1765, fut voté *l'acte du timbre* contre lequel toutes les provinces, sans entente préalable, protestèrent unanimement. La Chambre des Bourgeois de la Virginie le repoussa par 20 voix contre 19, sur une proposition déposée et défendue avec véhémence par Patrick Henry et qui se terminait ainsi. « Seule l'assemblée générale de cette colonie a le droit et le pouvoir d'imposer des taxes aux habitants de cette colonie ; toute tentative pour investir de ce pouvoir une personne ou un corps quelconque, autre que la dite assemblée générale, tend manifestement à détruire à la fois, les libertés britanniques et les libertés américaines ». L'acte du timbre fut révoqué peu après.

Des droits furent ensuite établis sur d'autres objets puis successivement abolis, n'ayant rapporté que de minces profits à la métropole, car on y échappait par la contrebande et la non importation, et ayant contribué dans une grande mesure, à accroître l'irritation de l'opinion publique. Finalement, il ne resta plus que les droits

1. Lettre à William Tudor.

sur le thé. Lord North, très maladroitement, encouragea la Compagnie des Indes à en expédier de grandes cargaisons en Amérique. Les premiers navires qui entrèrent à Boston furent enlevés par les révolutionnaires organisés sous le nom de *Fils de la Liberté* et le thé jeté à la mer.

Ce fut ce qu'on a appelé le « *Boston tea party* » (16 avril 1773). Le port de cette ville fut fermé et dès ce moment, la crise entra dans sa période aiguë, restant cependant limitée au Massachusetts.

Un Congrès fut convoqué à Philadelphie, l'année suivante, qui réunit des représentants de toutes les colonies, la Géorgie exceptée.

Devant le spectacle que nous donnent encore de nos jours, après les conquêtes humanitaires de tout un siècle, des nations privant d'autres nations de leurs droits les plus sacrés, allant jusqu'à interdire aux vaincus l'usage de leur langue nationale dans les tribunaux et les écoles, les causes qui ont amené la révolution américaine peuvent nous sembler assez anodines. Il est certain que le désir de l'indépendance absolue, l'instinct libertaire, les aspirations vers un développement autonome eurent une bien plus grande part dans l'esprit des initiateurs du mouvement insurrectionnel, que le ressentiment des griefs que l'on entretenait contre l'Angleterre.

Dans la plupart des provinces, les masses restaient plutôt froides et indifférentes. « Le fer-

mier de la Nouvelle-Angleterre lui-même, dit
Mac-Master, (1) était zélé dans la cause des Etats,
non pas parce qu'il considérait l'impôt sans la
représentation comme injuste ou la loi du timbre
comme tyrannique, mais parce que les hommes
qu'il regardait comme ses supérieurs, étaient patriotes et parce qu'il croyait que le roi d'Angleterre
avait sérieusement l'intention de faire de l'Eglise
établie dans le royaume, la religion de l'Amérique. »

Les chefs de la rébellion ne voulaient rien brus-
quer et cherchaient à gagner lentement les esprits
Jefferson avait pensé que même dans la Virginie,
on ne pourrait révolutionner le peuple sans mêler
à ses griefs, la pensée religieuse et il raconte
dans son autobiographie, comment il eut l'idée
d'organiser, de « monter » un jeûne public, idée
qui fut approuvée par ses amis. « Mais nous n'é-
tions guère dévots, dit-il, et nous ne savions comment nous y prendre, pour trouver le langage
convenant à la situation ; nous cherchâmes dans
un ancien auteur, les formules bibliques des vieux
Puritains et à l'aide de quelques bouquins, en ra-
jeunissant quelques phrases, nous parvînmes à
« cuisiner » tant bien que mal des résolutions
fixant un jour de jeûne, d'humiliation et de prières pour supplier Dieu de détourner de nous, la
terrible calamité qui menaçait nos droits de destruction, de nous épargner les malheurs d'une

1. *Op. cit.* vol. 1er, p. 20.

guerre civile et de donner au peuple américain, un cœur et un esprit prêts à combattre, par tous les moyens justes et raisonnables, toute infraction aux droits américains ».

..

La réunion d'un Congrès des colonies, à Philadelphie, constitua un pas important vers l'union, mais fut loin de produire les résultats auxquels on aurait pu s'attendre. L'idée de l'indépendance était probablement dans l'esprit de la plupart des délégués, cependant il ne semble pas que le mot en ait même été prononcé et les discussions s'éternisèrent sur les moyens de concilier les intérêts divers, de faire taire les jalousies et les défiances particularistes, de trouver une base solide d'entente, d'obtenir des concessions de la métropole. Les aristocrates du Sud redoutaient l'influence des niveleurs de l'Est ; les anciennes victimes de l'ostracisme religieux tremblaient devant l'influence prédominante des Puritains ; les petits Etats craignaient que leurs droits ne fussent foulés aux pieds par les grands Etats ; tous hésitaient devant l'inconnu. On finit par s'entendre sur la manière dont le vote serait distribué au Congrés et sur le nombre de Délégués auquel aurait droit chaque province ; ce fut à peu près le seul résultat appréciable de cette première assemblée fédérale. Très sagement on avait décidé que les dé-

bats auraient lieu à huis-clos, de sorte que l'écho
des querelles auxquelles ils donnèrent lieu ne
pénétra pas jusqu'au peuple.

Il est évident que ceux des délégués qui
étaient favorables à l'indépendance, durent se
concerter en secret et se raffermir dans leur foi
patriotique, en constatant qu'ils comptaient parmi
eux, les hommes les plus instruits, les plus intelligents et les plus éloquents de la nation.

Dans l'intervalle, les milices de la Nouvelle-
Angleterre étaient sous les armes et se prépa-
raient par des exercices et des manœuvres, à
une guerre possible bien qu'elle ne parût pas
encore probable; de son côté, le gouvernement
anglais dressait des listes de proscription dans
lesquelles figuraient les noms des deux Adams,
de Hancock, de Patrick Henry, de Randolph et
de Jefferson.

Franklin qui se trouvait alors à Londres n'a-
vait songé d'abord qu'à une union des colonies,
mais humilié et bafoué par des membres du gouvernement de la métropole, il devint irréconci-
liable et se rallia avec ardeur à la cause de l'indépendance.

« Le D\ Franklin est un Américain de cœur et
d'âme, écrivait à cette époque un ferme républicain, Josiah Quincy,... ses idées ne sont pas resser-
rées dans les étroites limites d'une exemption de
taxes, elles reposent sur les larges bases d'une
émancipation totale; son espoir dans le triomphe

de la liberté en Amérique, est aussi ardent que le mien ».

IV

Les premiers coups de feu qui furent tirés, le furent un peu à l'improviste. Les *Fils de la Liberté* avaient créé dans le New-Hampshire un dépôt de munitions ; on en informa immédiatement le gouverneur du Massachusetts qui envoya un détachement de la garnison de Boston pour le détruire et pour arrêter en même temps, s'il était possible, les chefs révolutionnaires John Adams et Hancock ; mais des compagnies de milice se portèrent à la rencontre des soldats anglais, les attaquèrent, les forcèrent à la retraite et les poursuivirent jusque sous le canon de la capitale. Ce fut le signal des hostilités ; toute la Nouvelle-Angleterre courut aux armes ; des bandes de miliciens allèrent assiéger Boston et livrèrent aux troupes royales, avec un véritable héroïsme, le combat de Bunker Hill (16 juin 1775).

Quelques jours après, un peu en raison de l'estime qu'ils portaient au colonel virginien Washington, et beaucoup par diplomatie, afin d'attirer dans la rébellion la Virginie, la plus puissante et la plus populeuse des colonies, les milices de la Nouvelle-Angleterre, de concert avec celles des autres provinces, nommèrent cet officier, généralissime des troupes américaines.

La parole définitive de rupture ne fut pas encore prononcée cependant ; le Congrès voulut limiter les hostilités au Massachusetts, le pays insurgé ; de nouvelles pétitions furent envoyées à Londres et plusieurs provinces, le Newyork, les Carolines, la Pennsylvanie, la Virginie proposèrent d'attendre la réponse du roi.

Une lettre violente de John Adams interceptée par les autorités anglaises et publiée à Boston, posa carrément devant la nation, la question de l'indépendance. Cette publication fut accueillie avec stupeur, surtout dans le Newyork et les Carolines. Puis, vint la réponse du roi qui traitait les colons de rebelles ; on apprit en même temps que le gouvernement de Londres s'occupait d'engager des mercenaires pour les envoyer combattre les Américains ; le Congrès se décida enfin à agir.

Les troupes royales ayant évacué Boston, les douanes furent supprimées, les ports ouverts aux navires étrangers, la course contre les Anglais autorisée et le commerce déclaré libre.

On ouvrit des négociations secrètes avec des envoyés de la France afin de se procurer de l'argent, des armes et des munitions, car on manquait de tout. Dans le même temps parut le livre de Thomas Plaine « *Le sens commun* », plaidoyer éloquent contre la royauté et en faveur de l'indépendance et de l'égalité, livre qui fut répandu à un grand nombre d'exemplaires dans toutes les colonies et qui exerça une influence profonde.

∴

Le 4 juillet 1776, fut signée à Philadelphie la *Déclaration de l'indépendance*.

Procédant toujours de la même pensée qui était d'assurer à la rebellion le concours dévoué de la Virginie, les délégués de Massachusetts au Congrès proposèrent qu'un Virginien, Thomas Jefferson, fût choisi pour en rédiger le projet.

Cette *Déclaration de l'indépendance* est la première affirmation par un acte législatif, des grands principes auxquels les nations du vieux monde se rallieront peu à peu, mais qu'après plus d'un siècle, elles n'ont pu encore mettre en pratique.

Il y est dit:

Nous regardons comme évidentes par elles-mêmes, les vérités suivantes :

Que tous les hommes ont été créés égaux ;

Qu'ils ont tous reçu de leur créateur, certains droits inaliénables ;

Que parmi ceux-ci il faut placer la vie, la liberté et la poursuite du bonheur ;

Que les gouvernements ont été institués parmi les hommes, pour assurer l'exercice de ces droits ;

Qu'ils tiennent leurs justes pouvoirs du consentement des gouvernés ;

Que chaque fois qu'une forme quelconque de gouvernement tend à la destruction de ces fins, c'est le devoir du peuple de la changer ou de l'abolir et d'établir un nouveau gouvernement, en le basant sur les principes ci-dessus énoncés et en organisant les pouvoirs de la manière qui leur semblera garantir au mieux leur sécurité et leur bonheur (1).

1. Les signataires de la déclaration de l'indépendance représentant les treize États, se nomment : John Hancock' Button Gwinnet, Lyon Hall, Geo Walton, Will Hooper, Joseph Hewes, John Penn, Edw. Rutledge, Thomas Lynch, Arthur Middleton, Samuel Chase, William Paca, Thomas Stone, Chs. Carroll, Geo Wythe, B. H. Lee, Thos. Jefferson, Benj. Harrisson, Ths. Nelson, F. L. Lee, Carter Braxton, R. Morris, Benj. Rush, B. Franklin, John Morton, Geo Clymer, James Smith, Geo Taylor, James Wilson, Geo Ross, Cesar Rodney, Geo Reed, Thos. Mac Read, W. Floyd, P. Livingstone, Francis Lewis, Lewis Morris, Richard Stockton, J. Witherspoon, Fr. Hopkinson, Joh. Hart, Abr. Clark. Josiah Bartlett, W. Whipple, Samuel Adams, R. T. Paine, Elb. Gerry, S. Hopkins, W. Ellery, R. Sherman, Sam. Huntingdon, W. Williams, O. Wolcott, M. Thornton et John Nixon.

Neuf de ces signataires sont Irlandais, ce sont: Charles Carroll, Thomas Lynch, Edward Rutledge, Matthew Thornton, Thomas Mac Read, James Smith, Georges Reed, Georges Taylor et John Nixon ; John Morton. malgré l'allure anglaise de son nom, était d'origine suédoise.

V

J'ai eu plusieurs fois l'occasion, lors de la fête nationale du 4 juillet, d'entendre des orateurs américains emboucher la trompette épique pour célébrer les faits glorieux de la guerre de l'Indépendance ; évoquer, avec des accents émus, la mémoire des humbles miliciens qui ont versé leur sang pour la liberté ; énumérer en des phrases inspirées, les combats qu'ils ont livrés, les souffrances qu'ils ont endurées, les obstacles qu'ils ont vaincus. C'est le propre de l'éloquence de donner de la couleur et de l'éclat à tout ce qu'elle touche. En réalité, si nous étudions le détail de cette guerre dans les mémoires du temps, dans la correspondance de Washington, de Franklin, de La Fayette, de Laurens, par exemple, nous y trouvons fort peu d'actions d'éclats ou de faits héroïques qui puissent prêter à l'enthousiasme des esprits même les mieux disposés.

Ce sont du côté des Anglais des manœuvres insidieuses tendant à diviser les colonies entre elles et à empêcher leur union, des déprédations inutiles sur les côtes maritimes, des atermoiements, des mouvements mal combinés, des succès momentanés dont on ne sait pas tirer parti.

Chez les Américains, en même temps que s'exerce le dévouement admirable de Washing-

ton, et d'un certain nombre d'hommes appartenant à l'élite de la nation ; l'indiscipline, l'amour
du gain aussi profond chez les officiers que chez
les soldats, les rivalités intestines, les jalousies,
les désertions constantes jettent dans l'ombre les
quelques beaux mouvements, les initiatives généreuses qui signalèrent l'ouverture des hostilités.

La poursuite des troupes anglaises par des milices à peine armées qui surgissent de tous côtés,
dans les campagnes du Massachusetts ; le combat acharné de Bunker-Hill où ces mêmes milices
tiennent en échec, pendant toute une journée, des
soldats aguerris et supérieurs en nombre ; les
enrôlements rapides de volontaires dans presque
toutes les provinces à l'appel de Washington et
du Congrès ; ces faits constituent un premier
élan magnifique. Malheureusement il ne devait
pas se répéter ; l'enthousiasme se calma, l'intérêt
particulier et l'égoïsme reprirent le dessus, et bientôt pour les miliciens la question importante devint uniquement celle de la solde, tandis que les
contribuables cherchaient à échapper, par tous
les moyens, aux impositions votées par les législatures, en vue de l'équipement de l'armée, et à se
soustraire aux fatigues et aux charges (1).

1. Un Huguenot, P. Manigault, qui avait amassé une
grande fortune en Amérique, la consacra tout entière au
service de sa nouvelle patrie.

Le colonel John Hencock, dès l'ouverture des hostilités,
écrivit à Washington, s'offrant à servir sous ses ordres

Le Congrès, seul lien fédéral entre les Etats, n'avait en réalité aucune autorité, aucun pouvoir de coercition ; pour faire exécuter ses décisions il avait besoin du libre consentement de treize colonies souveraines et rivales. Les taxes nécessaires au paiement des milices et à leur équipement n'étaient prélevées qu'au prix de mille difficultés et après de longues négociations entre le Congrès et les législatures.

Washington avait reçu du Congrès, l'autorisation de placer des troupes là où il le croirait nécessaire ; les provinces persistaient à retenir certains contingents pour leur défense, de là des conflits d'autorité.

Comme on manquait d'armes et de munitions, il fallait temporiser, lasser l'armée anglaise par la longueur des opérations, lui rendre l'occupation du pays de plus en plus difficile, attendre des secours efficaces de la France. Or, beaucoup de patriotes qui dans le premier moment d'enthousiasme avaient fait quelques sacrifices, voyant les résultats si lents à venir, se décourageaient et retombaient dans l'indifférence et l'inertie. Les esprits, en outre, étaient éveillés au danger que pourrait faire courir au pays, le mili-

comme simple soldat, s'il le fallait. Il y eut un bon nombre de ces cas particuliers de dévouement.

Tocqueville considère que l'un des plus grands sacrifices faits par le peuple Américain à cette époque fut de renoncer à l'usage du thé.

tarisme; on se rappelait l'exemple des Romains, si défiants qu'ils ne laissaient pas les troupes s'approcher de Rome en deçà du Rubicon; ainsi une partie de la population instruite et éclairée était balancée entre le désir de l'indépendance et la crainte d'un régime militaire.

Les milices ne voulaient obéir qu'aux chefs qu'elles s'étaient choisies elles-mêmes ; lorsque Washington voulut faire des bandes de soldats enrôlés sous ses ordres une armée organisée, et la diviser en régiments et brigades avec des officiers de son choix, un grand nombre des recrues quittèrent le camp.

La guerre ne se faisait pas seulement entre Anglais et Américains, c'était une guerre civile. Dès les premières hostilités, trois compagnies de milices avaient été formées à Boston pour venir en aide à l'armée anglaise et, lorsque celle-ci évacua la capitale du Massachusetts, plus de mille personnes quittèrent cette ville avec elle. Dans le New-York, le New-Jersey et le Delaware, il y avait autant de soldats loyalistes que de républicains. Dans les Carolines, en 1776 et 1779, deux régiments loyalistes purent être levés en quelques jours.

Aux premiers engagements, à Long-Island et à Kips'-Bay, les milices s'enfuirent devant les soldats anglais et les mercenaires allemands, ce qui eut un effet déplorable sur l'opinion publique.

En présence de l'admirable spectacle que

donne actuellement au monde le petit peuple
boër, luttant pour ses libertés, une comparaison
nécessairement s'impose, car les Boërs ont été,
comme les Américains, des réfugiés religieux, et
cette comparaison ne sera pas à l'avantage de
ces derniers. Mais en 1776, je dois le rappeler
encore, il ne s'agissait pas pour des asservis
de conquérir le droit à la vie libre ; la lutte, au
moins telle qu'elle devait se présenter à l'esprit
des masses, en dehors de la Nouvelle-Angleterre,
n'avait pour objet que d'assurer à des populations jouissant déjà d'une plus grande liberté
que tous les peuples des deux mondes, l'exemption de quelques impôts, la levée de quelques restrictions. Et les Américains d'alors n'é-
taient pas un peuple belliqueux. Un agent français, de Bonvouloir, écrivant au ministre de Louis
XVI, le comte de Vergennes, lui exposait le peu
d'enthousiasme de la population pour la rébellion
et lui disait que les chefs comptaient sur les déprédations des Anglais, s'attendaient à voir les
maisons des Américains brûlées et leurs villes
dévastées « ce qui achèverait de leur faire abhor-
rer les léopards ».

.:.

Telles étaient les difficultés dont avaient à
triompher Washington et les initiateurs de la
Révolution, tels étaient les éléments avec lesquels

il leur fallait mener à bonne fin contre un puissant empire une guerre qui n'avait pas été préparée.

A partir de 1776, jusqu'à la fin de la guerre,
tout le poids des destinées de la nation américaine
repose sur le général Washington, bien qu'il n'ait
été investi officiellement de la dictature militaire
qu'en 1779.

De la déclaration de l'indépendance jusqu'à l'é-
tablissement définitif de la République, l'histoire
des Etats-Unis ressemble, par certains côtés, à
celle des anciennes monarchies; elle est l'œuvre
d'un homme, d'un souverain sans couronne, qui
au lieu de ministres a des collaborateurs dévoués
et qui impose ses volontés par la persuasion, par
le respect qu'il commande, non par la force ou
le prestige d'une investiture de droit divin.

« La publication de la correspondance de Washington, a dit un des biographes du fondateur de
la République, est le plus bel éloge que l'on ait pu
rendre à sa mémoire.

La partie de cette correspondance qui a trait à
la guerre comprend neuf forts volumes et cou-
vre un espace de neuf années (1785-1783). La
plupart des lettres sont adressées au président
du Congrès et aux gouverneurs des Etats. Presque toutes nous apportent la preuve de l'esprit
d'indiscipline, d'insubordination et d'égoïsme qui
prévaut dans l'armée et surtout de l'instinct particulariste invincible qui y domine. Quelques courts

extraits nous édifieront suffisamment à ce sujet.
Dans une lettre datée de septembre 1775 et
adressée au gouverneur du Connecticut, Washington se plaint que des miliciens absents de l'armée
et travaillant sur leurs fermes, sur les fermes de
leurs officiers ou ailleurs, veuillent cependant toucher leur solde « Tous mes efforts, dit-il, ne peuvent empêcher cette conduite basse et perni-
cieuse ».

Quelques jours plus tard, il dénonce un navire
américain chargé de vivres qui est entré dans
le port de Boston et a vendu sa cargaison pour
ravitailler l'armée anglaise, regrettant « que des
circonstances aussi graves ne puissent refréner
l'esprit de gain et de commerce ».

On a cherché à gagner le concours des Canadiens ; des émissaires ont été envoyés à Mon-
tréal et à Québec et Washington, d'après les
rapports qui lui ont été adressés, croit, un moment, avoir réussi; le 25 novembre 1778, il rend
l'ordre du jour suivant qui est tout à fait typique :

« Le général en chef ayant été informé de
l'intention manifestée dans le pays d'observer
cette coutume ridicule et puérile qui consiste à
brûler le pape en effigie, ne peut s'empêcher
d'exprimer sa surprise qu'il puisse se trouver
dans l'armée, des officiers et des soldats si dénués
de sens commun, qu'ils ne voient pas l'impropriété
d'un tel acte, dans les circonstances actuelles.

Nous sollicitons et nous avons réellement obtenu l'amitié et l'alliance des habitants du Canada et nous devons les regarder comme des frères collaborant avec nous à la liberté générale de l'Amérique ».

Les Canadiens qui se rappelaient la déportation des Acadiens et redoutaient avec raison le fanatisme des puritains, préférèrent reprendre la lutte avec leurs vainqueurs, sur le terrain constitutionnel.

En décembre 1775, Washington écrit au gouverneur du Connecticut qu'un grand nombre de miliciens de cette province dont l'engagement n'est pas expiré, quittent l'armée, quelques-uns avec leurs armes.

Au commencement de janvier 1776, il apprend à M. Joseph Reed que le désir de retourner dans leurs foyers a saisi les troupes du Massachusetts, du New-Hampshire et du Rhode-Island, de même que celles du Connecticut. « Depuis deux mois, dit-il, je ne sors d'une difficulté que pour retomber dans une autre. Comment cela finira-t-il ? Dieu, dans sa grande bonté, y pourvoira ».

Le 6 février 1778, un traité a été signé à Paris entre la France et la République américaine et une flotte française, sous les ordres du comte d'Estaing, s'en vient prêter main-forte à l'armée confédérée. L'arrivée des Français a, entre autres résultats, celui de faire mieux saisir par tous les esprits la réalité de la situation, de stimuler les courages et de faire comprendre à tous, qu'il n'y a pas à revenir sur le passé, qu'il faut vaincre à tout prix (1). Mais d'un autre côté beaucoup de miliciens, surtout dans les provinces qui ne sont pas immédiatement menacées, croient qu'ils peuvent se décharger sur leurs alliés du soin de la défense. Un terrible ouragan ayant empêché d'Estaing de livrer bataille à la flotte anglaise et l'ayant forcé d'entrer dans le port de Boston, pour réparer plusieurs de ses navires qui se trouvaient avariés, le peuple s'emporte contre les Français et les accuse de trahison en même temps que les officiers américains rédigent une lettre de blâme contre d'Estaing. Là, encore, Washington doit intervenir pour rétablir l'harmonie et chercher des excuses à ses compatriotes. Il écrit à La Fayette : « Je comprends tout ce qui peut blesser la susceptibilité d'un gentilhomme et en conséquence dans la circonstance présente, je souffre pour vous, mon cher marquis, pour nos bons et grands alliés, les Français. Je regrette amèrement toute parole irréfléchie prononcée au sujet du comte d'Estaing et de la flotte qu'il a sous ses ordres, enfin, je souffre pour mon pays. Ne faites pas attention à des paroles arrachées aux premiers transports d'espérances désappointées.

1. Washington avait écrit à Franklin quelque temps auparavant : « Si nous n'avons pas l'argent et les soldats de la France notre cause est perdue ».

Mais sous un gouvernement libre et républicain comment réprimer la voix de la multitude ? Chacun veut parler comme il pense ou plutôt sans penser. Chacun veut juger les effets sans considérer les causes... Les reproches qu'on a adressés aux officiers de la flotte française seraient tombés, sans doute, avec bien plus de force, sur une flotte américaine, si nous en avions une dans la même situation... Je vous supplie de travailler à guérir la blessure qui a été faite sans intention »...

A certains moments, Washington ne peut réprimer un mouvement d'aigreur et il juge sévèrement ses compatriotes. Le 30 décembre 1778, il écrit à Benjamin Harrison... « Si l'on me demandait de peindre le temps et les hommes d'après ce que j'ai entendu, ce que j'ai vu, et ce que je sais, je résumerais mon opinion en ces quelques mots : La plupart des hommes semblent avoir été envahis par la paresse, la dissipation et l'extravagance ; la spéculation, le péculat et une soif insatiable de richesses remplissent toutes les âmes, dans toutes les classes de la société ; les disputes des partis et les querelles particulières sont la grande affaire du jour. Quant aux intérêts en péril de tout un pays, à notre dette publique qui s'accumule, à nos finances ruinées, à notre manque de crédit, à notre monnaie dépréciée... ce ne sont là que des questions d'ordre secondaire ».

D'autres lettres ont trait à des rivalités, à des jalousies entre les officiers dont les uns, ayant d'anciens états de service, ne veulent pas être subordonnés à des colonels de milice nouvellement gradés, dont les autres prétendent à un avancement rapide (les officiers étrangers surtout) ; à la discipline qu'il faut établir dans l'armée (1); aux conditions qu'il faut faire aux officiers, etc., etc.

Un vieux soldat, le major général Schuyler, offre sa démission, parce que les milices du Connecticut ne veulent pas servir sous un général appartenant à une autre province que la leur ; Washington le supplie au nom du patriotisme, de rester à son poste et il adjure les officiers du Connecticut de chercher à apaiser l'esprit particulariste qui anime leurs hommes.

Il dit à ses officiers : « N'engagez personne qui soit hostile aux libertés de l'Amérique, non plus que des gens pour qui tous les pays et toutes les causes sont indifférents ». Aux législateurs, il écrit : « Ne prenez pour officiers que des *Gentlemen* ». Il entre en correspondance avec les présidents des législatures, les comités locaux, les citoyens influents ; pas un concours qu'il sent pouvoir être utile à la cause américaine qu'il ne cherche à gagner ; pas une rivalité ou une querelle qu'il sait devoir lui être préjudiciable qu'il ne s'applique à apaiser.

1. Voir appendice II.

Il fait briller aux yeux de ses compatriotes les perspectives heureuses de l'avenir ; il s'adresse à leurs meilleurs sentiments; il cherche à faire vibrer en eux toutes les fibres, mais il sait que l'intérêt est le plus sûr moyen d'agir sur les hommes. « Lorsque les hommes sont irrités et que leurs passions sont enflammées, écrit-il, le 24 septembre 1776, au président du Congrès, ils courent vaillamment et avec enthousiasme aux armes, mais après que les premières émotions sont calmées, attendre des individus qui composent le gros d'une armée qu'ils soient mûs par d'autres principes que celui de l'intérêt c'est attendre ce qui n'est jamais arrivé et ce qui, je le crains, n'arrivera jamais (1).

Cependant l'Acte de *Confédération et d'Union perpétuelle* est voté au Congrès le 9 juillet 1778. L'article XII l'un des plus importants de ce document, dans les circonstances, se lit comme suit :

« Tous les billets mis en circulation, tout l'argent emprunté et toutes les dettes contractées par et sous l'autorité du Congrès, avant l'assemblée des Etats-Unis, en conséquence de la présente confédération, seront réputés et considérés comme une charge des dits Etats, pour le paiement et l'acquittement de laquelle, les dits Etats-Unis

1. Voir appendice III.

engagent solennnellement la foi publique, par le présent. etc. »

Cet engagement de l'Union à payer les dettes contractées pour la cause commune, augmente le zèle des législatures et rend plus facile les engagements de miliciens ; mais d'un autre côté, les provinces accordant un traitement différent à leurs milices, il en résulte de graves difficultés. Ainsi, en mai 1779, la Virginie offre à chaque soldat qui s'enrôlera, pour tout le temps de la guerre, une somme de 750 dollars et 100 acres de terre lors de son licenciement. Ces primes ont un très mauvais effet. « Les soldats qui se sont engagés avant ces primes, écrit Washington au président du Congrès, regrettent leur sort en le comparant avec celui de leurs camarades et cela les porte à déserter, pour se rengager dans de meilleures conditions. « Sur sa proposition, le Congrès vote 100 dollars de gratification à tout soldat qui se sera engagé avant janvier 1779.

Les officiers eux-mêmes demandent qu'une demi-solde à vie leur soit garantie et menacent de donner leur démission, si le Congrès n'accède pas à leur demande. Washington appuie leur réclamation et l'on en arrive finalement à une entente.

..

La dictature dont fut investi Washington mit fin aux velléités d'insubordination et permit au

général en chef d'établir dans l'armée une cohésion et une discipline relatives. Elle n'empêcha
pas malheureusement les rivalités, les jalousies
et les rancunes de se donner libre cours. Washington lui-même fut victime de l'envie et de la calom-
nie ; des journaux furent soudoyés contre lui ;
une intrigue ourdie par un général irlandais du
nom de Conway, contribua, surtout, à abreuver
de dégoût cette âme magnanime (1).

On a dit du fondateur de la république américaine, qu'il n'avait pas montré de qualités extraordinaires comme général, qu'il n'avait livré aucune
grande bataille, qu'il n'avait remporté aucune de
ces victoires qui font époque dans la vie d'un
peuple. Mais l'armée qu'il commandait n'était ni
aguerrie, ni dévouée, ni soumise ; il en a tiré tout
le parti qu'il était humainement possible d'en
tirer. Il a su temporiser, lasser l'ennemi et attendre son heure. C'est vis-à-vis de ses compatriotes surtout que sa stratégie s'est exercée et pendant tout le cours d'une longue guerre, sa correspondance en fait foi, les armées anglaises
n'ont occupé qu'une place secondaire dans ses
préoccupations. C'est contre l'égoïsme, l'apathie,
l'esprit d'indiscipline et l'instinct particulariste
des Américains qu'il a eu principalement à lutter.

La guerre de l'Indépendance a été avant tout,
une leçon de collaboration et d'union donnée aux

1. Voir appendice IV.

masses par les éléments supérieurs d'une nation naissante. Contrairement à ce qui s'est produit généralement, au cours des révolutions, en d'autres parties du globe, ce n'est pas chez le peuple, mais chez l'élite que la force de résistance, la persistance obstinée, l'ardeur patriotique ont été le plus marquées en Amérique et une grande part des succès obtenus par Washington a été due, sans doute, à ce qu'il n'a pas cru au désintéressement des masses.

J'ajouterai, bien qu'il m'en coûte, que Washington a peut-être également assuré la durée de son œuvre et les destinées de sa patrie, en ne croyant pas à l'abnégation des peuples ou des gouvernements. Ainsi, au moment où les secours obtenus de la France permettaient aux colons révoltés, d'espérer le triomphe final de leurs armes, on avait proposé d'envoyer au Canada récemment conquis par l'Angleterre, une armée commandée par Lafayette et dont feraient partie des officiers et des soldats français. Le dictateur s'y opposa ; le sentiment de reconnaissance qui alors devait pénétrer son âme, ne put lui dérober la claire vision des intérêts de sa patrie. Il regarda vers l'avenir. La tentation sera trop forte pour la France, écrivit-il au président du Congrès, et la France maîtresse du Canada et de la Louisiane sera une voisine trop puissante pour les Etats-Unis(1).

Washington montra dans toutes les circons-

1. Voir appendice V.

tances, un dévouement, une abnégation admirables, cependant, et c'est là l'un des faits les
plus propres à étonner un homme de mentalité
latine, après la guerre lorsqu'on lui offrit une
somme d'argent considérable pour rémunérer
les inappréciables services qu'il avait rendus
à l'Union, il ne refusa pas absolument. Il refusa
le cadeau, mais il fit le calcul des dépenses
qu'il avait supportées au cours de l'exercice de
ses fonctions et en accepta le remboursement.
Qu'il ait ainsi résisté au désir de *faire un beau
geste*, selon l'expression qui a cours depuis
quelques années, en songeant qu'il n'avait pas le
droit de priver sa famille de ce qui lui revenait
légitimement, c'est ce que beaucoup d'entre nous
ne comprendront guère. Et je me demande s'il
ne faut pas voir là, encore, une manifestation de
cette santé morale parfaite, de cet équilibre men-
tal supérieur que rien ne pouvait ébranler dont
Washington donna des preuves toute sa vie.

Le marquis de Chastellux, élevé dans l'atmosphère de scepticisme qui était celle de la haute
société française, au dix-huitième siècle, ne dissi-
mule pas l'infini respect que lui inspira le héros
américain lorsqu'il le rencontra pour la première
fois. « Bientôt, dit-il, je me trouvai à mon aise
près du plus grand et du meilleur de tous les
hommes » (1).

1. *Op. cit.*, vol. 1ᵉʳ, p. 101.

En 1779, les Anglais obtinrent des avantages marqués dans les provinces du sud, ce qui eut pour effet d'augmenter le nombre des loyalistes, mais l'année suivante, l'armée de secours envoyée par la France étant arrivée, la face des choses fut bientôt changée.

En 1781, les troupes alliées composées de 7000 Français, 5.500 réguliers américains et 3.500 miliciens assiégèrent à Yorktown, le général anglais Lord Cornwallis, qui capitula le 17 octobre.

Le 5 septembre précédent la flotte du comte de Grasse avait livré aux amiraux anglais Grave et Hood se portant au secours de la ville assiégée un combat qui les avait forcés de se retirer à New-York.

L'UNION

Il avait fallu sept années pour vaincre l'ennemi extérieur, il en fallut plus de sept pour triompher des ennemis du dedans, de l'esprit d'insubordination, des rivalités, des jalousies qui, pendant toute la durée de la guerre, avaient failli compromettre la cause de la liberté ; pour adopter une constitution et organiser définitivement la République.

La Confédération n'existait encore qu'en expectative ; elle avait été votée à Philadelphie en 1778, mais l'acte qui la constituait n'avait pas été ratifié par les législatures des provinces lesquelles voulaient garder une autonomie presque complète et ne déléguer au Congrès qu'une part *mi-*

nima de leurs droits et prérogatives. Ce n'est que douze ans plus tard, en 1890, que l'Union fut virtuellement établie, par l'adhésion de tous les Etats.

La nation victorieuse restait faible, appauvrie, désorientée. Les provinces n'avaient plus entre elles le lien de cohésion qu'avait constitué le danger commun ; elles étaient divisées sur des questions d'intérêt et se faisaient une guerre de tarifs. Il fut même question, un moment, de partager le pays en treize républiques indépendantes.

Le trésor public était vide ; un papier-monnaie différent avait cours dans chaque Etat et partout ce papier-monnaie était déprécié. Les législatures se refusaient à taxer les contribuables pour faire face aux intérêts de la dette. Le crédit de la République était fort ébranlé, sinon ruiné en Europe, et l'on n'aurait guère été justifiable de compter encore sur le bon vouloir de la France, car, en 1782, Franklin, Adams et John Jay (1), à l'instigation de ce dernier, avaient signé séparément la paix avec l'Angleterre, violant ainsi les engagements pris en 1778 par les Etats-Unis envers la puissance dont le concours avait assuré leur succès.

L'armée qui, après les préliminaires de la paix, avait songé à la révolte et n'avait pu être

1. John Jay, fils de Huguenot était en Amérique l'un des chefs du parti anglophile,

maintenue dans le devoir que grâce aux efforts de Washington, était maintenant congédiée, et les soldats réclamaient avec des menaces, les arrérages de solde qui leur étaient dûs (1). Quelques émeutes éclatèrent, même, à Philadelphie au printemps de 1783.

Les lois étaient lettre morte. Dans le Massachusetts, des bandes de socialistes, au nombre d'environ 15.000, s'étaient organisées, réclamant le partage des terres et ce n'est qu'après une assez longue période de troubles que les milices de cet Etat étaient parvenues à rétablir l'ordre.

Nous avons vu qu'avant la guerre, les planteurs du Sud étaient endettés en Angleterre, pour des sommes considérables. Pendant la période révolutionnaire, ils ne s'étaient pas occupés de leurs créanciers et avaient pris l'habitude de ne pas les payer. Or, ceux-ci réclamaient maintenant et comme les tribunaux américains restaient fermés à leurs réclamations, le gouvernement anglais refusait de ratifier le traité de 1783 et d'évacuer les postes militaires des grands lacs.

« Les récoltes étaient bonnes, dit Mac Master (2), mais un fermier qui voulait une paire de bottes, était obligé de courir de village en village, pour l'obtenir, en échange de quelques

1. Voir appendice.
2. *Op. cit.*

boisseaux de grain ». Il y avait beaucoup de misère dans les villes ; les procès, les saisies abondaient et les agents d'affaires et usuriers profitaient comme toujours, de la pénurie générale, pour exagérer leurs exigences.

On n'avait pas encore eu le temps de voter des lois pour la réglementation du commerce, et en attendant, les Anglais encombraient les Etats-Unis de leurs marchandises.

En un mot, tout était confusion, désordre, incohérence, et il semblait que l'on fût à la veille de l'anarchie.

Rétablir l'ordre et la légalité ; unir par des liens d'intérêt commun et de sympathie plusieurs groupes étrangers ou hostiles les uns aux autres ; obtenir de chacun les concessions nécessaires ; solder des dettes considérables ; reconstituer un trésor ruiné ; ouvrir des voies au commerce, telle était la tâche qui s'imposait tout d'abord aux membres du Congrès.

Il fallait encore, en prévision de l'avenir qui s'ouvrait, façonner à la nation un moule si large que des éléments venus de tous les coins du monde pussent y prendre place et s'y développer à l'aise. Il fallait trouver pour la direction et la conduite des affaires publiques, des formules si absolument conformes aux tendances et aux intérêts constants de la nature humaine, qu'elles pussent être appliquées par des populations d'émigrés de vingt pays divers.

Bien peu d'hommes dans les masses devaient avoir à cette époque la vision grandiose d'une république s'étendant sur plus de la moitié d'un continent et qui servirait de refuge aux malheureux et aux indigents du Vieux-Monde; il fallait ouvrir l'esprit du peuple à ces vastes espoirs, afin d'obtenir sa collaboration efficace.

Les hommes de la Révolution se sont montrés à la hauteur de leur tâche et, pendant un quart de siècle, restés constamment sur la brèche, ils ont prêché la parole de paix, d'union, de solidarité, de fraternité.

Ainsi se sont réalisés aux Etats-Unis quelques-uns des axiomes formulés par les penseurs, sur les phénomènes qui accompagnent et suivent les révolutions :

« *Ne remuez pas le fond d'une nation, a-t-on dit, car alors les éléments malsains et dangereux qu'il renferme, remontent à la surface* ».

« *Presque toujours, les cataclysmes qui bouleversent la vie des peuples font surgir les grands hommes nécessaires* ».

« *A la suite des époques de grandes commotions, les âmes sont dans un état de réceptivité et toute semence qu'on y jettera, bonne ou mauvaise, y devra germer* ».

Nous avons vu que si aucun élément dangereux n'avait surgi du fond de la nation, les passions turbulentes et l'esprit d'indiscipline s'étaient donné libre cours. Une pléiade d'hommes émi-

nents, comme il a rarement été donné au monde
d'en contempler autant, réunis au même endroit et
vivant à la même époque, s'était levée à l'horizon
de la République. En dépit de l'égoïsme ambiant,
Washington et ses collaborateurs trouvaient un
terrain bien préparé. Pendant sept années d'une
guerre où s'était joué l'avenir de la patrie, les
âmes avaient été remuées, elles avaient vibré aux
saints enthousiasmes, elles s'étaient élevées, pendant quelques instants au moins, à la compréhension du dévouement et du sacrifice ; une vie supérieure s'était affirmée en elles, elles étaient prêtes
à recevoir la bonne semence.

Il fallait profiter de ces dispositions heureuses,
pour établir la justice et la tolérance sur les
bases inébranlables que constituent pour tout
homme né en pays britannique, des lois écrites,
des préceptes édictés par un parlement ou une
législature. Jefferson qui a joué, après Washington, le rôle le plus important dans l'établissement de l'Union, l'avait compris ainsi. Ne se sen-
tant pas la vocation militaire, il s'était appliqué
pendant la guerre, dans la législature de la Virginie où il jouissait d'une grande influence, à
combattre toute réaction royaliste, à extirper tous
les germes de centralisation à outrance et à
assurer les libertés locales.

Il s'était efforcé de faire abolir dans cet Etat, la
religion établie, le droit d'aînesse, les substitu-
tions et toutes les lois qui auraient pu mettre

obstacle au bon fonctionnement de la constitution idéale qu'il rêvait de faire adopter par l'Union.

« Les chaînes qui n'auront pas été brisées à la fin de cette guerre, disait-il (1), subsisteront long-temps et deviendront de plus en plus lourdes jusqu'à ce qu'enfin nos droits revivent ou succombent, au milieu des convulsions politiques ».

II

Les tendances royalistes de certains groupes de la population restaient très marquées, principalement dans le Sud et à l'issue de la guerre un nombre considérable d'officiers de l'armée avaient offert la couronne à Washington. Le colonel Lewis Nicola qui s'était fait l'interprète de ses collègues, auprès du dictateur, reçut de celui-ci la réponse suivante, admirable de patriotisme, de désintéressement et de sincérité.

« C'est avec un mélange de surprise et de douleur que j'ai lu attentivement les pensées que vous m'avez soumises. Soyez en bien sûr, monsieur, aucun événement dans le cours de cette guerre ne m'a autant affligé que d'apprendre par vous que de telles idées circulent dans l'armée; je dois les regarder avec horreur et les condamner sévèrement... Je cherche en vain ce qui dans ma conduite, a pu encourager une proposition

1. *Notes on Virginia.*

qui, à moi, me semble grosse des plus grands malheurs qui puissent fondre sur mon pays... »

L'organisation en 1784 d'un ordre de chevalerie héréditaire « Les *Cincinnati* » dont devaient faire partie seulement les officiers de l'armée et de la marine et la manière dont cette innovation fut repoussée par la nation, est l'un des faits les plus caractéristiques des premières années de la République. Elle fut combattue par la plupart des législateurs de l'Union ; Franklin entre autres, la tourna en ridicule avec beaucoup d'humour, dans une lettre écrite de Paris où il était accrédité comme représentant de son pays.

« Dans la rédaction des articles de l'Acte de confédération, disait-il, la sagesse collective de la nation a manifesté sa répugnance à établir des rangs de noblesse et je suis étonné d'apprendre qu'en présence de ce fait, un certain nombre de gentlemen aient conçu le désir de se mettre, eux et leur postérité, à l'écart de leurs compatriotes et d'établir un ordre de chevalerie héréditaire... Ces choses se font avec beaucoup plus de sens commun en Chine. Là les honneurs se communiquent aux ascendants de l'homme revêtu d'un titre au lieu qu'en Occident on veut que ce soit à ses descendants. Dans le Céleste-Empire si un homme du peuple, en raison de sa science, de sa sagesse dans les conseils ou de sa valeur dans les batailles est gracieusement élevé par l'empereur au rang de mandarin, il par-

tage cette distinction avec ses parents. A partir du
moment même de son élévation, son père et sa
mère ont droit de porter les décorations qu'il
porte, de recevoir les marques de déférence que
lui-même reçoit et d'être traités avec le même cé-
rémonial.» Puis Franklin partait de là pour prouver qu'avec nos distinctions occidentales, la gloire
diminuait à mesure que les générations s'éloi-
gnaient de celui qui le premier avait été revêtu
de distinctions honorifiques. Le fils d'un chevalier
de l'ordre des Cincinnati n'aurait déjà plus que la
moitié de la gloire attribuée à son père, le petit
fils n'en aurait plus que le quart et à la neuvième génération, cette gloire serait réduite à la
511ᵉ partie. Lorsque les insignes et les titres des
Cincinnati auraient été transmis au fils aîné de la
neuvième génération, la part de celui-ci ne serait plus que la 1022ᵉ de celle de son glorieux
ancêtre.

Samuel Adams s'étonnait de ce que, chez un
peuple qui avait versé son sang et épuisé son
trésor, pour défendre l'égalité des droits, il y eût
des gens qui voulussent créer des distinctions
héréditaires entre les familles. « Il faudrait que
ce peuple fût tombé dans la bassesse et l'avachis-
sement, disait-il, pour que des citoyens y sup-
portassent patiemment quelques-uns de leurs
compatriotes se pavanant au milieu d'eux avec
leurs décorations et se targuant de la noblesse de
leursang. »

Les journaux s'insurgèrent en masse contre cet ordre « tendant à faire du reste de la nation des roturiers et des plébéiens. »

Les Cincinnati ne résistèrent pas, bien que le général Washington lui-même fût l'un des leurs. Rien n'est resté de cette tentative aristocratique que les protestations indignées de ses adversaires, les affirmations énergiques en faveur de l'égalité qui ont exercé une influence marquée sur l'orientation du peuple américain et un volume attribué à Mirabeau et qui fit quelque bruit, en France, au moment de la Révolution française.

III

Le 14 mai 1787, une Convention nationale fut réunie à Philadelphie dans le but de discuter et de voter la constitution définitive des Etats-Unis. Les débats eurent lieu à huis-clos et durèrent quatre mois ; la constitution fut adoptée et signée le 17 septembre suivant (1).

1. Les signataires de la Constitution sont : Géo Washington, John Langdon, N. Gilman, N. Gorham, R. King, W. S, Johnson, R. Sherman, Alex. Hamilton, W. Livingstone, W. Patterson. D. Brearly, John Dayton, B. Franklin, Rob. Morris, Thos Fitz Simmons, James Wilson, Thos. Mifflin, Géo Clymer, Jared Ingersoll, Gouv. Morris, Géo Read, John Dickinson, Jacob Brown, G. Bedford, R. Bassett, James

Jefferson avait adressé de Paris à la Convention, un plan de constitution « qu'il résumait ainsi : « Faire des Américains une seule nation, sur toutes les questions touchant à la politique extérieure et des nations séparées sur toutes les questions purement domestiques ». Il semble qu'à ce plan aient été empruntés le plus grand nombre des articles qui furent adoptés. La constitution complète harmonieusement la déclaration de l'indépendance rédigée par le même Jefferson en 1776.

Tout a été dit sur cet admirable document dont un éminent prélat romain, Mgr Satolli, affirmait il n'y a pas longtemps, « qu'il contient avec l'Evangile du Christ, la charte de l'esprit humain ».

Je ne veux retenir en passant qu'une seule de ses dispositions dont beaucoup de peuples d'Europe pourraient s'inspirer. Après avoir assuré à chaque citoyen la liberté et l'égalité devant la loi, la Constitution pourvoit à ce que toutes les forces vives de la nation soient mises en action et à ce que les administrations publiques ne puissent pas immobiliser les énergies et les talents. « Chez les Anglais, dit un publiciste de ce temps, les emplois procurent des rangs et des richesses et élèvent souvent trop haut ceux qui en sont revê-

McHenry, D. Carroll, D, of. St-Thomas-Janifer, John Blair, James Madison, W. Blount, W. Williamson, R. D. Spaight, L. Rutledge, Chs. Pinckney, Chs. C. Pinckney, Pierce Butler, W. Few, Chs. Baldwin, W. Jackson.

tus ; chez les Américains les offices ne donnant ni argent, ni considération ne seront à la vérité ni brigués ni achetés, mais ils seront si peu estimés que les meilleurs citoyens les éviteront au lieu de les rechercher ».

L'article concernant la liberté des cultes ne fut ajouté à la Constitution, comme amendement qu'en 1789, alors qu'il fut décrété que : « Le Congrès ne pourra rendre aucune loi pour établir une religion ou en prohiber le libre exercice » et « qu'aucune qualification religieuse ne sera exigée, pour permettre à un citoyen d'occuper une fonction gouvernementale ou un poste de confiance dans l'Etat ».

Washington avait été favorable à cette mesure, il écrivait à Lafayette, en date du 15 août 1785 : « Je ne souhaite pas moins que vous, de voir triompher vos idées sur la tolérance en matière religieuse. N'étant moi-même bigotement attaché à aucune forme de culte, je suis disposé à laisser ceux qui professent le christianisme dans l'Eglise, suivre celle des routes du ciel qui leur semblera la plus directe, la plus unie, la plus facile, la moins sujette à objections ». L'adhésion des Etats à la constitution eut lieu à différentes dates, en 1781, 1788, 1789 et 1790. Le Rhode-Island la ratifia le dernier, le 29 mai 1790.

Washington fut élu président de la République le 30 avril 1789, et dès lors la nation entra dans la voie de la prospérité et du progrès.

« C'est une tradition nationale, dit un écrivain américain (1) de considérer les membres de la Convention de 1787, comme des demi-dieux, des géants, des héros... pendant que la constitution elle-même a été placée sur un piédestal et adorée comme une idole... mais en en faisant une idole populaire, nous risquons fort de perdre précisément les bénéfices que ses mérites doivent nous assurer. Ce qui doit, à juste titre, exciter notre admiration, c'est l'harmonie complète de ses principes avec l'évolution politique de la nation et non la finesse et la pénétration politique des hommes qui l'ont promulguée.

« Par conséquent, au lieu d'être la création spontanée du peuple américain au xviiiᵉ siècle, les constitutions des Etats et la constitution fédérale des Etats-Unis, ne sont que des développements naturels et logiques de la constitution anglaise, modifiés quant aux détails et dans quelques principes fondamentaux, par les circonstances nouvelles et par le milieu ».

Mais ces « *modifications quant aux détails et à quelques principes fondamentaux* » prouvent, au contraire, croyons-nous, la finesse et la pénétration politique des hommes qui ont promulgué la constitution américaine. Le fait d'avoir pu imposer cette charte admirable de tolérance, de liberté et d'égalité à autant d'éléments hétérogènes

1. Tiedman. *Constitution non écrite des Etats-Unis.*

et fanatiques, prouve leur influence extraordinaire sur les esprits, leur action sur les hommes et leur connaissance des ressorts intimes qui les font agir.

Avoir établi cette « *harmonie complète des principes avec l'évolution politique de la nation* » ; avoir transformé les lois d'un pays à castes aristocratiques en lois à l'usage d'une démocratie ; avoir prévu la croissance prodigieuse de ce pays et avoir donné à ses institutions, la largeur et l'ampleur suffisantes pour leur permettre de se prêter harmonieusement à cette croissance, c'est là l'œuvre de grands hommes et de sages, sinon de héros et de demi-dieux.

Les systèmes politiques basés sur la justice, les principes humanitaires ne datent certes pas de la fin du dix-huitième siècle ; depuis longtemps déjà, les ouvrages des philosophes en étaient remplis ; le difficile c'était d'appliquer ces principes, de les faire accepter, d'en faire le code d'une nation naissante.

La révolution française pour laquelle tant de sang, tant d'énergie, tant d'efforts de tous genres ont été prodigués, a aussi affirmé les droits de l'homme, proclamé l'avénement du règne de l'égalité, de la liberté, de la fraternité. Qu'en est-il résulté ?

Dès la réunion des premières assemblées tenues en faveur de la déclaration de l'indépendance, le but que poursuivent les chefs de la nation est clairement indiqué. En 1776, au congrès de Philadelphie, John Lee dit au peuple des colonies : « L'Europe a les yeux sur nous, elle nous demande de donner un vivant exemple de liberté qui formera contraste, dans le bonheur du citoyen, avec la tyrannie toujours grandissante qui désole ses rivages corrompus ; elle nous invite à préparer un asile où les malheureux trouveront une consolation et les persécutés le repos ».

« Nous devons travailler plutôt pour l'avenir que pour le présent, écrivait quelques années plus tard John Adams, qui fut le deuxième président de l'Union. Je fais bâtir une maison de campagne et j'ai des enfants en bas âge. Sans doute, je dois disposer leurs logements pour le temps où ils seront grands et où ils se marieront. Nous n'avons pas négligé cette précaution ».

Les fondateurs de l'Union ne se contentent pas de discuter entre eux et de formuler d'une manière succincte, pour en faire les articles d'un code de lois, les idées et les principes élevés qu'ils réussiront à imposer à l'approbation des Chambres ; ils les développent au milieu des masses, par les discours et par le livre. Les essais publiés par Franklin, John Jay, Hamilton, les discours de Washington, les mémoires et écrits de Jefferson abondent en leçons de haute philosophie morale et de sagesse politique. On les cite encore, car les doctrines de ces hommes ont été, jusqu'à nos jours, les guides de la nation américaine, les ancres qui l'ont retenue sur le bord des écueils.

Tous les ans, à l'ouverture du Sénat, le discours d'adieu de Washington est lu publiquement à cette assemblée. En voici quelques extraits:

« Ne nous permettons qu'avec beaucoup de réserves, de supposer que la moralité puisse être maintenue sans la religion. Quelle que soit l'influence qu'exerce la haute culture sur des esprits d'une certaine envergure, la raison et l'expérience nous défendent d'espérer que la moralité nationale puisse être maintenue à l'exclusion des principes religieux. Il est substantiellement vrai que la vertu ou la moralité est une source nécessaire du gouvernement populaire... Le patriote peut regarder avec indulgence sinon avec faveur, l'esprit de parti dans les pays monarchiques, mais c'est un mal sous un gouvernement populaire....

« Cultivez la paix et l'harmonie avec toutes les nations... Il est digne d'une nation libre, éclairée qui sera, à une époque qui n'est pas éloignée, une grande nation, de donner à l'humanité ce magnanime et nouvel exemple de populations toujours guidées par un sentiment de justice élevé et par la bienveillance... Rien n'est plus essentiel que d'exclure les antipathies invétérées contre certaines nations et un attachement passionné pour d'autres. Il faut, au lieu de cela, professer pour toutes des sentiments amicaux. La nation qui entretient pour une autre nation, une haine habi-

tuelle ou une tendresse habituelle, est en quelque
sorte, une esclave. Elle est l'esclave de son amour
ou de sa haine ; l'un ou l'autre de ces sentiments
est suffisant pour lui faire perdre de vue son devoir ou ses intérêts... « Notre grande règle de
conduite vis-à-vis des nations étrangères, devra
être, tout en développant nos relations commer-
ciales d'avoir avec elles, aussi peu de relations
politiques que possible ».

Jefferson insistant sur cette réserve vis-à-vis
des peuples d'Europe disait « qu'il valait mieux
porter des vivres et de la matière première aux
artisans européens que de les amener eux-mêmes,
aux vivres et à la matière première, avec leurs
habitudes et leurs principes ».

En 1785, il écrivait de Paris: « Si je m'en rap-
portais à mes propres théories, je souhaiterais
que les Etats-Unis n'eussent ni commerce ni na-
vigation et se trouvassent vis-à-vis de l'Europe,
absolument sur le même pied que la Chine ».

Jusqu'à l'époque de la guerre, les colonies s'é-
taient développées sous l'égide de principes exclusifs, les préceptes étaient tombés de la chaire,
la théologie avait été presque le guide unique.
Nunc cedat cathedra rostro. Le mot d'ordre
désormais sera donné surtout de la tribune. Le
peuple a subi longtemps la discipline d'un collège,
il passe maintenant à l'adolescence, il est émancipé, mais son éducation se continue et l'enseignement post-scolaire va lui être distribué pen-

dant de longues années encore, par la bouche de ses grands hommes.

Par la mise en vigueur de la constitution et l'élection d'un président, la République américaine prend définitivement sa place parmi les nations du monde.

Les lois désormais auront une sanction, le Congrès sera en état de faire exécuter ses décisions ; les percepteurs du revenu seront revêtus d'assez d'autorité pour pouvoir s'acquitter de leur tâche ; les troupes de l'Union feront respecter la légalité.

Le Congrès, malgré une opposition assez forte, décide de ratifier l'article XII de « l'Acte de Confédération » et de se charger au nom de la République, de toutes les dettes contractées par les provinces, pour la cause commune. Dès lors la confiance renaît, le crédit de la nation se rétablit et le progrès matériel va pouvoir s'affirmer sans entraves.

IV

Dans la lutte contre les difficultés économiques, les Etats-Unis ont été favorisés par les circonstances auxquelles ils doivent peut-être plus qu'à leurs hommes politiques ; le concours de ceux-ci, cependant, ne leur a pas manqué.

L'Américain habitué au gouvernement local a la rage de la discussion, il n'accepte rien qu'il ne conteste d'abord et qu'on ne lui impose par la force des arguments, des chiffres, des exemples et des faits.

Aussi, chaque amélioration apportée au système fiscal, à la situation monétaire, commerciale et industrielle du pays est-elle d'abord repoussée ou combattue ; qu'il s'agisse de la fondation d'une banque, de l'établissement d'un système de loteries, de la construction de ponts ou de canaux. Celui qui lirait tous les comptes-rendus des débats du Congrès ou des législatures, à cette époque, ferait un excellent cours d'économie politique appliquée aux pays neufs.

Il importe de noter quelques dates importantes dans l'histoire économique des Etats-Unis.

La première banque fut fondée à Philadelphie, en 1784, par Robert Morris, sous le nom de « *Banque de l'Amérique du Nord* ».

L'établissement de la première *Banque nationale* eut lieu en 1791.

L'acte créant la Monnaie fut voté au Congrès, après de longues discussions, en 1792.

Sous la domination anglaise le numéraire avait toujours été rare ; les échanges s'étaient faits le plus souvent en nature, la spéculation, en conséquence, avait été impossible ; désormais elle va devenir un facteur important dans la vie de la nation : Tout le monde voulut avoir du *stock* de la Banque nationale et pendant quelque temps, la hausse et la baisse des cours dominèrent toutes les autres préoccupations.

En 1790, avait été fondé par Jefferson le *bureau des brevets* qui a concouru si puissamment à encourager l'admirable série d'inventions et de découvertes dont se glorifie à bon droit l'Union américaine.

Plusieurs autres excellentes mesures économiques furent adoptées qui contribuèrent à développer les ressources naturelles du sol, en même temps que des circonstances favorables facilitaient les premiers pas de la jeune république vers la prospérité et la richesse : les guerres de Napoléon, tous les peuples d'Europe sous les armes, l'agriculture européenne dans le marasme, etc., etc.

Le 18 février 1793, la *Convention nationale* réunie à Paris ayant décrété que tous les ports des colonies françaises seraient ouverts aux navires des pays de neutralité, assimilés aux navires français, le commerce américain prit immédiatement une grande extension.

L'agriculture dans ce temps là, donnait de plus grands profits que l'industrie ; les produits agricoles atteignaient des prix extraordinaires. Ainsi, en 1794-95, la farine pour l'exportation se vendait aux ports d'embarquement douze dollars le baril, soit quatre fois plus qu'elle ne se vend aujourd'hui. De plus, un énorme commerce de transport passa entre les mains des Américains.

L'exportation des produits étrangers qui ne s'était élevée en 1791, qu'à 500.000 dollars, atteignit en 1801, la somme de 46.000.000. La valeur totale des exportations qui n'avait été, en 1791, que de 19 millions, s'éleva en 1801 à 94 millions de dollars (1).

Cependant l'état de neutralité vis-à-vis de la France, et d'hostilité ouverte ou dissimulée vis-à-vis de l'Angleterre ne pouvait être maintenu facilement. Un bon nombre de navires américains furent saisis par les Anglais; d'autres portant des marchandises anglaises furent saisis par les Français. On fut sur le point de déclarer la guerre à l'Angleterre en 1793 et à la France en 1798. Finalement il fut décidé que l'on se rendrait indépendant de l'Europe.

Jusqu'alors les Américains n'avaient fabriqué que ce qu'ils n'avaient pu importer; ils résolurent d'établir des fabriques et de se passer de l'étranger.

Les capitaux, par suite des circonstances heureuses que je viens de mentionner, se trouvaient abondants ; des sociétés furent fondées pour la construction d'usines et de fabriques ; on s'entendit pour n'employer que des marchandises de fabrication nationale ; une loi de non-importation fut votée et l'ère industrielle s'ouvrit pour l'Amérique.

1. MacMaster, *op. cit.*, vol. III, p. 499.

V

L'Union se faisait, peu à peu, entre les différents groupes de la population, de l'œuvre d'émancipation et de législation accomplie en commun, des intérêts généraux identiques, des mêmes aspirations vers l'avenir. Elle se fortifiait des leçons de civisme données par les orateurs et les hommes d'Etat du haut de la tribune du Congrès et qui s'adressaient indistinctement à tous les citoyens.

D'autres facteurs secondaires contribuèrent encore à la cimenter ; ce furent des affections et des haines, des emballements passagers, des courants enthousiastes de sympathie ou d'animosité qui, à certains moments, inclinèrent uniformément tous les cœurs dans le même sens ou les divisèrent en deux fractions puissantes, indépendamment des limites d'Etats ou de villes, de la diversité d'origine ou de religion.

Le premier sentiment collectif qui se fit jour, pendant et après la guerre, ce fut l'hostilité contre les Loyalistes.

Peu nombreux dans la Nouvelle-Angleterre et

dans la Pennsylvanie, les Loyalistes avaient un parti important dans les Carolines, la Géorgie, le Delaware et le New-Jersey et étaient puissants à New-York, où, pendant l'occupation par l'armée anglaise, ils avaient persécuté les « rebelles ».

Ces derniers, dès que la paix eut été signée, voulurent prendre leur revanche et l'opinion du pays tout entier les approuva bruyamment. On vit, à plusieurs reprises, des malheureux *tories* enduits de goudron, roulés dans la plume et chassés dans ce costume à travers les rues de la ville, aux acclamations de la foule (1).

Ce sentiment servit en quelque sorte de base à la première division des partis qui se fit, après le vote de la Constitution. Washington, Hamilton, Jay et leurs amis furent accusés d'avoir des sympathies pour l'Angleterre, de rêver l'établissement d'un gouvernement aristocratique aux Etats-Unis, de viser à une concentration absolue des pouvoirs; et le parti républicain dont Jefferson fut le chef se forma en opposition au parti de Washington et du gouvernement qui prit le nom de fédéraliste.

1. Ce mode de châtiment paraît avoir été en vogue aux Etats-Unis, à la fin du siècle dernier. Ainsi en 1791, les Irlandais de la Pennsylvanie qui s'opposaient à l'impôt sur le whisky firent subir le même sort aux agents du fisc, envoyés par le congrès pour percevoir cet impôt.

Immédiatement après la guerre, l'opinion publique se souleva contre les avocats et hommes de loi à qui l'on reprochait de s'enrichir aux dépens des travailleurs et de pressurer les populations. «*Défiez-vous des avocats !* » Tel était le mot d'ordre donné dans beaucoup de circonscriptions, lors des élections aux législatures.

« De toutes les aristocraties, disaient les journaux, l'aristocratie des avocats est la pire ».

Pendant la guerre, un grand nombre de citoyens avaient dû s'endetter, il s'agissait de payer maintenant, or le numéraire était rare et le papier-monnaie déprécié ; les Loyalistes réfugiés au Canada ou en Angleterre avaient des réclamations à faire valoir ; des difficultés s'élevaient au sujet de la validité des titres de certaines propriétés occupées par des colons, au cours des dernières années de la domination anglaise ; les avocats bénéficiaient de tout cela. Il arriva souvent dans la Pennsylvanie et le New-York, qu'on les insulta dans les rues.

Ils étaient, paraît-il, excessivement nombreux. « Peut-être ne se trouve-t-il pas un seul pays au monde, disait Edmond Burke au Parlement anglais, quelque temps après la guerre, où l'on trouve autant de science légale. Ceux qui en font une carrière son t nombreux et puissants et dans la plupart des provinces ils donnent le ton. Toutes les personnes qui savent lire, et c'est le cas du plus grand nombre (1), s'efforcent d'obtenir quelques connaissances dans cette science ».

Un Anglais qui visitait les Etats-Unis plusieurs années plus tard, en 1818, M. J. Fearon (2), constate que « les avocats sont aussi communs aux Etats-Unis que les indiyents en Angleterre ». « Sur 190 députés au Congrès, dit-il, 150 sont avocats. Les causes qui ont donné la vie à tant de procureurs sont en dehors de ma sphère de pénétration. Peut-être pouvons-nous attribuer la fréquence des procès, aux subtilités et à l'enchevêtrement de la procédure, basée sur les coutumes anglaises. Le bon marché de l'instruction secondaire permet aux artisans et aux ouvriers de gratifier leur vanité, en faisant de leurs fils des gens instruits ; l'instruction ouvre à ceux-ci la porte des emplois et, soit dit en passant, les Américains sont de grands chasseurs d'emplois ».

**

La haine des Anglais fut le plus intense et le plus persistant des sentiments collectifs qui pénétrèrent toute la nation, car depuis la guerre jusqu'après 1812 des griefs nouveaux vinrent constamment l'exacerber.

L'Angleterre chercha par tous les moyens, à entraver les premiers efforts de la République.

1. Ici le grand orateur fait erreur, comme nous l'avons vu plus haut.

2. *Sketches of America*, p. 27.

Ses journaux qui contribuaient puissamment à former l'opinion publique de l'Europe, sur ses anciennes colonies, faisaient tout en leur pouvoir pour déprécier les Etats-Unis et leur rendre difficile l'accès des marchés financiers. « Les journaux anglais, écrivait Jefferson le 28 août 1785, répètent sans cesse et avec tant d'unanimité les mêmes mensonges au sujet de l'anarchie, de la confusion, de la détresse qui règnent aux Etats-Unis, des banqueroutes qui s'y produisent, etc., qu'on y ajoute généralement foi en Europe ».

Dans toutes les parties de l'Union qui avaient été le théâtre des hostilités, les rancunes inséparables de l'occupation d'un pays par une armée ennemie, s'étaient nécessairement amassées au cœur des habitants; il s'y ajoutait chez les planteurs du Sud, le ressentiment des manœuvres employées par les Anglais dans le but d'exciter les esclaves à la révolte. Dans un article de la Déclaration de l'indépendance qui fut omis, lors de la rédaction définitive, Jefferson avait formulé ce grief en termes énergiques. « Le roi d'Angleterre, disait-il, a déclaré une guerre cruelle à la nature humaine elle-même en violant les droits les plus sacrés de la vie et de la liberté chez des personnes appartenant à une nation étrangère, dont il n'a reçu aucune offense, en les enlevant et en les réduisant en esclavage dans un autre hémisphère... Et maintenant, il excite ces mêmes personnes à prendre les armes contre nous et à acheter la liberté dont il les a dépouillées, en assassinant les gens à qui il les a imposées ».

Les colons du littoral maritime furent longtemps à oublier les déprédations dont ils avaient eu à souffrir, au cours des sept années qu'avait duré la guerre. Ces déprédations, il est vrai, avaient eu pour résultat assez souvent d'agrandir le champ de la colonisation, mais les riverains n'en avaient aucune reconnaissance à leurs ennemis. Chastellux visitant le comté de Washington deux années après la guerre, constate qu'un grand progrès y a été fait. « Ce progrès est dû en grande partie, dit-il, aux malheurs mêmes de la guerre. En effet les Anglais étant maîtres de la mer, faisaient ou pouvaient faire des incursions sur toutes les côtes, ce qu'ils appelaient *depredatory expeditions*, expéditions de pillage, mais ce mot, honteux à adopter dans le vocabulaire de la guerre, ne désignait qu'une petite partie des ravages qu'ils exerçaient ; le meurtre et l'incendie en étant toujours les suites funestes. Il est donc arrivé que les citoyens les plus aisés, c'est-à-dire ceux qui réunissant le commerce à l'agriculture, avaient leurs plantations près de la mer ou de l'embouchure des rivières, les ont abandonnées pour chercher dans l'intérieur des terres des demeures plus tranquilles ». (1)

1. *Op. cit.* vol. 1er, p. 202.

« Avant l'arrivée de l'armée française dans le pays, rapporte le même auteur (1), les habitants de la Nouvelle-Angleterre croyaient que la langue anglaise était universelle en Europe, mais s'ils devaient cette opinion à un préjugé d'éducation, à une espèce d'orgueil national, ce même orgueil avait à souffrir, lorsqu'il se souvenait, et cela arrivait souvent, que la langue du pays était celle des oppresseurs. Aussi, évitaient-ils ces expressions : Vous parlez bien l'anglais, vous entendez bien l'anglais ». Je les ai entendus dire souvent : Vous parlez bien l'américain. L'américain n'est pas difficile à apprendre ».

Quelques Américains conçurent même le projet de se créer une langue particulière et certains journalistes de l'époque publièrent leurs vues à ce sujet. On sait que D. Webster tenta plus tard de réformer l'épellation et de créer une langue américaine claire et peu compliquée. La presse se moqua de lui.

Les pionniers qui s'en allèrent coloniser les territoires de l'ouest eurent, également, beaucoup à souffrir du fait des Anglais qui excitèrent les Indiens contre eux. De 1790 à 1795 surtout, les troupes de l'Union durent défendre leurs frontières du Kentucky contre des tribus belliqueuses armées par l'Angleterre et qui ouvrirent les hostilités par d'horribles massacres.

1. *Op, cit.* vol. II, p. 202.

La Grande-Bretagne, enfin, ne voulait pas renoncer à son commerce avec ses anciennes colonies et, à travers les péripéties diverses qui aboutirent à la guerre de 1812, elle persista dans sa résolution. Après cette guerre même, lord Broughton conseillait aux marchands anglais d'expédier des marchandises aux États-Unis et de les faire. vendre aux enchères, alléguant « qu'il valait mieux perdre sur les premières exportations, afin de tuer dans le berceau, les manufactures nouvelles que la guerre avait fait naître à l'encontre du cours naturel des choses. »

« La haine des Américains pour notre pays, écrivait Fearon (1), n'est pas basée sur des causes dictées par la raison ; ses principes constitutifs ne peuvent être appelés ni rationnels ni fondés sur la réflexion. Elle est, dans sa source et dans son mode d'expression, exactement celle que professent en Angleterre pour le peuple français, les classes les plus ignorantes de la population, qui ont toujours détesté les Français parce que ce sont des Français et que les journaux disent qu'il faut haïr les Français ».

La révolution française eut sa répercussion aux Etats-Unis et principalement à New-York et

1. *Op. cit.*, p. 367

à Philadelphie, où l'on arborait la cocarde tricolore, on damnait les aristocrates et on se donnait du citoyen. Les journaux injuriaient les souverains d'Europe, appelant l'impératrice de Russie un ours femelle; l'Empereur d'Allemagne, un coquin et un voleur; la reine de Portugal une ·folle; le roi Georges d'Angleterre un monstre et un roi de pirates (1). -

Le sans-gêne qui, jusqu'alors, avait été absolu dans les rapports sociaux, s'exagéra encore, principalement dans les Etats du centre. On s'étonnait dit le Comte de la Rochefoucauld (2) qui, à cette époque, voyageait en Pennsylvanie, que nous ne mangions pas avec notre domestique.

La mode était aux chambres à plusieurs lits; une chambre d'hôtellerie en contenait quelquefois cinq ou six; le voyageur se glissait sous la couverture du premier lit qu'il trouvait occupé par une seule personne, sans songer à s'excuser. Si un individu demandait des draps propres on le traitait d'aristocrate (3) et on le faisait payer en conséquence. Un grand nombre d'assemblées eurent lieu où l'on déclama contre les tyrans, et Washington eut de la difficulté à empêcher le peuple de déclarer la guerre à l'Angleterre.

1. Mac Master. *Op. cit.*, vol. II, p. 520.
2. Voyage en Amérique, p. 115.
3. Mac Master. *Op. cit.*, vol II, p. 560.

Si la France ne fut en aucun temps indifférente à l'Amérique, on peut dire que pendant la période qui s'est écoulée de la déclaration de l'indépendance jusqu'à 1812, elle a occupé la première place dans l'esprit de la jeune nation. C'est sans doute aux sentiments d'affection reconnaissante pour la France et d'aversion pour l'Angleterre que songeait Washington, lorsque dans son discours d'adieux, il mettait ses compatriotes en garde contre des haines ou des affections trop vivaces pour des nations étrangères.

Avant la guerre où les Français devaient jouer un rôle si important, on ne connaissait guère notre mère patrie que par les livres anglais et naturellement on en partageait les préjugés. Le Français était pour les masses un « mangeur de grenouilles et de salade ». Samuel Breck dans ses « *Souvenirs* » (1) raconte cette anecdote caractéristique :

« Lors de l'arrivée de la flotte française à Boston en 1778, M. Nathaniel Tracy, l'un des citoyens les plus influents de la ville, offrit un dîner au commandant, le comte d'Estaing et à ses officiers. Croyant être agréable à ses hôtes, l'excellent M. Tracy avait fait mettre dans le plat de potage servi à chacun des Français une superbe gre-

1. *Recollections of Samuel Breck*, p. 27.

nouille. Le premier officier qui aperçut le batracien fut naturellement stupéfait puis éclatant de rire, il prit la grenouille par une patte et l'éleva au dessus de sa tête ; chacun des officiers français en fit autant et ce fut un fou rire général. Pendant ce temps là, M. Tracy restait sérieux, agitant un peu nerveusement sa cuiller et se demandant ce qui pouvait provoquer une gaîté aussi extravagante chez ses convives d'outre-mer. « Qu'est-ce qu'il y a ? » demanda-t-il, et levant les yeux, il aperçut dans toutes les directions les grenouilles suspendues par une patte. « Pourquoi ne les mangent-ils pas ? s'écria-t-il. S'ils savaient tout le mal que je me suis donné pour leur procurer un plat de leur pays, ils se rendraient compte que pour moi, au moins, la chose n'a rien de plaisant ».

En peu de temps on fut mieux renseigné sur leur compte. Les officiers qui séjournèrent, en nombre assez considérable, dans le Rhode-Island, n'eurent qu'à s'applaudir de l'hospitalité qui leur fut accordée. On abrogea même à leur intention dans la charte de cet Etat, les restrictions qui interdisaient l'exercice de la religion catholique. La Fayette est resté et à bon droit, l'un des héros les plus populaires de la République.

A cette époque, les Français, Huguenots et autres, sont nombreux à New-York, dans la Pennsylvanie et les Carolines. Plusieurs jouent un rôle important dans les conseils de l'Etat et exercent une influence considérable. Comme nous l'avons vu plus haut, John Jay, Charles Boudinot et Jean Laurens furent tous les trois, présidents du Congrès, le premier fut, en outre, nommé ambassadeur à Londres et c'est lui qui conclut le premier traité avec l'Angleterre. Gallatin qui fut secrétaire du trésor sous l'administration de Jefferson, était originaire de la Suisse française ; il prononçait très mal l'anglais et il reste des pamphlets de l'époque dans lesquels on fait de l'esprit à ses dépens et où tourne au burlesque ses discours au Congrès. Le premier *Board* du Trésor qui fut établi, eut pour directeurs *Gervais*, Livingstone et Osgood. Le plus ancien poète américain, Freneau, était de famille huguenote ; Hamilton l'un des lieutenants politiques les plus brillants de Washington était Ecossais par son père, mais sa mère était Française. « Dé sa mère qui était d'une famille française et fille d'un réfugié huguenot, dit MacMaster (1) il tenait les manières aisées, l'enjouement, la vivacité, le sens délicat de l'humour, le désir et la facilité de plaire qui distinguent les gens de race celtique ». Le plan de la ville de Washington fut tracé par le major L'Enfant. L'édifice qu'on appelle « le *Berceau de la Liberté* », à Boston, fut donné à la ville par un Français dont il porte le nom ». Avant la bataille de Bunker-Hill, ce fut un Huguenot, Paul Ri-

1. *Op. cit.* vol. 1ᵉʳ, p. 126.

voire (1) qui dans une marche restée célèbre, vint annoncer aux Américains, l'approche de l'armée anglaise.

Au parlement britannique, lorsqu'il s'était agi de voter la loi du timbre, un orateur du parti ministériel, Charles Townshend, s'étant écrié que les colonies américaines avaient été établies par les soins des Anglais, maintenues par la tolérance anglaise et protégées par les armes anglaises, un Huguenot membre du parlement, Isaac Barré, s'était fait le défenseur des Américains et lui avait répondu : « Les colonies américaines établies par vos soins ? C'est au contraire votre oppression qui a forcé les colons à s'expatrier et à s'établir en Amérique. Maintenues par votre tolérance ? Elles se sont développées grâce à votre négligence. Protégées par vos armes ? Elles ont noblement pris les armes pour votre défense ». Dans son discours, Barré appelait les Américains « Fils de la Liberté » et les rebelles adoptèrent ce nom.

La révolution française avait amené un bon nombre d'émigrés aux Etats-Unis. « C'est à quelques dames françaises, dit un Anglais, John Davis (2), que les demoiselles de Philadelphie doivent la démarche gracieuse qui est la leur aujourd'hui. La révolution française a produit une révolution dans

1. On a célébré dernièrement son centenaire à Boston.
2. *Travels in America*, p. 323.

la manière de marcher des Philadelphiennes. Autrefois les Américaines ne sacrifiaient guère à l'élégance dans leur démarche, ou, pour mieux dire, elles n'avaient pas de modèles sur lesquels elles pussent se former. Mais lorsque la révolution de 1789 amena sur les bords du Delaware un si grand nombre de Françaises, les jeunes Américaines rougirent de leur gaucherie et toutes cherchèrent à imiter cette grâce aisée, cette nonchalance de poses, ce naturel parfait qui caractérisaient les Françaises. Quand celles-ci passaient dans les rues, hommes et femmes couraient aux fenêtres et s'exclamaient involontairement: Oh Ciel ! voyez cette jeune dame comme elle marche avec grâce ! »

Les mémoires et relations de voyage publiés au cours des vingt années qui ont suivi la guerre mentionnent très fréquemment des noms français. A Charleston, la ville aristocratique par excellence de l'Union, un grand nombre de refugiés de Saint-Domingue s'étaient établis, et vers 1792-95 on y entendait parler autant de français que d'anglais. Les Français étaient nombreux à Savannah, à Philadelphie ; mais c'est surtout à New-York qui jusqu'à nos jours a conservé, dans une certaine mesure, un cachet de ville française, que les sympathies pour eux étaient vives. Le parti anglais, cependant, y avait conservé de nombreux adhérents, les navires de la Grande-Bretagne entrant continuellement dans ses ports.

En 1792, on vit dans la rade de New-York un duel d'un nouveau genre et qui rappelle les folies héroïques du temps de la chevalerie. L'amiral anglais, Courtney, ayant appris que l'amiral français, Bompard, se trouvait dans les eaux de New-York, lui adressa un cartel ainsi conçu : « Le *sujet* Courtney, du navire de guerre le *Boston,* serait enchanté de rencontrer le *citoyen* Bompard de la frégate *l'Embuscade,* à quelques lieues de Sandy Hook (1). Il attendra dix jours ».

Bompard n'attendit pas et partit immédiatement. En vain voulut-on, à New-York, dissuader les adversaires et empêcher une inutile effusion de sang, rien n'y fit, et quelques heures après *l'Embuscade* s'approchait du *Boston* à portée de la voix. Bompard coiffé d'un bonnet phrygien et debout sur le pont, cria trois fois : Courtney! Courtney! Courtney! On lui répondit par une bordée. La lutte fut chaude, mais finalement Courtney dut s'enfuir avec son navire très avarié.

Tout New-York avait voulu assister au duel, à distance respectueuse, et ce furent au retour, des acclamations bruyantes dans le camp francophile.

Rappelons que le voyage de La Fayette aux États-Unis, après la guerre, avait été l'occasion de manifestations unanimes de sympathies fran-

_____

1. Sandy-Hook à l'entrée du port de New-York.

çaises et que la reconnaissance des Américains s'était affirmée par des ovations enthousiastes.

Les excès de la Terreur, et le manque de tact du représentant du Directoire à Philadelphie, le citoyen Genet, eurent un fort mauvais effet sur l'opinion américaine. Il s'établit alors, à l'égard de notre mère-patrie, un courant hostile qui, pendant les guerres de Napoléon, ne fit que s'accentuer. En 1797-98, la capture de navires de l'Union faillit, comme je l'ai dit, amener une rupture. On vit alors, du côté favorable à l'Angleterre, Jay et Hamilton, de sang français, alors que Jefferson, de race galloise, resta toujours le plus fidèle ami de la France et le plus fervent de ses admirateurs.

A partir de 1812, on voit peu de noms français mêlés à l'histoire ou à la vie américaine ; ceux de Beauregard, de Bayard, de Frémont de Coudert et quelques autres ont brillé cependant, en ce siècle, d'un assez vif éclat.

.·.

Les rivalités et hostilités géographiques ne laissèrent pas de se manifester fréquemment, pendant la période dont je viens de parler ; il y eut au Congrès des séances très agitées et les causes de conflit ne manquèrent pas entre le Nord et le Sud. Il fut même, à différentes reprises, question d'une sécession, et cela particulièrement en 1798. Jefferson fait allusion à cette éventualité dans une lettre datée du 17 juin de la même année. « Puisqu'il faut que nous ayons quelqu'un avec qui nous puissions nous quereller, dit-il, je crois qu'il vaut mieux que nous gardions nos associés de la Nouvelle-Angleterre, que de voir nos rancunes transportées à d'autres. Ils sont circonscrits entre des frontières si étroites et leur territoire est déjà si peuplé qu'ils se trouveront toujours en minorité ; en outre ils se distinguent, comme les juifs, par une telle perversité de caractère qu'ils constitueront de ce fait la division naturelle de nos partis ».

L'établissement des territoires de l'Ouest a été le fait décisif qui a cimenté définitivement l'Union et apaisé, au moins temporairement, les animosités et les défiances particularistes.

L'OUEST

*La colonisation avant la guerre. — Premiers établisse-
ments de l'Ouest. — Mode d'acquisition du terrain. —
Tableau comparatif de l'augmentation de la population de 1790 à 1800. — II. L'homme de l'Ouest, les colons de l'Ohio. — Ceux du Tennessee et du Kentucky.
— III. Les Revivals. — IV. Extension de la colonisation.*

« Il y a dans le mouvement progressif qui élève vers une
« fortune nouvelle, un homme ou une population, un
« principe de résistance contre l'iniquité et la violence
« beaucoup plus énergique que dans toute autre situa-
« tion.

(Guizot, *Histoire de la civilisation en Europe*, p. 201).

Jusqu'à l'époque de la guerre de l'indépendance la colonisation s'était faite sur les bords
de la mer ; à aucun endroit on ne s'était aven-
turé à plus de trois cents kilomètres à l'intérieur
des terres. Les vastes solitudes de l'ouest n'a-
vaient été explorées que par les missionnaires,
les coureurs des bois et les trappeurs canadiens.

Les gouverneurs de la Nouvelle-France avaient
bâti des forts dans la région qui forme aujour-
d'hui les Etats de l'Illinois, de l'Indiana et de

l'Ohio, ainsi que dans le voisinage des grands lacs, ne laissant ouverts à l'expansion des colonies anglaises vers le Mississipi, que les territoires situés au sud-ouest de la Virginie et des Carolines, le Kentucky et le Tennessee. La Louisiane s'étendait de l'autre côté du Mississipi qui, parallèlement aux côtes des océans, traverse l'Amérique du golfe du Mexique jusque vers le sommet du plateau qui avoisine les grands lacs, et qu'on aurait pu croire destiné à servir de ligne-frontière, à deux puissants empires. Plus loin encore et bordant les côtes du Pacifique se trouvaient les possessions espagnoles. Mais sur ces immenses espaces étaient à peine disséminés quelques milliers de colons et quelques peuplades d'Indiens.

Il n'est pas étonnant que les fondateurs de la République aient pressenti, dès lors, l'avenir réservé à leurs descendants. Un simple coup d'œil jeté sur une carte géographique devait être pour eux plein de suggestions de conquêtes. Sur presque toute l'étendue du littoral de l'Atlantique, semblables à des sentinelles gardant l'entrée du continent, treize provinces, treize États libres, riches, entièrement peuplés, s'échelonnaient du nord au sud, le Massachusetts avec le district du Maine, le Connecticut, le Rhode-Island, le New-Hampshire, le Vermont, le New-York, le New-Jersey, le Delaware, la Pennsylvanie, la Virginie, les Carolines, la Georgie. Dans ces Etats, des villes florissantes, des campagnes fertiles, des populations laborieuses, habituées à la lutte contre la forêt, le sol, le climat et pleines de l'enthousiasme de la victoire. Du rêve gigantesque de nos ancêtres, à nous, de leurs campagnes héroïques, rien n'avait ·survécu que quelques rares établissements agricoles dans la vallée du Missisipi. Les regards des Américains étaient désormais tournés vers l'Ouest, vers l'Océan Pacifique et nul obstacle ne pourrait entraver leur marche conquérante.

« Notre confédération, écrivait Jefferson, en 1786 (1), est le nid destiné à peupler l'Amérique au nord et au sud et à lui donner sa constitution »... et il ajoutait avec un admirable cynisme, mais en restant bien dans la note des relations internationales de cette époque : « Gardons-nous cependant d'exercer trop tôt une pression sur les Espagnols. L'immense territoire qu'ils occupent ne peut être, provisoirement, en de meilleures mains ; toute ma crainte, c'est qu'ils soient trop faibles pour le conserver jusqu'au jour où notre population sera en état de le leur enlever pièce à pièce ».

C'est par le Tennessee (2) que commença la migration vers l'Ouest. Les habitants de la Caroline du Nord habitués à une vie très indépendante,

1. Lettre à A. Stewart.
2. La Salle avait exploré le Tennessee et y avait fondé un fort, le fort Prudhomme.

d'instincts moins grégaires et moins retenus par les attaches de clocher que les colons des autres provinces y fondèrent les premiers établissements en 1758. En 1784 le Tennessee comptait déjà une population de 10.000 âmes.

Le Kentucky, territoire dépendant de la Virginie, reçut quelques colons, à partir de 1774. La région de l'Ohio qui avait été le principal théâtre de la guerre entre la Nouvelle-France et les colonies anglaises, ne fut colonisée qu'après la consolidation de l'Union.

Une compagnie de l'Ohio avait été formée cependant, dès 1748, à laquelle le roi d'Angleterre avait concédé 500.000 âcres de terre et dont faisait partie Georges Washington (1), mais elle n'avait réussi à fonder aucun établissement.

La renonciation par l'Angleterre, lors du traité de Paris en 1783, à toute réclamation sur le territoire situé au sud des grands Lacs, laissa libre la rive droite du Mississipi qui devait constituer la première étape de l'expansion américaine.

Cet évènement permet d'apprécier l'énorme progrès qui avait été accompli à cette date, dans

1. Avant d'embrasser la carrière militaire, Washington avait exercé la profession d'arpenteur-géomètre et passé quelques années de sa jeunesse à borner les terres de Lord Fairfax, dans l'ouest de la Virginie. Il avait conçu alors de vastes projets de colonisation et s'il n'eût pas été appelé à conduire les armées et la politique de sa patrie, il se fut probablement mis à la tête des pionniers de l'Ouest.

le sens de l'harmonie et de l'union. Les chartes primitives accordées par la couronne d'Angleterre, étaient loin de limiter d'une manière précise le terrain concédé ; celles du Massachusetts, du Connecticut, du New-York, des Carolines portaient la mention « Depuis l'Atlantique, à l'ouest, en ligne droite, jusqu'aux mers du sud » ; celle de la Virginie. « Toute la vallée du Mississipi, à l'ouest de la Pennsylvanie et du New-York » ; de sorte que ces Etats avaient sur d'immenses étendues de forêts, des prétentions rivales également justifiées et qui auraient pu donner lieu à d'interminables querelles. Sous la pression des principaux hommes politiques du congrès, ils cédèrent leurs droits au Gouvernement fédéral et les « Territoires du Nord-Ouest » devinrent la propriété de la nation. La possession d'un domaine commun a été, comme je l'ai dit, le principal lien entre les Etats et a constitué pour la République une sorte de soupape de sûreté (1).

La guerre soutenue pour l'indépendance et la liberté, la législation égalitaire que Jefferson avait fait adopter en Virginie, l'influence des « Niveleurs de l'Est » ainsi qu'on appelait souvent les Puritains, le courant d'idées nouvelles qui pendant cette époque agitée avait pénétré la nation, toutes ces causes semblent avoir produit

1. Le mot *Commonwealth* appliqué souvent aux Etats-Unis et à l'Australie signifie « richesse commune ».

dans les Etats du Sud, une régénérescence sociale aussi bien que politique. Les rapports entre les *Gentlemen* et un bon nombre de *Petits Blancs* avaient nécessairement changé de caractère, ils étaient devenus ceux d'officiers et de soldats ; le sentiment de la solidarité avait atténué l'exclusivisme de caste. L'ambition individuelle, le désir de se créer un patrimoine avait germé et s'était développé chez l'ancien *indented servant*, en même temps que les vastes espoirs entretenus pour la patrie commune qui faisaient le thème des discours des orateurs populaires. Le soldat du Sud ignorant, grossier, abruti par l'oisiveté avait appris au contact du soldat de l'Est, que le travail ne déshonore pas, que la supériorité ne consiste pas dans la naissance mais dans la possession du bien-être ou de la richesse et il s'était dit que, dans un territoire lointain, il pourrait se constituer un domaine et se refaire une identité. Une nouvelle sélection se fit ; dans la Virginie, le Maryland, les Carolines les chefs de famille, les planteurs ou petits propriétaires dont la fortune reposait sur des bases solides et les *Petits Blancs* incapables de tout effort énergique n'émigrèrent pas. Le reste de la population s'en alla dans l'Ouest. Ainsi dans la seule année 1784, il paraît que plus de 30.000 colons passèrent de la Virginie dans le Kentucky. Un bon nombre d'entre eux étaient des soldats. Lors du recensement de 1840, il fut constaté que 900 Kentuckiens âgés de

78 à 109 ans, recevaient encore une pension militaire (1).

Les soldats, ainsi que nous l'avons vu, avaient reçu lors de leur licenciement, une prime fort importante en argent, plus cent acres de terre. L'acquisition du terrain était, en outre, excessivement facile. Tout individu qui avait demeuré un an, antérieurement au mois de mars 1780, dans un des territoires dépendant de la Virginie se trouvait propriétaire de 400 acres de terre et avait un droit de préemption sur mille acres attenant à son domaine. A partir de 1780, ce droit d'occupation et de préemption fut remplacé par l'achat direct du gouvernement fédéral. Le colon payait les frais d'arpentage, une somme insignifiante au Trésor, et n'avait qu'une simple formalité à remplir, faire inscrire sa propriété au *Bureau des terres publiques*. Souvent il mesurait lui-même le terrain et en indiquait les bornes, en gravant ses initiales sur l'écorce des arbres. Ces bornes étaient généralement respectées. Cependant, comme aucun plan ou cadastre des territoires nouveaux n'existait encore, les désignations inscrites au *Bureau des terres* étaient nécessairement très vagues et il arrivait que la propriété de cent acres d'un pauvre colon, se trouvait enclavée dans celle de cent mille acres d'un spécu-

1. N. S. Shaler. *History of Kentucky*, p. 21 (Boston, 1888).

lateur. De là un grand nombre de longs et coûteux procès.

Dans la région de l'Ohio qui forma le premier domaine fédéral et qui comprend aujourd'hui les Etats de l'Ohio, de l'Illinois et de l'Indiana, les terres furent distribuées de la même manière.

Un tableau comparatif de l'augmentation de la population dans les différents Etats et territoires, pour la décade 1790-1800, nous indique à peu près en quelles proportions se fit l'exode des anciennes colonies vers les régions nouvelles ouvertes à la colonisation.

	En 1790	En 1800
Population du Massachusetts....	378.787	422.845
— Connecticut......	237.946	251.002
— District du Maine.	96.540	151.719
— New-Hampshire..	141.885	183.858
— Rhode-Island.....	68.825	69.122
— Vermont	85.425	154.465
— New-York.......	340.120	589.051
— Delaware........	59.096	64.273
— New-Jersey.... .	184.139	211.149
— Pennsylvanie. ..	431.373	602.365
— Virginie........ ...	747.610	880.200
— Maryland........	319.728	341.548
— des deux Carolines	642.824	823.694
— Géorgie..........	82.548	162.686
— Kentucky........	73.677	220.955
— Tennessee.......	35.691	105.602
— Ohio.....................		45.365
— District de Colombia........		14.093
— Territoire de l'Indiana.......		5.641
— Mississipi...................		8.850
	3.929.214	5.308.483

En déduisant de la population totale de l'Union en 1800, le chiffre de l'immigration étrangère qui, pendant cette décade n'aurait été, paraît-il, que de 15.000 personnes par année, nous nous trouvons avec une augmentation moyenne d'environ 31/100.

Dans la Nouvelle-Angleterre le Massachusetts, le Rhode-Island, le Connecticut aux terres peu fertiles restent au-dessous de la moyenne, le New-Hampshire, état essentiellement agricole l'atteint presque et le district du Maine la dépasse.

Le Vermont qui avoisine la frontière du Canada était un Etat de fondation récente. Pendant la guerre avec les Canadiens, les soldats des provinces de l'Est qui y avaient des avant-postes avaient été frappés par la richesse du sol, la beauté du paysage et à partir de 1760 s'y étaient établis en nombre considérable ; les terres leur étant concédées simultanément par le New-York et le New-Hampshire qui affirmaient sur ce territoire des prétentions rivales et qui s'en disputèrent la possession pendant près de trente ans. Vers 1775, un nommé Allen se constitua le chef du pays et convoqua une assemblée de représentants laquelle se mit à concéder également des terres et à édicter des lois, sans aucune connexion avec le Congrès. Les habitants avaient d'abord été connus sous le nom de *Green-Mountain boys* (Enfants des montagnes vertes); plus tard ils avaient traduit ce nom en français, Vert

Mont ou *Vermont* (1): Le Vermont accepta la constitution des Etats-Unis et fut admis, comme Etat, dans l'union, malgré l'opposition du New-Hampshire et du New-York, en 1791, à peu près vers le même temps que le Kentucky. Tous ses colons lui vinrent des autres Etats de la Nouvelle-Angleterre.

L'augmentation de la population a été marquée, pendant cette décade, dans la Pennsylvanie et le New-York où se concentrent surtout, alors, la vie publique et l'activité politique. Les Puritains, en nombre considérable, se sont établis au cours des trente années qui ont suivi la guerre, à New-York et autour des grands lacs, entraînés par leurs goûts nautiques et prévoyant que c'était là que le commerce rapporterait les plus gros bénéfices. L'Ohio a été principalement colonisé par des Allemands venus de la Pennsylvanie. C'est la Virginie, le Maryland, et les Carolines qui ont fourni le plus grand nombre de Colons au Tennessee, à la Géorgie, au Kentucky, au district de Colombia et à l'Indiana. L'importation des Noirs comblait rapidement les vides qui se faisaient dans la population de ces Etats esclavagistes. De 1795 à 1804, d'après Bancroft, le nombre des Nègres transportés en Amérique par les seuls armateurs de Liverpool s'est élevé à 323.370.

1. Chastellux *op. cit.* Vol. 1er, p. 23.
R. E. Robinson *History of Vermont.*

Il est fort probable que les statisticiens qui n'ont évalué qu'à 15.000 par année, le nombre des immigrants étrangers, de 1784 à 1812, sont restés bien au-dessous de la vérité, car beaucoup d'Irlandais ont dû entrer aux États-Unis par la frontière du Canada. D'ailleurs pendant cette époque de réorganisation et d'instabilité, il a dû être à peu près impossible de tenir des registres exacts de l'immigration, même dans les ports de l'Atlantique, si seulement on a songé à tenir ces registres. Une preuve que l'afflux des étrangers a été considérable c'est qu'en 1794 une loi fut votée par le Congrès, portant à quatorze ans la durée de séjour nécessaire pour l'obtention de lettres de naturalisation. « Attendu que l'on redoutait l'influence néfaste que les émigrants des États corrompus et désordonnés de l'Europe exerceraient certainement sur la pureté et la simplicité du caractère américain ».

Or, on se rappelle qu'un peu avant la guerre, l'immigration annuelle d'Allemagne et d'Irlande dans le seul État de la Pennsylvanie avait dépassé vingt mille âmes, sans que l'on songeât à s'en préoccuper.

« Sans l'émigration étrangère, dit MacMaster relativement à cette décade, les villes de l'Atlantique n'auraient plus été bientôt qu'un désert ».

La population des anciennes provinces, en somme, n'était pas très considérable si l'on tient compte de la superficie du territoire occupé ; elle s'est doublée depuis lors dans les campagnes et s'est décuplée et quelquefois centuplée dans les villes ; mais il résultait de la difficulté des communications que seules étaient considérées comme avantageuses, les propriétés situées à proximité des voies fluviales ou des routes carrossables. D'un autre côté, une bonne partie des terres même fertiles se trouvaient fatiguées, épuisées par un siècle de culture uniforme, le seigle et l'orge dans l'Est, le maïs, le tabac et le riz dans le Sud.

II

Et voilà maintenant qu'un type d'homme nouveau se lève à l'horizon de la République, l'homme de l'Ouest. Pendant la période coloniale, sous l'empire de la discipline religieuse et des lois rigides, les convicts du Maryland et de la Virginie, les anciens soldats mercenaires, les Irlandais bruyants et aventureux ont été comprimés par l'austérité ambiante, retenus dans l'ordre et la légalité. Dégagés désormais de toute entrave, ils vont reprendre la liberté de leur allure et leur tempérament va se donner libre jeu.

Dans la Nouvelle-Angleterre, les quelques éléments turbulents dont la guerre a révélé l'existence, les assoiffés de fortune rapide, tous ceux qui se sentent mal à l'aise sous la surveillance des *committee men*, tous ceux que la modicité de leur patrimoine ne satisfait pas s'en vont vers les territoires nouveaux. Il semble que l'on pourrait rééditer en la modifiant la parole de ce pasteur des premières années des colonies que j'ai déjà citée : « Dieu a passé au tamis tout un peuple, afin de *laisser* un grain de choix dans ces Etats ». La population de la Nouvelle-Angleterre reste sobre et religieuse, ainsi que la trouveront plus tard Hamilton, Tocqueville et tous les voyageurs qui l'ont visitée jusque vers le milieu de ce siècle.

Une partie non négligeable des colons de l'Ouest, mais évidemment moins considérable que ne l'ont affirmé certains auteurs, se composait de débiteurs désireux d'échapper à leurs créanciers, de gens ayant eu maille à partir avec la justice dans les anciennes provinces ou en Europe, et qui dans ces pays-frontières, se trouvaient en sécurité, de vagabonds, de criminels de tous genres et même d'assassins. Un peuple colonise toujours, a-t-on dit, par ses éléments les moins soumis aux lois, les plus turbulents, les plus aventureux, les plus énergiques.

．.

L'anarchie qui a régné un peu partout immédiatement après la guerre, se perpétue dans les territoires nouveaux, alors que depuis longtemps l'ordre a été rétabli dans les anciennes provinces. Si la Nouvelle-France a été conquise, les Indiens n'ont pas encore enterré la hache de guerre ; se voyant envahir et repousser sans cesse par la civilisation, ils ne veulent pas être dépossédés sans résistance et dans la région de l'Ohio, le Kentucky et le Tennessee ils harcèlent les colons, et dévastent leurs établissements. Comme je l'ai dit plus haut, ils sont poussés aux hostilités par les Anglais qui leur fournissent des armes.

L'Amérique n'avait pas alors cet agencement formidable et régulier qu'est l'administration des grands Etats européens, elle ne l'a pas encore. Les terres de l'Ouest s'établissent au hasard des bonnes volontés et des initiatives individuelles ; les colons quels qu'aient été leurs antécédents, sont tous des propriétaires que leur intérêt porte à défendre les droits de la propriété ; il y a d'ailleurs dans l'âme de chacun d'eux une certaine loyauté, un sentiment de *Fair Play* qui se plie mal peut-être aux formes bureaucratiques, mais qui suffit aux besoins des pays neufs. Tous sont des forts, des vaillants, des hommes de lutte. Le faible n'a rien à faire là et il n'y va pas. L'idéal de ces rudes pionniers est rudimentaire ; ils aiment la vie pour elle-même, la vie toute physique, toute brutale ; ils ont le goût de la violence, et des grands déploiements de force ; ils sont rusés et défiants. Fenimore Cooper qui a si bien décrit la vie de la forêt nous montre deux chasseurs se rencontrant dans le désert et s'approchant l'un de l'autre « à peu près avec la prudence et la circonspection de deux navires qui s'approchent dans une mer qu'ils savent être infestée par des pirates ». Ils n'émigrent plus comme autrefois, avec leurs pasteurs et ne se groupent plus autour d'une église ; la religion occupe peu de place dans leur esprit.

On sait qu'à cette époque, les pasteurs qui avant la guerre étaient généralement envoyés d'Angleterre, manquaient dans les anciennes colonies du Sud.

La vie est différente cependant dans les nouveaux territoires, en raison des éléments différents de population qui s'y donnent rendez-vous. Dans la région de l'Ohio que peuplent surtout des colons d'origine allemande venus de la Pennsylvanie, du Delaware, du New-Jersey avec certains contingents de la Nouvelle-Angleterre, elle est fiévreuse, active, intéressée, mais peu bruyante ; l'ordre s'y établit de suite, tout naturellement, des gouvernements locaux sont rapidement constitués, des prédicants y viennent presque immédiatement grouper des congrégations. Ces établissements qui seront bientôt prospères et florissants n'ont pas d'histoire. Les colons s'y rendent généralement en nombre. On voit passer à travers la Pennsylvanie et le New-York, des caravanes de deux ou trois cents personnes, hommes femmes et enfants, conduisant des troupeaux de vaches et de moutons, suivant de lourds chariots à quatre chevaux, recouverts de toile et chargés de meubles grossiers et d'instruments d'agriculture. Les voyages durent quelquefois jusqu'à deux mois. Arrivés à l'endroit qui leur a été désigné, ils choisissent le terrain qui leur convient le mieux et comme les Germains de Tacite, *Colunt discreti ac diversi, ut fons, ut campus, ut nemus placuit.*

Mais en même temps, la spéculation fait rage, les agents d'affaires et les hommes de loi sont là souvent pour prélever leur tribut sur le travail des courageux pionniers, entraîner les naïfs et les confiants dans l'enchevêtrement de procédures coûteuses et profiter par tous les moyens, de l'absence d'un gouvernement régulier. Ils enlèvent à cette vie primitive ce qu'elle pourrait avoir d'idyllique et de patriarcal.

Ajoutons cependant que ce sont ces spéculateurs qui attirent dans l'Ouest, le flot de l'émigration ; ce sont eux qui publient et distribuent des prospectus alléchants décrivant comme des Eden les régions à coloniser, qui indiquent les routes à suivre et les moyens de communication. Tant pis pour les victimes ! Il en sera ainsi d'ailleurs tout le long de l'histoire américaine.

Faeron (1) qui visite l'Illinois en 1818, divise

1. *Sketches of America*, p. 300.

la population de cet Etat en quatre catégories : 1°
Les Indiens ; 2° Des pionniers demi-civilisés, demi-
sauvages ; 3° Un « amalgame » de spéculateurs
en terrains, d'avocats, de docteurs et de cultivateurs fondant des établissements et s'engageant
dans toutes sortes de spéculations ; 4° un certain
nombre d'anciens colons français possédant de
vastes propriétés et vivant dans l'aisance et le
confort ».

Lors du traité de 1783, il y avait dans la vallée
du Mississipi et à Détroit, un peu plus de 12.000
catholiques canadiens-français.

∴

Dans les territoires peuplés par les gens du Sud,
la Géorgie, le Tennessee, le Kentucky, la vie avait
un caractère tout différent; les *Petits Blancs* du
Maryland, de la Virginie et des Carolines y avaient
introduit leurs habitudes; ils jouaient aux cartes,
buvaient, pariaient, faisaient battre des coqs et se
querellaient. Une pratique qui consistait à arra-
cher dextrement un œil à son adversaire (Gauging)
était très en honneur.

« Chaque fier-à-bras, (bully) (1) laissait dans
ce but croître d'une façon démesurée, l'ongle de
son pouce ou de son index, et lorsqu'il avait
renversé son adversaire, il ne manquait pas de
lui faire cette opération, à moins que celui-ci ne

1. MacMaster, *op. cit.* vol. II, *passim.*

criât Grâce ! ou Assez ! Si le *Gauger* n'arrachait un œil qu'à un seul individu, il était puni, lorsqu'on l'arrêtait, de quelques heures de pilori et de quelques coups de fouet ; s'il récidivait la loi déclarait qu'on pouvait le mettre à mort. Cependant la pratique en question fut longtemps en faveur et s'étendit au nord jusqu'à la frontière du Maryland.

Lorsqu'un étranger arrivait dans l'un de ces endroits pour s'y fixer, on lui construisait une hutte et cette construction devenait une occasion de sport. Une fois que les arbres étaient abattus, quatre hommes étaient choisis pour assortir et empiler les pièces de bois brut qui constituaient cette habitation primitive et pendant qu'ils travaillaient, les autres s'amusaient à courir, à lutter, à jouer au cheval fondu, à lancer les chapeaux en l'air à coups de pieds, à jouer aux cartes, à boire, à *gauger* et à tout ce qu'alors on considérait comme un amusement. Un *Kentue* dans ce temps-là, avait la même réputation que de nos jours un *cow boy*. Le vice et le désordre régnaient en maître. »

Le peuple est naturellement féroce sans doute, le fond de la nature humaine est barbare. La vie idyllique des hameaux paisibles où cependant l'instruction n'a pas pénétré, est la résultante des préceptes religieux, de la pression des lois qui a imposé des habitudes pacifiques ; mais laissez l'homme en toute liberté, sans tribunaux, sans églises, dans un milieu d'excitation et bientôt se réveillera en lui, l'âme cruelle qui est celle des foules ignorantes.

III

C'est en 1800 qu'eurent lieu les premiers *Revivals* ou manifestations hystériques produites par la crainte religieuse. La plupart de ces colons aventureux, d'esprit naïf, et sans aucune culture étaient issus de gens essentiellement religieux. Catholiques irlandais, baptistes, antinomiens forcés par l'intolérance à dissimuler leur foi, ou n'ayant pas d'églises ni de pasteurs, ils s'étaient laissés pousser dans ce qu'ils appelaient la voie de la perdition, mais ils avaient conservé au fonds de leur âme la croyance en un Etre suprême et surtout en des châtiments terribles après la mort.

Des scènes semblables à celles qui avaient accompagné en Angleterre l'établissement de la religion réformée et l'éclosion des sectes persécutées, se produisirent, revêtant un caractère plus exagéré en raison du milieu qu'elles avaient pour cadre.

Deux prédicants, deux frères, s'étaient rendus sur les bords de l'Ohio dans l'espoir de convertir ces « infidèles ». Ils s'arrêtèrent à un endroit appelé Red River et on leur permit d'y prêcher (1). Peu à peu pendant qu'ils parlaient, leurs auditeurs profondément émus fondirent en larmes, puis tout à coup, une femme, en arrière de la foule assemblée, se mit à pousser des cris déchirants. Les orateurs ne s'interrompirent pas et alors la terreur devint contagieuse ; les appels de ces malheureux à la miséricorde divine étaient terribles à entendre. Quelques-uns croyaient au pardon, mais d'autres s'en retournaient « blessés spirituellement » et souffrant d'une indicible agonie de l'âme. La contagion se répandit, des protestants de toutes les sectes se joignirent au mouvement et sans plus se soucier de leurs intérêts matériels, sans songer à rentrer leurs récoltes ou à défricher leurs terres, se rendirent aux *camp-meetings*. Et alors, ce ne furent plus seulement les prédicants qui implorèrent la miséricorde divine et prêchèrent la parole du salut ; les hommes, les femmes, les enfants se joignirent à eux ; on vit des enfants de huit, dix et douze ans prêchant avec enthousiasme jusqu'au moment où ils s'affaissaient sur le sol.

La scène avait un caractère à la fois étrange et pittoresque ; c'était dans la forêt au milieu de tentes, de chariots, de feux de campement, l'écho de cris sauvages et de lamentations. Un grand nombre des assistants tombaient par terre d'épuisement, les femmes surtout, alors on les emportait

1. MacMaster, *op. cit.* vol. II, p. 580-82.

hors de la foule, on les couchait sous un arbre ou elles restaient longtemps étendues en poussant de profonds soupirs. A un seul de ces *camp-meetings* à Cane-Ridge, trois mille personnes étaient ainsi tombées. On avait compté 1145 chariots dans un rayon de quelques milles sur les divers chemins qui y conduisaient. Par moments on voyait des individus qui s'enfuyaient dans la forêt en s'écriant : Je suis perdu ! perdu ! perdu !; puis c'étaient des crises d'hystérie, des contorsions étranges ; les uns éclataient d'un rire nerveux, irrépressible, qu'on appelait le « rire sacré » (Holy laugh) d'autres avaient des visions, des hallucinations ; certains s'abandonnaient à des accès de désespoir ou à des élans d'enthousiasme.

Dans les autres Etats on fut heureux de ces *revivals* et l'on constata avec satisfaction, que les populations « d'infidèles » revenaient à Dieu.

Des *revivals* ont eu lieu aux Etats-Unis depuis lors, à époques, périodiques presque chaque année, et sont devenus l'une des manifestations particulières de l'âme américaine.

IV

Dans les territoires nouveaux, cependant, le calme et l'ordre s'établissent à mesure que s'accroit le nombre des citoyens intéressés au maintien de la légalité ; les territoires n'acquièrent le rang d'État que lorsqu'ils ont donné des preuves de leur aptitude à la vie politique.

Partout les politiciens sont nombreux, bruyants et rusés ; on rencontre beaucoup d'orateurs parmi ces rudes défricheurs et les chroniqueurs nous ont conservé de plusieurs d'entre eux des harangues semées de tours heureux, d'expressions colorées et pleines d'une rudesse où se manifeste, dans toute sa saveur, l'âme populaire.

L'ivrognerie sévit dans tout l'Ouest et particulièrement dans le Kentucky et le Tennessee ; Tocqueville constate vers 1830, que la plupart des crimes aux Etats-Unis sont causés par l'abus des liqueurs fortes. L'évêque Ashbury faisant, dans son journal, l'éloge d'un des principaux pionniers du Tennessee, David Ramsey, mentionne avec admiration sa sobriété. « Chose remarquable, dit-il, il a bâti sa maison et il rentre ses récoltes sans l'aide du whisky (1) ».

Il se trouve dans chaque région où s'étend la colonisation quelques figures dominantes, quelques hommes autour desquels se groupent toutes les bonnes volontés. Dans le Tennessee, c'est un descendant de huguenot, Jean Xavier (John Sevier). Il fut le premier organisateur et le premier président de la première convention du Tennessee. C'était un homme instruit, ardent, d'une bra-

1. *Bishop Ashbury's Journal.*

voure incomparable et réunissant toutes les qualités qui devaient gagner la confiance de la classe
de citoyens dont cet Etat fut originairement peuplé. En un moment de grande crise, il sut rétablir l'ordre dans la confusion, fonder un gouvernement vigoureux, faire régner une stricte justice et par sa promptitude et sa décision, sauver le
pays des horreurs d'une guerre contre les Indiens.
« Jean Xavier est la figure la plus remarquable de
l'histoire du Tennessee, dit James Phelan, c'est
le soldat et l'homme politique le plus éminent que
cet Etat ait produit (1) ».

Dans le Kentucky, c'est Daniel Boon, (le colonel Boon) personnage légendaire, épris de la
nature sauvage qui, après avoir habité ce territoire, alors qu'il était encore inexploré et y avoir
demeuré pendant trente ans, le quitte à l'âge de
quatre-vingt-douze ans, pour aller chercher 300
milles plus loin, des terres inhabitées.

La plupart des hommes qui ont joué un rôle
important dans les nouveaux pays ouverts à la
colonisation sont des *colonels* et les chroniqueurs
mentionnent parmi les principaux pionniers fort
peu de noms qui ne soient précédés de ce
titre.

**

Par l'achat de la Louisiane en 1803, la Répu

1. James Phelan. *History of Tennessee*, p. 71.

blique américaine étendit sa domination sur un immense territoire à l'ouest du Mississipi ; puis en moins d'un demi-siècle, par voie de conquête ou d'achat planta son drapeau aux bords de l'Océan Pacifique ; les États anciens fournissant les cadres de leur population aux territoires nouveaux où affluait l'émigration européenne. Les colons du Kentucky et du Tennessee établirent le Mississipi et le Missouri ; le Missouri envoya des habitants au Nebraska et au Kansas ; l'Illinois colonisa le Wisconsin ; l'Ohio essaima dans le Michigan et ainsi de l'Est au *far west* s'établit un lien de filiation dont fut consolidée l'Union. Et ce sont toujours les plus forts, les plus intrépides, les plus aventureux qui ont poussé la conquête vers l'Ouest ; les caractères se sont trempés à l'école de l'action ; les nécessités multiples et variées de la tâche imposée ont porté à son maximum de rendement la valeur individuelle de chaque pionnier La plupart des nouveaux territoires ont eu leurs *desperados*, leurs *out laws*, leurs *bullies*, leurs *cow boys*. A certains moments tous ont reconnu l'autorité du *Juge Lynch*.

Certains Etats ont été, plus particulièrement, le refuge de mécréants de toutes sortes comme la Californie et le Texas. Un des historiens de ce dernier Etat (1) raconte qu'il s'y est trouvé à table, un jour, avec quatre meurtriers, et qu'un gentle-

1. *Visit to Texas The journal of a Traveller*, p. 214.

man lui a affirmé avoir déjeuné lui-même avec onze. Ils ne s'en cachaient pas généralement dit cet auteur, mais ils expliquaient et plaidaient les circonstances atténuantes. D'ailleurs ces meurtriers devenus propriétaires étaient de fermes soutiens de la loi. Un des personnages de Cooper (1) a qui on a volé des chevaux explique assez bien cet état d'âme : « Vieillard, dit-il, je suis venu dans cette contrée parce que la loi me serrait de trop près et que je n'aime pas à avoir des voisins qui ne sauraient arranger une querelle sans fatiguer un juge et douze autres hommes ; mais je ne suis pas venu pour me voir enlever mon bien et dire ensuite merci à l'homme qui me l'a pris. —Celui qui s'aventure si avant dans les prairies, reprend le vieillard, doit se faire aux manières de ceux qui en sont les maîtres.

—Les maîtres ! répéta l'émigrant avec humeur, j'ai des droits tout aussi légitimes à la terre sur laquelle je marche qu'aucun des gouverneurs des Etats ».

1. *La Prairie*, p. 71.

LE XIXe SIÈCLE

*Caractère général de l'histoire de la République. —
Achat de la Louisiane. — II. Guerre de 1812. Achat de
la Floride. La doctrine Monroe. — III. Guerre du Mexique. — IV. Guerre de sécession. — V. Le Sud après
la guerre. — VI. Guerre de Cuba. Annexion des îles
Hawaï. — VII. Expéditions contre les Mormons et
contre les Indiens. Scandales financiers, émeutes, etc.*

« Le général Jackson que les Américains ont choisi deux
« fois pour le placer à leur tête, est un homme d'un
« caractère violent et d'une capacité moyenne... Qui donc
« l'a placé sur le siège du Président et l'y maintient
« encore? Le souvenir d'une victoire remportée par lui,
« il y a vingt ans, sous les murs de la Nouvelle-Orléans.
« Or, cette victoire de la Nouvelle-Orléans est un fait
« d'armes fort ordinaire dont on ne saurait s'occuper
« longtemps que dans un pays où l'on ne donne pas de
« batailles ; et le peuple qui se laisse ainsi entraîner par
« le prestige de la gloire est, à coup sûr, le plus froid,
« le plus calculateur, le moins militaire et, si je puis
« m'exprimer ainsi, le plus prosaïque de tous les peu-
« ples du monde ».

(Tocqueville *De la Démocratie en Amérique*, tome 1er,
). 335 (1835).

Notre conception de ce qui constitue le domaine
le l'histoire s'est profondément modifiée depuis

un siècle, au fur et à mesure des conquêtes de l'idée démocratique.

Les chroniqueurs du passé ne nous ont guère raconté que les faits et gestes des monarques, les chocs des armées, les changements de décors aux façades des grands édifices nationaux. Cela a cessé de nous suffire et de plus en plus nombreux sont aujourd'hui ceux qui retournent dans ce passé, lui demander quelle a été la vie des humbles, quels idéaux les peuples ont caressés, de quels espoirs ils se sont nourris, de quels maux ils ont souffert.

Je veux dans ce chapitre, cependant, m'en tenir à la conception ancienne et ne considérer dans l'histoire des Etats-Unis, au cours des cent dernières années, que les faits concrets et généraux qui ont arrêté l'attention du monde, les évènements qu'a commentés la presse européenne, ceux qui ont eu leur répercussion sur l'équilibre international.

L'histoire des Etats-Unis n'est pas l'œuvre raisonnée, concertée, déduite de diplomates et d'hommes politiques toujours sur la brèche, se constituant des alliances; s'assurant des neutralités, étudiant les courants d'opinion des pays rivaux, cherchant les points faibles de leur défense, les défectuosités de leur organisation militaire. Les Etats-Unis n'ont pas eu de souverains rêvant d'inscrire aux fastes de l'humanité, des noms de conquérants et d'échaffauder leur gloire sur l'oppression de peuples voisins ou la conquête de régions lointaines. Les enfants de ce pays n'ont pas appris dans leurs livres scolaires qu'il y a de la grandeur à changer, contre leur gré, l'allégeance de populations vivant sous un drapeau étranger ou à asservir des nations indépendantes. D'ailleurs l'alternance au pouvoir de partis qui se croient tenus de professer sur toutes choses, des opinions différentes ou contraires, ne favorise pas la perpétuation d'ambitions de conquêtes ou de projets de domination.

Les guerres de la République ont marqué des étapes importantes dans son existence, mais elles n'ont guère été que des accidents de croissance, des malaises passagers dans le fonctionnement d'un puissant organisme. Presque toutes ont coïncidé avec une éclipse momentanée de la conscience nationale, toutes ont été suivies d'une recrudescence de vigueur et d'énergie, d'une forte poussée vers la colonisation, d'une ère de grande prospérité économique.

L'histoire des provinces anglaises pendant la période coloniale a été un processus ininterrompu d'unification ; tous les faits qui ne sont pas d'intérêt purement local : les incursions des Indiens, les guerres avec la Nouvelle-France, la conquête de la Nouvelle-Hollande, la conquête des possessions françaises d'Amérique, ont conduit directement ou indirectement à ce résultat. L'histoire de la République américaine a été un processus ininterrompu d'agrandissement et d'expansion.

Plus qu'aucun autre homme d'Etat de son temps, Jefferson avait prévu la croissance rapide de l'Union ; il lui avait délimité, en quelque sorte, la sphère d'expansion à remplir.

La conquête de Cuba, cependant, lui avait paru beaucoup plus prochaine qu'elle ne l'a été. « Bien qu'avec difficulté probablement, écrivait-il, Bonaparte consentira à ce que nous recevions Cuba dans notre Union... Je ferais ériger immédiatement une colonne à l'extrême limite sud de l'ile et j'y inscrirais : « *Nec plus ultra* pour nous dans cette direction. Il faudrait ensuite faire entrer le Nord dans notre confédération... Nous aurions alors un pays de liberté comme il n'en a jamais existé, depuis la création. Je suis persuadé qu'aucune constitution ne se prête aussi bien que la nôtre, à un vaste empire et au *self government* ».

Il commença, lui-même, l'exécution de son programme, en négociant en 1803 avec le gouvernement de Napoléon, et cela un peu contre le gré et à l'insu de ses amis du Congrès, l'achat de la Louisiane, moyennant une somme de quatre vingt millions de francs.

C'est dans les termes suivants que furent établis en 1811, les droits et les libertés du nouvel Etat et cette formule indique la base sur laquelle se fera, à l'avenir, l'expansion territoriale de la République.

« La constitution de l'Etat devra être de forme républicaine, devra contenir les principes fondamentaux de la liberté civile et religieuse, assurer à chaque citoyen le procès par jury dans toutes les causes criminelles et le privilège de l'*Habeas Corpus*.

La Louisiane fut d'abord fort mal administrée, fort mal gouvernée ; la tyrannie et l'arbitraire pendant quelque temps y régnèrent en maîtres. Il semblait qu'une partie des éléments les plus fanatiques des anciens Etats se fussent donnés rendez-vous sur les bords du Mississipi. On chercha même à abolir la langue française, mais on n'y réussit pas et elle s'est maintenue comme langue officielle, concurremment avec l'anglais, jusqu'à l'année dernière (1898) (1).

1. La langue française a été abolie par la législature de la Louisiane, le 12 mai 1898, sans opposition, attendu que la grande majorité de la population de l'Etat est de langue anglaise et ne comprend pas le français. Voici les articles de la constitution qui se rapportent à cette abrogation :

Art. 165. Les lois seront promulguées, les documents publics seront conservés, les procédures judiciaires et législatives seront conduites en langue anglaise, mais l'Assemblée générale pourra pourvoir à ce que la publication des lois soit aussi faite en français et à ce que les avis judiciaires soient également publiés en cette langue, dans certaines villes et paroisses désignées.

Art. 251. L'instruction dans les écoles publiques sera

II

La guerre de 1812 contre l'Angleterre, eut des causes diverses : l'ivresse de la force juvénile et du succès qui rend les peuples comme les individus, audacieux et confiants ; la volonté bien arrêtée chez les Américains, de sauvegarder leur indépendance absolue et d'assurer la liberté de leur commerce ; mais avant tout, leur désir de tirer vengeance des griefs nombreux accumulés depuis le traité de 1783, contre l'ancienne métropole.

La Nouvelle-Angleterre dont les côtes étaient plus exposées aux déprédations des navires anglais que tout le reste de l'Union, s'opposa aux hostilités, prétendant que cette guerre était la guerre d'un parti et n'était pas désirée par la nation (1). Certaines sociétés, à Boston et ailleurs, soulevèrent la question religieuse, on alla même jusqu'à parler de sécession ; les habitants du Massachusetts, du Connecticut et du Rhode-Island refusè-

donnée en langue anglaise, mais le français pourra être enseigné dans les paroisses et les localités où cette langue prédomine, pourvu que cela n'entraîne aucun surcroît de dépenses.

1. H. Clay l'un des principaux hommes politiques de l'Union à cette époque, affirme que les neuf dixièmes de la population étaient favorables à la guerre.

rent d'envoyer les milices et de voter les subsides demandés par le Congrès. Ils avaient, il est
vrai, un moyen plus sûr de se venger des Anglais :
c'était de les frapper dans leur commerce et leur
industrie ; effectivement ils se mirent à construire
des manufactures et à fabriquer du coton ; ces
Etats qui jusqu'à cette époque avaient été exclusivement agricoles, devinrent en peu d'années
presqu'exclusivement industriels.

La guerre de 1812 a affirmé d'une manière dé-
cisive aux yeux des peuples de l'Europe l'existence
de la République et lui a constitué, pour ainsi dire,
son état civil ; car elle a été conduite par les seuls
enfants du sol, sans aucun secours d'une puissance amie, et menée à bonne fin. Elle ne fut signalée par aucun fait d'armes remarquable, cependant les navires des Etats-Unis repoussèrent
la flotte anglaise et leurs troupes de terre battirent les troupes d'Albion, dans presque toutes
les rencontres.

A cette époque disparaissent les derniers *tories* et les dernières velléités de retour à l'Angleterre ; le mot *tory* lui-même est rayé du vocabulaire politique et les partis se reforment sous
des dénominations nouvelles d'où toute trace de
l'ancienne allégeance est effacée.

L'expansion territoriale se continua par l'acquisition de la Floride qui fut achetée aux Espagnols en 1820, et assura à l'Union la possession de tout le littoral de l'Atlantique, depuis la baie de Fondy jusqu'au golfe du Mexique.

C'est le 2 décembre 1823 que fut énoncée la doctrine dite « Monroe », dans le septième message annuel du président de ce nom. Cette déclaration qui constitue une date importante dans l'histoire politique de la nation, expose que « Les Etats-Unis n'ont pas à intervenir et n'interviendront jamais dans les guerres des puissances européennes dont ils suivent cependant avec un grand intérêt la vie politique ; Que les Etats-Unis considèreront toute tentative d'une puissance européenne pour étendre sa domination sur une partie quelconque du continent américain, comme dangereuse pour la paix et la sécurité des habitants de la République ; Que les Etats-Unis n'interviendront pas dans les rapports des puissances européennes avec les colonies qu'elles possèdent actuellement sur ce continent, mais qu'ils considèreraient comme une manifestation d'hostilité envers eux, tout acte ayant pour but d'opprimer celles de ces colonies qui ont déclaré leur indépendance, l'ont maintenue et ont été reconnues comme Etats indépendants par les Etats-Unis. »

III

La guerre du Mexique injuste dans ses causes et déplorable dans ses résultats immédiats, a été un de ces accidents de croissance dont j'ai parlé plus haut. Le Texas qui forme aujourd'hui l'un des Etats les plus vastes et les plus populeux de l'Union, était vers 1820, une province mexicaine à peine habitée et dont les terres avaient été concédées par le gouvernement de la République du Mexique, à un certain nombre d'*empresarios* ou fondateurs de colonies. Ces *empresarios* se nommaient Austin, Brazo, Baxar, Zavalla, Whelin, Burnett, de Leon, Felisola, Milam, De Witt, Powers, MacMullen, Cameron, Vehlein, Woodbury, etc., la plupart, ainsi que les noms l'indiquent, étaient Américains. Le plus influent d'entre eux, Moses Austin, originaire du Connecticut, avait obtenu de la couronne d'Espagne, en 1819, une concession considérable de terrain, sous le fallacieux prétexte que les catholiques étaient persécutés aux Etats-Unis et qu'il voulait leur ouvrir un refuge. En 1821, le Mexique s'étant déclaré indépendant, le gouvernement républicain qu'il se donna confirma l'allocation royale. Un grand nombre d'aventuriers américains qui avaient déjà fait plusieurs tentatives d'établissement à main armée

dans la province, mais sans succès, usèrent alors
de ruse et y entrèrent à la suite d'Austin. Ce dernier fut le seul qui observa les conditions de son
contrat èt fit venir dans le pays, le nombre de colons
qu'il était tenu d'y établir, des Irlandais pour la plupart. Les autres ne songèrent qu'à la spéculation,
sans plus se soucier des engagements qu'ils avaient
contractés. L'un des historiens de la colonie,
D. B. Edwards (1), classifie de la manière suivante les premiers habitants du Texas: « Des
jeunes gens chargés d'une famille nombreuse et
qui croient pouvoir assurer là leur avenir; des
débiteurs qui veulent échapper à leurs créanciers ;
des paresseux qui espèrent y trouver une hospitalité facile, car dans ces solitudes leur société
sera généralement agréable et parfois utile ; des
gens qui ont eu maille à partir avec la justice de
leur pays ; enfin, des individus qui vont demander
des concessions à un gouvernement, bien décidés
à faire passer, s'il est possible, *pugnis et calcibus*,
les terrains qui leur seront concédés sous l'autorité d'un autre gouvernement ».

Ces derniers étaient de beaucoup les plus nombreux. Le territoire connu alors sous le nom de
Texas pouvait former huit ou dix Etats de la
grandeur du Massachusetts ; la terre en était fertile, propice à la culture du coton et de la canne
à sucre et les spéculateurs du Sud qui s'y étaient

1. *History of Texas*, (Cincinnati, 1836).

introduits n'avaient en vue que d'y créer un marché à esclaves, et d'y fomenter le trouble et le désordre, jusqu'au jour où ils pourraient en déposséder le Mexique (1).

Or, un décret de la République mexicaine, en date du 13 juillet 1824, avait prohibé l'importation des Africains. La constitution adoptée à Mexico, le 11 mars 1827, avait décidé qu'aucun individu désormais ne naîtrait esclave sur le territoire de la République. Enfin, en 1829, le président Guerrero avait ordonné la libération de tous les Noirs. Le commerce de chair humaine n'en continua pas moins à y fleurir. On estime que la population du Texas, vers 1840, était déjà d'environ 100.000 âmes, dont 25.000 de race africaine.

Les citoyens américains établis dans la province avaient reçu des armes et des secours pécuniaires des planteurs du Sud, à partir de 1829 et enrôlé des volontaires dans différentes parties de l'Union ; quand ils se sentirent assez forts, ils se déclarèrent indépendants et réclamèrent leur annexion aux Etats-Unis. L'un des griefs qu'ils invoquaient contre les autorités mexicaines était que celles-ci persécutaient les protestants. Ce grief n'était pas mieux fondé que celui de la persécution des catholiques dans l'Union dont ils s'é-

1. H. Lee Child *The Thaking of Naboth's vineyard*, pp. 11 et suivantes, (New-York, 1845).

taient servis pour se faire donner des terres par le roi d'Espagne (1).

Les Etats du Nord comprenant bien lé but que poursuivaient les Sudistes et qui était d'étendre leur pouvoir, protestèrent contre l'annexion projetée ; plusieurs hommes politiques éminents de l'Union, entre autres Quincy, Webster, W. E. Channing s'y opposèrent, au nom de la justice et de l'humanité. L'illustre orateur irlandais, Daniel O' Connell, flétrit énergiquement au parlement anglais, les manœuvres des propriétaires d'esclaves. Le Mexique lui-même fit de son mieux pour réprimer la rébellion « La question du Texas, disait au parlement de Mexico M. Lopez de Santa-Anna, en comporte une autre qui intéresse l'humanité tout entière, celle de l'exclavage. Le Mexique qui a donné ce noble et magnanime exemple de renoncer à l'augmentation de sa richesse et d'abandonner même la culture de ses champs, afin qu'ils ne soient pas arrosés de la sueur, des larmes et du sang des pauvres Noirs d'Afrique, ne reculera pas et ses efforts pour recouvrer le territoire perdu seront bénis par

1. Bien que le préjugé catholique et le préjugé protestant aient été exploités par les spéculateurs, il semble que l'on professât au Texas des idées très larges en matière religieuse. « Ainsi vers 1824, raconte un voyageur, des centaines de protestants faisaient baptiser leurs enfants par des prêtres catholiques et se mariaient à l'église catholique ».
Visit to Texas. Journal of a Traveller. p. 210.

tous ceux qui croient aux droits imprescriptibles de la nature humaine ».

Les planteurs du Sud étaient presque unanimement favorables à l'annexion de la province mexicaine dont on comptait faire un Etat esclavagiste, et une réunion eut même lieu à Ashley, dans la Caroline du Sud, où il fut question de rompre l'Union fédérale, pour unir sous un même gouvernement tous les territoires où régnait l'esclavage y compris le Texas ; une forte opposition empêcha cette proposition d'être adoptée. Le bill d'annexion qui avait été précédemment repoussé au Sénat fut voté en 1845, avec les modifications imposées par cette assemblée.

Le Texas fut en conséquence annexé, l'armée américaine sous les ordres du général Taylor l'occupa militairement et s'empara de quelques autres territoires en dispute.

Ulysse Grant qui fut, plus tard, président des Etats-Unis parle dans ses *Mémoires* (1), de cette guerre à laquelle il prit part en qualité de simple lieutenant : « En général, dit-il, les officiers de l'armée étaient indifférents à la question de l'annexion mais pas tous. Pour ma part, j'étais absolument opposé à cette mesure et je regarde encore aujourd'hui la guerre qui en a été la conséquence, comme la plus injuste qui ait jamais été engagée par une nation forte contre une plus

1. *Personal Memoirs*, pages 53 et 68.

faible. Ainsi, l'on a pu voir une république suivant le déplorable exemple des monarchies européennes qui ne se préoccupent pas de la justice, lorsqu'elles désirent agrandir leurs territoires.... Nous avions été envoyés pour provoquer la guerre, seulement il était essentiel que le Mexique commençât. Le Congrès ne l'aurait probablement pas déclarée, mais si le Mexique attaquait nos troupes, le président pourrait alors décréter : Attendu que la guerre existe par le fait de, etc., etc.... et pousser les hostilités avec vigueur. Une fois la guerre commencée peu d'hommes publics auraient le courage de s'y opposer.... Le Mexique ne se montrant guère disposé à venir jusqu'à la rivière Nueces pour repousser les envahisseurs de son sol, il fallait que ceux-ci s'approchassent à une portée de fusil. »

Les Américains se fortifièrent donc sur le Rio-Grande et les Mexicains les attaquèrent. Un an et demi plus tard, en septembre 1847, l'armée d'invasion était maîtresse du Mexique. Et en 1848, était signé le traité de paix qui cédait aux Etats-Unis le Texas, le Nouveau-Mexique et la Californie. Pour ces deux derniers territoires, cependant, les Etats-Unis payèrent au Mexique quinze millions de dollars et se chargèrent des réclamations des citoyens américains qui avaient été ostensiblement, l'une des causes des hostilités.

Grant déclare cette guerre « la plus stupéfiante qu'on ait jamais vue ». Les officiers mexicains

n'avaient aucune expérience, leurs soldats étaient
engagés au hasard et désertaient quand ils étaient
fatigués de la vie des camps. Aussi le triomphe
des Américains fut-il excessivement facile ; cependant la nation crut devoir témoigner à ceux
auxquels elle le devait une grande reconnaissance.
« La guerre du Mexique fit trois candidats à la
présidence, les généraux Scott, Taylor et Pierce,
et un nombre incalculable d'aspirants à cette
haute fonction. Elle fit, en outre, des gouverneurs
d'Etats, des membres du cabinet, des représentants de l'Union à l'étranger et des hauts fonctionnaires dans la Confédération et dans les
Etats (1) ».

« La rébellion des Etats du Sud, dit encore
Grant, a été dans une grande mesure le résultat
de la guerre du Mexique ; les peuples comme les
individus sont punis de leurs prévarications. Nous
avons été punis par la guerre la plus ruineuse et
la plus sanguinaire des temps modernes ».

Quoi qu'il en soit des causes qui ont amené la
guerre du Mexique, la paix et la prospérité ont
été bientôt établies dans les pays conquis ; car le
drapeau américain porte dans ses plis, ces trois
éléments de succès : liberté, activité, richesse.
Sans doute, c'est le droit du plus fort qu'a affirmé
alors la République ; mais si elle a suivi en cela
l'exemple du Vieux-Monde, elle lui a donné,

1. Grant. *Personal Memoirs*, p. 174.

en revanche, une excellente leçon d'administration intérieure et de bon gouvernement.

IV

L'Union atteint maintenant sa limite d'extension vers l'Ouest, elle occupe tout le territoire
compris entre les deux Océans et s'appuie au sud
sur des frontières qui semblent avoir été tracées
par la nature elle-même, le Golfe du Mexique et
le Rio-Grande. Restent au nord l'Amérique russe
qui sera achetée en 1867 au prix de sept millions
deux cent mille dollars, et l'Amérique anglaise.
L'heure n'a pas encore sonné de l'accession de
cette dernière à sa puissante voisine.

L'œuvre d'unification commencée il y a deux
siècles n'est pas achevée cependant; deux peuples d'habitudes, d'idées, d'institutions absolument différentes vivent côte à côte, entre lesquels
les dissentiments et les antipathies s'accentuent
sans cesse davantage. Il a plusieurs fois été
question d'une sécession, il va falloir un fleuve de
sang pour cimenter l'Union fondée en 1777 et
établir l'uniformité des lois et des institutions.

Pendant que se préparait le grand conflit entre
le Nord et le Sud, d'autres éléments de haine
avaient pénétré dans la nation : une hostilité féroce s'était manifestée contre les immigrants

étrangers dont l'afflux était énorme depuis 1830 surtout, et avait servi de base à de nouvelles divisions, de nouvelles dénominations de partis. Mais cette agitation qu'on a appelée le « *mouvement de l'Américanisme natif* » est plutôt du domaine de la vie sociale américaine que de l'histoire proprement dite et je m'en occuperai dans une autre partie de cet ouvrage.

Une légende s'est établie relativement aux aristocrates du Sud, tendant à confirmer cette théorie qu'il faut pour la bonne administration de la chose publique des hommes élevés de père en fils avec cet objet en vue, et dans certaines conditions particulières d'indépendance, d'oisiveté et de richesse. On a prétendu que le Sud avait fourni une bien plus grande proportion d'hommes politiques éminents que le Nord.

Or, pendant la période de la Révolution et de la consolidation de l'Union, si le Sud s'honore d'avoir donné à la République Washington, Jefferson, Madison, Randolph, Patrick Henry, Laurens et quelques autres hommes distingués ; Franklin, les deux Adams, Trumbull, Warren, Putnam, Quincy, sont des hommes de la Nouvelle-Angleterre ; les deux Morris sont des Pennsylvaniens ; Hamilton et John Jay des New-Yorkais. D'ailleurs Washington, Jefferson et Madison lui-même avant de s'être distingués, n'appartenaient pas, par droits authentiques à la coterie exclusive des meilleures familles de la Virginie (1) ; Patrick Henry avait eu des commencements très humbles. ,---

De 1800 à 1860, il est vrai, presque tous les présidents de l'Union furent des Sudistes, de même que la plus grande partie des hauts fonctionnaires, des juges de la cour suprême et des représentants de la République à l'étranger. Mais cela tenait à deux causes principales : 1° Habitués dès le berceau à commander, les planteurs tenaient beaucoup plus aux fonctions honorifiques et d'apparat que les gens du Nord qui, eux, s'occupaient surtout du développement économique du pays. 2° Ils savaient que l'esclavage condamné par Jefferson et par les meilleurs d'entre eux, ne pourrait être maintenu que s'ils conservaient la suprématie au Congrès. Aussi, toute leur activité s'exerçait-elle dans leur propre intérêt ; ils appliquaient toutes les ressources de leur esprit à conserver la balance du pouvoir ; leur union était parfaite. Adams les comparait à une société corporative au capital constitué de douze cents millions de dollars.

La soif de richesse qui s'était accrue d'un bout à l'autre de l'Union, avec les nouveaux champs ouverts à l'agriculture, à l'industrie et au com-

1, John Morse. *Thomas Jefferson*, p. 2.

merce, avait également redoublé d'intensité dans les Etats du Sud et comme la fortune des planteurs consistait principalement en esclaves, ils en avaient développé la traite sur une vaste échelle, surtout après le vote du Congrès défendant l'importation des Africains (1808). Dans un rapport lu devant une société anti-esclavagiste, en 1790, M. Elbridge Gerry représentant du Massachusetts au Congrès, évaluait les esclaves à quinze dollars par tête (1); trente ans plus tard, Jefferson les évaluait à deux cents dollars. En 1844 dans un discours au Sénat, Henry Clay portait cette estimation à cinq cents dollars par tête. « Des mulâtres-

1. A cette époque déjà, certaines familles du Sud vivaient dans une grande opulence. John Davis qui fut précepteur chez un riche planteur des Carolines, pendant les années 1798-1800, raconte ainsi ses premières impressions à son arrivée dans la petite commune de Coosabatchie où demeurait son futur élève : « J'aperçus d'abord, dit-il, dans le chemin qui traverse la forêt avoisinant la plantation, une belle dame dans un carrosse traîné par quatre chevaux, puis plusieurs domestiques qui suivaient la voiture, vêtus d'une magnifique livrée. Je vis avec chagrin ces raffinements et ce luxe qui s'en vont transformant à pas rapides, les scènes pures et agrestes de la nature en un théâtre d'orgueil et d'ostentation ». « Il m'a paru, dit-il ailleurs, que dans les Carolines, la simplicité des premiers colons soit disparue et que les planteurs aujourd'hui ne cherchent qu'à se surpasser les uns les autres dans les vanités de la vie.. Ainsi, dans les familles opulentes, il y a un Nègre qui fait le guet pour signaler l'approche de visiteurs. Aussitôt qu'une voiture ou un cavalier paraît à l'horizon, chaque

ses, quand elles sont jolies, dit David Lee Child (1) se vendent souvent plusieurs milliers de dollars... Les jeunes Noirs, même sur une terre ingrate, parviennent à gagner une partie de leur subsistance dès leur bas âge et lorsqu'ils ont atteint l'âge de dix-huit ou vingt ans, leur maître, qui est assez fréquemment leur père, les vend de 350 à 1500 dollars ».

Plusieurs nouveaux Etats esclavagistes ayant été établis, le commerce de la chair humaine rapporta d'immenses bénéfices. Ainsi, dans la seule année 1836, la Virginie en vendit pour vingt-quatre millions de dollars ; cet Etat de même que le Maryland, le Missouri et le Kentucky ne produi-

Nègre change son vêtement de tous les jours contre une splendide livrée. La chose est vite faite car les Nègres ne portent pas de chemise et, en un instant, l'individu couvert de haillons sordides est métamorphosé en un superbe valet de pied. Et malheur à celui qui négligerait cette formamalité, car le maître se croirait déshonoré et le pauvre Noir serait roué de coup... A Charleston l'orgueil est tel qu'on ne voit personne à pied, si ce n'est quelque artisan ou quelque pauvre précepteur. Celui qui n'a ni chevaux ni esclaves est méprisé. La considération qui s'attache à la possession de la propriété est si absolue que la richesse et la pauvreté sont des critériums de vertu ou d'infamie. Les Noirs eux-mêmes partagent la prévention générale et on les entend s'écrier avec moquerie devant un humble piéton : Li grand coquin ! Li a pas Nègre. Où est le cheval à li ? Li marche toujours ». (*Travels in America*, p. 73 et suiv.).

1. *The taking of Naboth's Vineyard* (p. 10).

sait pas de coton, on y faisait « *l'élevage* » des Noirs.

..

L'agitation anti-esclavagiste fut portée pour la première fois sur le terrain politique en 1835, mais le sentiment hostile qui animait l'une vis-à-vis de l'autre, les deux grandes parties de l'U-nion, datait déjà de longues années ou, pour mieux dire, avait toujours existé ; le choc des intérêts ne fit que précipiter la crise.

Dans les masses l'agitation fut, comme cela se produit presque toujours, à base de sentimentalisme. L'esclavage n'avait jamais eu une grande extension dans l'Est et le Nord pour cette raison que le climat y est rigoureux, que l'entretien des Noirs aurait été coûteux et que leur travail aurait été moins intelligent et d'un moindre rapport que celui des serviteurs blancs.

Les enseignements de Jefferson et de nombre de philanthropes, les conférences des orateurs anti-esclavagistes et surtout peut-être le livre de Madame Beecher-Stowe, *la Case de l'oncle Tom*, contribuèrent à créer en dehors du Sud, un sentiment de pitié pour les Noirs, d'autant plus intense qu'il n'était pas en opposition avec les intérêts de ceux qui le professaient.

« Avant la guerre du Mexique, dit Grant (1) il y

1. *Personal memoirs.* p. 214.

avait toujours eu un petit nombre d'abolitionnistes acharnés, qui manifestaient leur hostilité envers l'esclavage dans toutes les élections, depuis celle d'un juge de paix jusqu'à celle du président de la République ; ils étaient bruyants mais peu nombreux. La grande majorité des gens du Nord où l'esclavage n'existait pas, étaient opposés à cette institution et considéraient son existence, dans quelque partie du pays que ce fut, comme malheureuse. Ils n'en tenaient pas les habitants des Etats esclavagistes pour responsables et croyaient qu'il fallait protéger le droit de propriété s'exerçant sur les esclaves, jusqu'à ce qu'on eût trouvé quelque moyen acceptable de se débarrasser de l'institution. L'opposition à l'esclavage ne constituait la foi politique d'aucun parti. Mais avec l'ouverture des hostilités contre le Mexique, de fait avec l'annexion du Texas, l'inévitable conflit commença ».

Des sociétés pour l'abolition de l'esclavage avaient été fondées, un siècle auparavant, la première à Philadelphie dès 1746 ; d'autres dans l'Est, en Virginie et dans le Maryland, car à l'époque coloniale l'esclavage n'était guère profitable dans ces deux derniers Etats. Jefferson avait agité, à plusieurs reprises, la question de l'émancipation des Noirs mais sans suggérer aucun moyen pratique pour arriver à ce but. « Je tremble pour mon pays, avait-il dit un jour, au Congrès, quand je songe que Dieu est juste et que sa justice ne peut toujours sommeiller ». Aussitôt après la guerre de l'Indépendance, le Maryland avait affranchi ses esclaves, mais ceux-ci étaient devenus des vagabonds, des voleurs et n'avaient pas songé à gagner leur vie ; cet exemple avait mis fin aux velléités abolitionnistes dans le Sud, même chez les meilleurs et les plus humains de ses habitants.

Les *Petits Blancs* étaient opposés à l'émancipation, car les gens de couleur *libres* deviendraient leurs égaux, et cependant, ainsi que le proclamaient les orateurs du Nord, ils avaient besoin eux-mêmes autant que les Nègres d'être émancipés. « Les Planteurs du Sud dit Sir Charles Dilke (1) étaient des Gentlemen doués de plusieurs vertus aristocratiques en compagnie de tous les vices aristocratiques ; mais pour chaque planteur il y avait neuf *Petits Blancs*, lesquels, bien que grossièrement ignorants, pleins d'insolence, habitués à faire usage du revolver et du couteau à la moindre provocation, ont été jusqu'à l'élection de Lincoln à la présidence, aussi absolument les maîtres de l'Amérique qu'ils ont été dans la suite, les chefs de la rébellion ».

Le principal grief invoqué par les hommes politiques du Nord, c'est que le Sud avait organisé, au fur et à mesure de l'extension de l'Union, des Etats qui n'étaient guère peuplés que d'esclaves

1. *Greater Britain*, p. 7 (Londres 1869).

et qui cependant, avaient droit à une représentation égale à celle des Etats de travail libre. On
demanda au Congrès d'intervenir ; dominé par l'é-
ment sudiste il s'y refusa, alléguant qu'il n'avait
aucune autorité pour s'immiscer dans l'administration intérieure des Etats.

En 1845 la Floride et l'Iowa furent admis dans
la Confédération au rang d'Etats, la Floride comme Etat esclavagiste et l'Iowa comme Etat de
travail libre. On tenait à conserver ainsi l'équilibre entre le Nord et le Sud politiquement, mais la
population augmentait beaucoup plus rapidement
dans le Nord, attendu que c'est de ce côté que se di-
rigeait presque exclusivement l'immigration étrangère, ainsi qu'en font foi les chiffres suivants :

| | *En 1840.* | |
Population de l'Union	Population blanche du Sud	Esclaves
17.069.453	7.290.729	2.481.522
	En 1850	
23.191.876	6.412.151 (1)	3.200.380

Pendant les négociations avec le Mexique
pour l'achat de la Californie et du Nouveau-Mexique, un bill fut présenté au Congrès demandant

1. Ces chiffres nous montrent qu'un bon nombre de propriétaires pauvres et de *Petits Blancs* des Etats esclavagistes
ont dû aller chercher fortune dans l'Ouest, pendant cette
décade.

que l'esclavage ne fût pas introduit dans les territoires nouveaux qui seraient formés de ces provinces. Le bill fut repoussé, les Sudistes déclarant que l'interdiction de l'esclavage, équivaudrait à les exclure de la Californie et du nouveau Mexique, puisqu'ils ne pourraient y émigrer avec leurs biens consistant en esclaves.

A partir de 1848 l'agitation alla toujours croissant. Le parti de l'abolition qui s'était affirmé pour la première fois, en 1844, avec un petit nombre d'adhérents obtint aux élections de 1856, uni au parti républicain, la majorité des voix du pays tout entier ; dans la délégation pour l'élection présidentielle, il se trouva cependant en minorité de deux voix et ne put faire élire son candidat M. Frémont (1).

Cette situation anormale d'un parti en minorité qui se trouve au pouvoir, ne fit qu'augmenter l'irritation ; les passions s'exaltèrent dans le Nord pendant que dans le Sud l'idée de sécession devenait de plus en plus populaire.

En 1858, des difficultés s'élevèrent dans le Kansas dont la majorité des citoyens voulait faire un Etat de travail libre, alors que les propriétaires d'esclaves s'y opposaient. Ceux-ci cherchèrent à escamoter les votes et allèrent même jusqu'à faire assassiner onze braves fermiers,

1. M. Frémont était d'origine canadienne française.

dont le seul crime avait été de voter en faveur du travail libre. Enfin le Congrès, sous la pression des Sudistes, avait voté des lois mettant à la charge de l'Etat les frais de capture des esclaves fugitifs. En 1860 Lincoln, le champion de l'intégrité de l'Union fut élu à la présidence.

Jusqu'à cette époque on n'avait pas considéré que la sécession d'un certain nombre d'Etats du reste de la Confédération constituât un acte de trahison. « Il me paraît certain, écrivait Tocqueville en 1833, que si une partie de l'Union voulait se séparer de l'autre, non seulement on ne pourrait pas l'empêcher, mais encore on ne tenterait pas de le faire. »

Horace Greely, le premier journaliste de ce temps et l'un des hommes les plus influents du parti républicain publiait, en 1861, les lignes suivantes dans la « *New-York Tribune* » : « Si la Déclaration de l'Indépendance a justifié la sécession de l'Empire britannique de trois millions de colons, en 1776, nous ne voyons pas pourquoi elle ne justifierait pas la sécession de cinq millions de Sudistes de l'Union fédérale, en 1861 » (1). On alléguait d'autre part et avec raison que les

1. Seward qui fut secrétaire d'Etat sous Lincoln, déclarait en 1848 que la séparation du Nord et du Sud était désirable et que l'Union américaine donnerait au monde un exemple de l'excellence de la liberté démocratique et une preuve de son amour de la paix, en se dissolvant amicalement, de consentement mutuel et sans qu'il fût versé une goutte de sang.

circonstances étaient changées et que c'était avec l'argent et les soldats de la nation tout entière, que la Floride, la Californie, le Texas, le Nouveau-Mexique avaient été achetés et conquis.

Le 4 mars 1861, Lincoln entrant en fonctions, prêta à Washington le serment de maintenir l'Union; mais il n'était déjà plus le président que des deux tiers des trente-trois Etats qui la constituaient lors de son élection. La guerre était désormais inévitable.

Pour la masse de la nation c'était la guerre sainte ayant pour but la délivrance de trois millions de créatures humaines opprimées; pour la plupart des hommes politiques du Nord, il s'agissait surtout du maintien de la « Glorieuse République bornée à l'est et à l'ouest par les Océans »; chez certains spéculateurs et hommes d'affaires, peut-être même eût-il été possible de découvrir des motifs moins purs.

Lincoln écrivait à Horace Greely, le 22 août 1862 : « L'objet essentiel que je poursuis dans ce conflit, c'est de sauver l'Union et non pas de détruire l'esclavage ; si je pouvais sauver l'Union en ne libérant aucun esclave, je le ferais ; si je ne pouvais la sauver qu'en les libérant tous, je n'hésiterais pas un seul instant ; si je pouvais sauver l'Union en en libérant quelques-uns et en laissant les autres dans leur état actuel, je le ferais encore. Quoi que je fasse relativement à l'esclavage et aux hommes de couleur, mon but n'est que de sauver l'Union ».

Le journal contribua puissamment à précipiter la crise, bien qu'il ne fût pas, en 1860, la puissance formidable qu'il est devenu de nos jours ; il n'était alors que l'écho de l'opinion, mais l'écho qui grossit, exagère, répète au loin.

Ni d'un côté ni de l'autre on ne s'imaginait que la guerre serait aussi longue et aussi désastreuse. Seward l'un des ministres de Lincoln avait déclaré que tout serait fini en quatre-vingt-dix jours.

Les hostilités commencèrent, le 11 avril 1861, par la prise du fort Sumter à Charleston.

L'incohérence et la confusion inséparables de la création à bref délai, de l'improvisation d'énormes armées, avec des éléments enlevés aux carrières du commerce, de l'agriculture, de l'industrie, du barreau signalèrent, comme on devait s'y attendre, les premiers temps de la lutte. Il se trouvait bien, si l'on veut, pour former des cadres les officiers et soldats des régiments qui avaient envahi le Mexique, mais l'immense majorité des combattants n'avait jamais vu le feu. Les circonstances d'ailleurs se trouvaient les mêmes pour les deux armées belligérantes, c'étaient deux armées de miliciens.

Les planteurs du Sud luttaient pour la conservation de leurs biens et de leur situation sociale, ils devaient naturellement concentrer dans ce conflit tous leurs efforts et toutes leurs énergies. Les institutions hiérarchiques qui étaient les leurs, leur donnaient tout d'abord, en outre, un avantage sur leurs adversaires au point de vue du maintien de la discipline; chez eux les officiers n'avaient pas à être élus ou agréés comme dans le Nord; les soldats appartenant aux classes inférieures de la population voyaient dans les membres de l'aristocratie leurs chefs naturels; mais les confédérés étaient loin de posséder la force numérique et les ressources pécuniaires des Unionistes.

Dans le Nord tout fut mis en œuvre pour attirer les volontaires sous les drapeaux. A des avocats, à des négociants, à des industriels, les législatures des États offrirent des grades de colonel et de capitaine, s'ils parvenaient à recruter un certain nombre d'hommes; à d'autres elles assurèrent les bénéfices de la cantine; aux soldats elles accordèrent une solde considérable avec promesse de primes en terre à l'expiration de leur temps de service. Des bureaux de recrutement furent ouverts dans toutes les localités et constituèrent le principal lieu de rendez-vous des désœuvrés, car la guerre nécessairement paralysait l'industrie et avait fait un grand nombre de sans-travail.

L'enthousiasme patriotique unioniste entretenu et surchauffé par les orateurs de réunions publiques, contribua peut-être plus que tout le reste, à rendre les enrôlements rapides et à accroître le nombre des recrues. Grant qui devait terminer victorieusement la guerre avait été nommé, au début des hostilités, colonel du 21e régiment d'infanterie de l'Illinois, mais ses soldats n'avaient été engagés que pour quatre-vingt-dix jours et, ce terme expiré, la plupart étaient disposés à retourner dans leurs foyers; le futur généralissime invita, alors, deux hommes politiques MM. Mac Lernand et Logan à venir leur adresser la parole. En moins de deux heures d'exercices oratoires, les éloquents tribuns avaient amené le régiment tout entier à se rengager (1).

J'ai fait allusion plus haut à la campagne de « *l'américanisme natif* » qui avait troublé toute la période antérieure à l'élection de Lincoln; les *étrangers* ostracisés profitèrent avec joie de l'occasion qui leur était donnée, de manifester leur *patriotisme américain*; 170.000 Irlandais (nés en Irlande) combattirent sous les drapeaux de l'Union et les Allemands s'enrôlèrent en nombres considérables.

Le goût des aventures, enfin, fut le mobile qui inspira beaucoup de volontaires et, s'il est vrai qu'une guerre est parfois nécessaire pour donner une issue à certains instincts qui, autrement se manifesteraient dans le crime, la guerre de sécession ne fut pas bienfaisante seulement pour

1. *Op. cit.*, p. 246.

les Noirs. Ainsi, on raconte qu'après le départ de New-York, du régiment des zouaves-Wilson, la moyenne des crimes diminua de moitié dans la métropole.

Il fallut cinq ans pour soumettre les *rebelles* qui firent une résistance désespérée mais durent succomber finalement, sous des forces et des ressources supérieures.

Plusieurs écrivains ont étudié avec beaucoup de sincérité et de clairvoyance, la psychologie de ces armées de volontaires n'abandonnant jamais leur liberté de juger et d'apprécier, reculant quand ils croient que la résistance est inutile et se faisant tuer quand ils croient que leur devoir patriotique les y engage, alors cependant que des soldats aguerris en auraient jugé autrement. Je renvoie le lecteur aux excellents travaux qu'ont publiés sur la guerre de sécession, le comte de Paris, le général Grant, le docteur Kopp, etc.

Les Américains en somme, n'ont témoigné au cours de la lutte, aucune qualité, aucun défaut qui soit particulier aux Américains, si nous en exceptons peut-être l'esprit inventif, la facilité de « se débrouiller » facilement et de tourner dextrement les obstacles. Ils ne se sont montrés ni plus braves ni plus couards que des miliciens d'autres pays. « Je me rappelle avoir vu deux fois, dit Grant (1) des colonels de milice entraî-

1. *Op. cit.*, p. 342.

ner leur régiment dans la fuite, au premier siffle-
ment des balles ; plus tard ces mêmes hommes
se sont montrés les égaux des meilleurs soldats
du monde. »

La guerre de sécession coûta à l'Union, cinq
cent mille hommes disent les uns, un million
disent les autres ; elle fut signalée comme toutes les guerres par des actes de valeur, de gé-
nérosité, de dévouement, mais aussi et plus que
beaucoup d'autres guerres par des actes bas et
mesquins, des faits d'accaparement et de concussion éhontée. Il est peu de survivants des armées
unionistes qui ne racontent quelques histoires
édifiantes sur la manière dont certains fournis-
seurs ou même certains officiers ont réalisé d'é-
normes bénéfices, au détriment des soldats et du
Trésor. Elle a marqué dans l'évolution de la nation, une phase importante sur laquelle je revien-
drai dans une autre partie de cet ouvrage.

Sir Lepel Griffin dans un livre plutôt sévère
pour ses « cousins d'Outre-mer » (1) et dont j'ai
déjà cité quelques lignes, apprécie comme suit,
l'état de l'opinion publique américaine, au lendemain de la soumission des Confédérés. « La
guerre avec tout ce qu'elle a eu de démoralisant,
a exercé une influence tranquillisante sur le tempérament américain. Le peuple s'est dit qu'il
avait enfin accompli une très grande chose. On

1. *The Great Republic.*, p. 181 (Londres 1884).

avait tué ou blessé un nombre d'hommes assez considérable pour satisfaire un César ou un Napoléon et on avait dépensé à cette œuvre glorieuse, sept ou huit cent millions de dollars. Que les cinq cent mille hommes tués dans les batailles ou morts de leurs blessures n'aient pas su pourquoi ils se battaient, que la plus grande partie de l'argent ait passé dans les poches de voleurs et de filous qui ont édifié leur fortune sur les calamités de la nation, cela importait peu. Les Américains avaient superbement acheté, dans le sang, le droit de lever la tête au milieu des peuples asservis du Vieux Monde. Comme eux, ils avaient été menés au combat et à la mort pour favoriser les intérêts de quelques aventuriers intrigants ; comme eux, ils étaient lourdement taxés afin de permettre à des patrons d'estaminets et à des entrepreneurs véreux de couvrir leurs vulgaires épouses et leurs filles de diamants. »

De même qu'après la guerre du Mexique, un bon nombre d'officiers qui avaient concouru à assurer le succès de l'Union, furent élevés par leurs compatriotes reconnaissants, aux plus hautes fonctions politiques de l'Etat ; une association puissante s'est formée sous le nom de « Vétérans de la Grande Armée » qui possède une influence considérable et a son mot à dire dans toutes les élections. Comme, aux Etats-Unis, enfin, la spéculation doit se greffer sur tout évènement qui se produit, heureux ou malheureux, elle a tiré parti de la guerre sous le prétexte de « Pensions aux blessés ». Pendant les vingt-cinq années qui l'ont suivie, on a pu voir, à mesure que les anciens soldats mouraient, le nombre des blessés croître et se multiplier. En 1893 il y avait 960.000 noms inscrits sur la liste des pensions, pour le service desquelles 165 millions de dollars ont été votés par le Congrès. Depuis 1893 cependant, une réaction s'est faite et on a dû constater que plusieurs milliers de blessés avaient quitté ce monde.

V

De la défaite des Etats esclavagistes date la décadence de l'aristocratie sudiste, des « vieilles familles », de la vie élégante et oisive, la disparition devant la loi des dernières inégalités sociales, la fin de l'exploitation de l'homme par l'homme sous forme d'esclavage.

Les esclaves ayant été libérés, la plupart des planteurs se trouvèrent ruinés ; un grand nombre avaient perdu la vie sur les champs de bataille car ils avaient payé courageusement de leur personne. Les villes étaient couvertes de ruines, les campagnes dévastées, presque toutes les femmes étaient en deuil. De même qu'après la guerre de l'Indépendance, les Anglais vaincus avaient continué pendant vingt-cinq ans, à exercer dans le sud de l'Union leur commerce néfaste de chair humaine et à encombrer ses ports de navires chargés d'esclaves, de même les Américains du Nord vainqueurs ne s'en tinrent pas à la victoire sur les champs de bataille, ils voulurent encore exploiter les vaincus de toutes les manières et rendre leur relèvement difficile. Les journalistes qui visitèrent les Carolines et la Géorgie, immédiatement après la guerre, nous montrent sur les promenades désolées de Charleston et de Savannah, les femmes vêtues de deuil, élégantes et de tournure aristocratique, jétant leur froid mépris au Yankee qui, par hasard, se trouve sur leur passage et se renfermant dans une réserve pleine de dignité ; les hommes survivant à la guerre, inhabiles à tout travail, parlant vaguement de se mettre dans les affaires (*to go into business*), tandis que les *Yankees* rusés, actifs, entreprenants établissent des magasins et des boutiques, construisent des maisons, réparent les rues, les édifices publics et effacent peu à peu les traces matérielles de l'invasion.

Les fonctionnaires nommés par le Congrès pour s'occuper des anciens esclaves, les protéger, les diriger, leur firent croire que les propriétés de leurs anciens maîtres seraient divisées entre eux et les Noirs se groupèrent alors dans les villes et s'imaginèrent qu'ils avaient acquis le droit à la paresse et aux vices qu'elle engendre. Ils n'avaient vu dans l'exercice des droits de l'homme libre que l'injustice, l'outrage, l'exploitation du faible, ne devaient-ils pas croire que ces manières d'agir étaient inhérentes à la liberté ? On leur accorda les franchises électorales, ils suivirent naturellement leurs *leaders* du Nord, et les anciens Etats esclavagistes démocrates se trouvèrent représentés au Sénat et au Congrès par une majorité de Républicains élus par le vote noir.

Les gens venus de la Nouvelle-Angleterre, de la Pennsylvanie et du New-York dans le but de tirer tout le parti possible de l'état de prostration dans lequel se trouvaient les vaincus, furent secondés par un certain nombre des *Petits Blancs* et pendant les sept ou huit années que dura la période de « reconstruction », c'est-à-dire le temps qu'il fallut aux législatures locales pour amender toutes celles de leurs lois qui n'étaient pas conformes aux droits égaux proclamés par le Congrès, ils firent d'excellentes affaires. Cette période fut signalée par des dilapidations, des rapines, des accaparements, des vols éhontés, des émeutes. Les anciens esclaves se gorgèrent mais ne furent que les instruments de ces aventuriers du Nord qu'on appela les *Carpet-Baggers*.

J'emprunte à M. Laird Clowes (1) quelques

1. W. L. Clowes. *Black America.* (Londres 1891).

17.

chiffres et quelques faits qui expliquent dans une
certaine mesure, le sentiment invincible d'horreur,
d'hostilité et de mépris que les gens du Sud professent encore aujourd'hui pour les Nègres.

« Dans l'Alabama, de l'argent fut voté pour les
travaux publics, mais ne fut jamais dépensé à cet
effet et ne profita qu'à des *Carpet-baggers* du Nord
et à des Noirs qui n'étaient pas même contribuables. D'anciens esclaves ignorant absolument les
lois, furent nommés juges.... En moins de sept
ans, cet Etat fut réduit à la banqueroute. L'anarchie qui y régnait était telle qu'après les élections
de 1872, les deux partis réclamèrent la victoire
et qu'il y eut, pendant quelque temps, deux législatures en session. Devant les troupes des Etats-
Unis, cependant les démocrates cédèrent.

« Dans la Caroline du Nord le pouvoir tomba
entre les mains de pillards et d'aventuriers qui
profitèrent de toutes les circonstances, pour voler
l'État et spéculer sur son crédit. La corruption
et la concussion s'exercèrent ouvertement. Une
association politique « ring » avait été constituée
qui prélevait 10 pour 100 sur toutes les allocations votées par la législature. Un *bar* avait
été établi dans le Capitole et l'on prétend que
quelques-unes des chambres de cet édifice servaient à la prostitution. Les Nègres sablaient le
champagne et fumaient des cigares de la Havane,
nonchalamment assis dans des salons somptueux.
L'un deux disait un jour « J'ai été vendu onze

fois dans ma vie, mais c'est la première fois que je touche le prix de la vente moi-même ».

Le fait est que dans tous les Etats du Sud, les votes se vendaient comme au parlement anglais pendant la dernière partie du siècle dernier.

Les aventuriers qui détenaient le pouvoir à la législature de la Caroline du Nord obtinrent l'autorisation d'émettre au nom de l'Etat, des obligations pour une somme de quinze millions de dollars, aux fins de construire un chemin de fer. Les obligations furent toutes vendues mais pas un seul kilomètre de chemin ne fut construit.

La Caroline du Sud fut le plus éprouvé de tous les Etats pendant l'ère de reconstruction, on lui donna le nom de « *l'Etat affaissé* » (*the prostrate state*). Ce furent comme ailleurs les aventuriers du Nord et les « renégats » du Sud qui le mirent au pillage et tyrannisèrent par tous les moyens les anciens propriétaires. Les députés, en majorité des Noirs, ne trouvant pas l'aménagement de la salle des délibérations de la législature assez luxueux pour eux, — il n'avait coûté que trois mille soixante dollars — achetèrent des meubles pour une somme de 94.000 dollars ; quarante chambres à coucher furent installées au Capitole, aux dépens du public ; un restaurant y fut établi qui restait ouvert le jour et la nuit et qui absorba en une seule session une somme de 125,000 dollars.

En 1872, un juif, du nom de Moses fut nommé

gouverneur. « Le gouverneur écrivait M. James Pike (1) était président de la dernière Chambre et on dit qu'il a émis, pendant la durée de ses fonctions, pour 400.000 dollars d'assignats (pay-certificates) qui n'ont pas encore été rachetés, pour lesquels il n'y a pas de crédits votés et que les contribuables devront solder tôt ou tard. Il a la réputation de dépenser trente ou quarante mille dollars par année, alors que son traitement n'est que de trois mille cinq cents dollars ».

« De 1868 à 1876, les sommes payées pour l'impression des documents publics, ont atteint le chiffre de 1.326.589 dollars, alors que pendant les soixante dix-huit précédentes années de cette législature, elles ne se sont élevées en tout qu'à 609.000. A cette époque, la population blanche de la Caroline du Sud n'était que de 300.000 âmes.

En Géorgie, d'après le même auteur, les indemnités et frais de route alloués aux membres et employés de l'Assemblée générale se sont élevés, en une seule courte session, à 978.055 dollars.

La Virginie, la Floride, le Mississipi ne furent guère mieux traités.

La Louisiane fut littéralement mise au pillage ; les votants y étaient à cette époque 45.218 Blancs et 84.436 Noirs. On calcule qu'elle perdit en dix ans, cent vingt millions de dollars, soit plus de

1. *The prostate state.*

la moitié de sa richesse totale. Du mois de juillet 1868, au mois de janvier 1871, elle paya pour impressions, au *New-Orleans Republican* dont le gouverneur était le principal actionnaire, une somme de 1.140.881 dollars. A ces vols s'ajoutèrent les arrestations arbitraires, les dénis de justice, les émeutes. Et cela dura pendant plus de dix ans.

Enfin, les gens du Sud, au moyen de l'intimidation et de l'organisation de sociétés secrètes réussirent à ressaisir le pouvoir politique et défranchisèrent un grand nombre de Noirs, en limitant le suffrage électoral à ceux qui payaient un certain chiffre d'impôts.

La réadmission des Etats esclavagistes au Congrès eut lieu au cours des quelques années qui suivirent la guerre, mais ce n'est qu'en 1872, par le vote de « *l'acte d'amnistie* » que les derniers symptômes de la guerre furent effacés. La Louisiane fut le dernier Etat où les démocrates réussirent à reprendre le pouvoir et à secouer le joug des *Carpet baggers*, (en 1877). La Virginie se reprit dès 1870, les autres Etats de 1870 à 1874.

∴

Les lois imposées par les vainqueurs aux vaincus durent être acceptées et mises en vigueur ; le Noir devint l'égal du Blanc mais ce dernier s'appliqua dès lors, à élever entre lui et l'ancien esclave des barrières sociales infranchissables ;

au mépris absolu dans lequel il l'avait tenu dans le passé s'ajoutèrent la haine et le ressentiment de droits lésés. Le Noir émancipé dut pourvoir à sa subsistance, mais il ne possédait ni terres ni boutiques et il se heurta à tous les obstacles qu'on opposa à son activité ; ses enfants purent apprendre à lire et à écrire, mais l'instruction qu'on leur donna eut surtout pour résultats de leur faire mieux comprendre quel abime les séparait de leurs concitoyens de race blanche.

Depuis la guerre de Sécession le nombre des anciens esclaves a presque triplé, mais ils sont restés une race de parias et le problème que constitue leur présence dans l'Union devient de plus en plus menaçant.

Entre le Nord et le Sud les rancunes se sont effacées, les anciens griefs ont été oubliés ; les Etats vaincus se sont relevés de leurs ruines, grâce surtout aux capitaux des vainqueurs et voilà qu'à côté du Sud agricole grandit le Sud industriel qui menace de faire une rude concurrence à la Nouvelle-Angleterre. Ce sera sa revanche. La culture du coton, la grande richesse du Sud, qui n'avait donné pendant la dernière décade de l'ère esclavagiste (1851-60) que 638,300 tonnes, a donné dans la décade 1888-98, 2.683.000 tonnes, et de cette production une partie notable a été fabriquée dans le Sud même.

VI

Une ère de progrès matériel, d'activité, de prospérité sans égale a suivi la guerre de Sécession. Trente années de la vie de l'Union ont été consacrées exclusivement aux conquêtes pacifiques et la génération d'hommes née au moment de l'abolition de l'esclavage a pu grandir et arriver à l'âge mûr, sans avoir jamais entendu gronder le canon; plusieurs questions litigieuses internationales où les Etats-Unis se trouvaient partie ont surgi, mais toutes ont été réglées au moyen d'un arbitrage (1).

On était en droit de s'attendre à ce que la République de Washington ayant atteint sa limite d'expansion et établi l'uniformité dans ses lois et ses institutions donnât la première au monde, l'exemple d'une paix ininterrompue. On s'était habitué à croire qu'en Amérique où nulle rancune ancienne, nulle hérédité de haine ou d'hostilité ne subsistait à l'égard d'une nation rivale, la guerre était une chose du passé. On supposait que les Etats-Unis étaient arrivés à cette phase de l'évolution où la lutte entre les hommes doit cesser d'être violente et meur-

1. Les Etats-Unis ont eu, depuis le commencement du siècle, trente-deux fois recours à l'arbitrage dans leurs difficultés avec d'autres puissances.

trière ; car, disent les sociologues, le progrès va de la guerre à la paix, de la lutte de tous contre tous à la coopération de tous avec tous. Les orateurs américains aimaient à proclamer, en célébrant les gloires de leur patrie que le drapeau étoilé n'avait été déployé que pour la défense de la liberté et jamais dans un but de conquête (1).

La guerre avec l'Espagne qui vient de se terminer a été une surprise et une déception pour bien des optimistes, elle a été une surprise et une déception pour la masse du peuple américain lui-même, qui ne la désirait pas. C'est le journal qui a tout fait.

« Les journaux américains, rendons-leur cette terrible justice, écrivait M. Jules Claretie, au lendemain de l'ouverture des hostilités, ont une part prépondérante dans la guerre qui commence. Les peuples ne sont plus gouvernés par ceux qui les commandent et l'aventure du président Mackinley me paraît sur ce point tout à fait caractéristique. Il a obéi aux journaux.... Les véritables souverains de ce siècle agonisant, ce sont les reporters. « Qu'on tire le canon et que notre tirage monte. » Ainsi raisonnent les grands gazetiers d'Amérique tout prêts à équiper eux-mêmes des

1. Les Américains établis au Texas ayant demandé leur annexion, le peuple des Etats-Unis, en général, ne considère pas la guerre du Mexique comme une guerre de conquête.

flottilles à leurs frais et à mobiliser leurs rédacteurs, si le Congrès n'eût point mis en mouvement la flotte officielle.... On ne s'imagine pas la puissance de ces journaux de milliardaires. Ils ont des inventions qui font paraître jeux d'enfants les modestes moyens de réclame imaginés par les journaux de notre vieux monde ».

Quelles ont été les causes de la guerre ?.

« On ne les a jamais clairement définies dit la *New-York Nation* (1). Les uns indiquent une cause et les autres une autre. Pour chasser les Espagnols de Cuba nous avons eu plusieurs excuses dont le degré de valeur varie. Le spectacle irritant de mauvais et cruel gouvernement que nous a offert cette île pendant plusieurs années ; le peu de distance qui la sépare de nos rivages, l'interruption de notre tranquillité causée par ses fréquentes rébellions, ce sont là des faits qui auraient pu être, à bon droit, invoqués comme raisons de notre intervention, conformément à la pratique et aux usages du droit international.

L'argument principal contre l'intervention dont nous nous sommes toujours servis, c'est l'effet qu'elle produirait sur nous-mêmes. Lorsque le Congrès a annoncé solennellement que cette guerre n'était qu'une guerre de libération, il n'y avait plus rien à dire. La libération a eu lieu. La destruction du gouvernement régulier de Cuba

1. Numéro du 6 octobre 1898.

et le voisinage immédiat de l'île nous mettent
dans l'impossibilité de l'abandonner à elle-même.
Il s'agit donc d'en prendre notre parti et de nous
en tirer pour le mieux, et à Cuba et à Porto-
Rico. Mais nous sommes tenus par un engagement solennel de n'en pas faire la conquête. Que
nous ayons besoin d'une station de charbon dans
cette région, cela n'a rien à faire dans la question, pas plus que mon besoin d'une montre ne
me donnerait le droit d'en voler une. Si on nous
réplique que nous pouvons le faire parce que
nous sommes les plus forts, alors il n'y a plus
à discuter. »

Il était sans doute dans les traditions d'une
certaine école de politiciens, de faire entrer, un
jour, les îles du Mexique dans l'Union. J'ai cité
plus haut les paroles de Jefferson touchant l'extension territoriale future de la République. S.
Adams secrétaire d'Etat en 1823, déclarait que
Cuba se trouvant dans la sphère de gravitation
politique des Etats-Unis finirait par se détacher
de l'Espagne, comme une pomme se détache de
l'arbre, et que nécessairement, incapable de se
maintenir par elle-même, elle serait annexée par
sa puissante voisine. Les Américains ont souvent
proposé d'acheter cette île et en ont offert des
sommes considérables (1).

1. En 1854, les représentants des Etats-Unis en Espagne,
en France et en Angleterre soumirent au président
Pierce, le projet d'acheter Cuba au prix de 120 millions de

Depuis longtemps, ainsi que cela s'est fait au Texas, mais sur une moins vaste échelle et moins ostensiblement, des citoyens de la République y avaient intrigué, avaient fourni des armes et de l'argent aux rebelles et subventionné des expéditions de flibustiers pendant que d'autres y engageaient des capitaux importants. Les journaux, eux, soudoyés probablement par les intéressés, ont agi sur l'opinion publique et l'ont préparée à la guerre.

Toutefois, pendant le séjour à Cuba du général Weyler le dernier gouverneur espagnol, peu de journalistes américains y furent tolérés et d'après M. Rea (1), il n'y en a que trois, ou peut-être quatre, qui peuvent se vanter d'y avoir séjourné.

La plupart des reporters partis pour le théâtre de la guerre en 1896-97, n'allèrent pas plus loin que le sud de la Floride et de là s'amusèrent à inventer des histoires sensationnelles, sur les prouesses des Cubains, les cruautés des Espagnols, les terribles batailles livrées, les canons à dynamite fauchant les rangs des oppresseurs, etc. Un journal de New-York, à la date du 12 février 1897, publiait à des centaines de mille exemplai-

dollars, pour en faire un état esclavagiste, et si on refusait de vendre l'île de s'en emparer par la force. Le président craignant l'intervention de l'Europe, refusa d'y donner suite.

1. *Facts and Fakes about Cuba.*

res, le portrait d'une jeune Cubaine arrêtée sous l'inculpation d'avoir porté certains documents aux insurgés. L'image la montrait dépouillée de ses vêtements devant trois fonctionnaires espagnols. Le public fut naturellement indigné. Or, la jeune femme en question avait simplement été fouillée, par un inspecteur du sexe féminin, à part, dans une chambre du bateau américain sur lequel elle avait pris passage « l'Olivette ».

Un rapport fut présenté au Congrès, le 17 mai 1897, établissant que sept à huit mille Américains se trouvaient parmi les victimes de la famine et de la misère à Cuba.

Au commencement de janvier suivant, sur la demande du consul général Lee, le navire de guerre, le « Maine », fut envoyé dans les eaux de Cuba pour protéger les intérêts américains, au cas où le besoin s'en ferait sentir ; il arriva à la Havane le 25 janvier et fut englouti à la suite d'une explosion dans la nuit du 26 février. Ces faits sont encore présents à la mémoire de tous.

A partir de cette malheureuse catastrophe, l'excitation fut à son comble et les organes de la *Presse jaune* eurent beau jeu. Quelque jour probablement, le secret de la perte du *Maine*, comme celui de la dépêche d'Ems, sera révélé et l'on sera peut-être aussi surpris qu'indigné lorsqu'on apprendra quel en fut l'auteur.

La masse du public américain ne croyait pas à la guerre, au moment même où elle fut déclarée et jusqu'au dernier moment les paris (car on parie sur tout aux Etats-Unis) en faveur du maintien de la paix l'emportèrent.

L'*interview* suivant, publié par un journal du Rhode-Island (1), en date du 15 mars 1898, soit un peu plus d'un mois avant la déclaration de guerre, me paraît assez typique.

Le journaliste s'en va à Charlestown près de Boston, visiter le bateau-école, le *Wahash*, dont l'officier de bord, M. Tilden, le reçoit fort cour- toisement. Ce qui l'a frappé surtout sur les navi- res de guerre américains c'est le caractère essentiellement cosmopolite des équipages : « Nous entendant, dit-il, demander à M. Tilden quelle nationalité prédomine dans la marine américaine, un sous-officier s'empresse de nous répondre « *enéry nation of the world, except Americans* », toutes les nationalités du monde excepté les Américains. Et M. Tilden de rappeler là-dessus à son subordonné qu'il est imprudent de parler ainsi devant un journaliste. Le sous-officier répli- que qu'on n'a rien à craindre quand on dit la vérité. Y a-t-il beaucoup de Juifs dans votre marine, demandons-nous à ce brave sous-officier ?

— On n'en voit pas parmi les recrues, ce rude métier n'est pas assez lucratif pour eux.

— Croyez-vous que nous aurons la guerre ?

— Je le crois et ça sera dû aux journaux juifs

1. *La Tribune de Woonsocket.*

tels que le *World* et le *Journal* de New-York. Si on nous appelle au feu, nous ferons sans hésiter notre devoir, mais le meilleur service que l'on pourrait rendre au pays ce serait de pendre haut et court à quelque poteau télégraphique, les journalistes de la *presse jaune*.

— Croyez-vous que nous ayons des motifs suffisants pour déclarer la guerre à l'Espagne ?

— Du tout, les Cubains ne sont que des sauvages dans les veines desquels coule un mélange de sang espagnol et de sang nègre. Incapables de se gouverner eux-mêmes, ils ne méritent pas d'entrer dans la République américaine comme citoyens libres. Si jamais l'oncle Sam les admet dans l'Union, il commettra une grande faute qu'il regrettera amèrement plus tard.

— Y a-t-il aussi des chauvins dans la marine ?

— Oui, dans la marine comme au Congrès, il y a des écervelés.

Ici encore M. Tilden intervient pour rappeler le sous-officier à la prudence et nous ne jugeons pas à propos de pousser notre interrogatoire plus loin ».

* *

Les Philippines ont été arrachées à l'Espagne, le drapeau espagnol a cessé de flotter sur Cuba et sur Porto-Rico ; déjà des industriels, des capitalistes, des négociants américains sont à l'œuvre et s'occupent de développer les ressources de ces îles fertiles.

Il est sûr que les Cubains ne s'en porteront pas plus mal et que le joug américain ne leur sera pas lourd.

La conquête des Philippines sur les Indigènes se poursuit lentement, sans enthousiasme, et il faudra les excitations fébriles de la presse chauvine, pour que la victoire finale soit saluée par les acclamations unanimes qui ont salué jusqu'à présent toutes les victoires américaines.

Ce qui est gros de conséquences, c'est le fait que les Etats-Unis ont rompu avec leurs traditions et sont entrés dans la voie de l'impérialisme. Pendant la période coloniale avant d'entreprendre une guerre, on cherchait à s'autoriser des textes de la Bible que l'on discutait longuement et que l'on savait toujours, à la vérité, concilier avec ses intérêts. A partir de la fondation de la République, la Constitution, la Déclaration de l'Indépendance, les enseignements de Washington, de Jefferson et de Monroe ont été l'évangile religieusement suivi. Il semble maintenant que chez une partie importante de la population, on ne veuille plus prendre conseil que de son bon plaisir et ne consulter que sa force. La constitution américaine qui a rompu avec les traditions de violence, de guerres et de conquêtes dont jusqu'alors s'étaient inspirés les peuples, a été une œuvre de sang-froid et de raison. Ce n'est que par la raison et le sang-froid qu'elle peut être maintenue. Mais voilà que des facteurs avec lesquels on n'avait pas compté se révèlent.

Les éléments qui composent la grande majorité de la nation ont leur histoire ailleurs, sous d'autres cieux ; une histoire qu'ont façonnée d'autres idéaux et d'autres principes. Chez eux, l'atavisme inconscient maintenant se réveille, les germes déposés en eux par le passé et longtemps comprimés, éclosent sous le chaud courant du chauvinisme. Le Celte qui domine absolument, aujourd'hui, dans l'Union est essentiellement et avant tout, un combatif qui lutterait rien que pour le plaisir de la lutte, rien que pour l'ivresse de la bataille. « Toutes les nations modernes, écrivait le duc d'Argyle, doivent leur existence à la guerre ; les guerres l'Irlande n'ont donné et ne pouvaient donner naissance à aucune nation, elles ont été purement destructives » (1).

Les Etats-Unis qui ont avancé trop vite, devront-i's donc, ainsi que le prétend le grand philosophe anglais, Herbert Spencer, retourner en arrière, recommencer leur évolution et passer par les mêmes errements que les nations de l'Europe ? On va conserver les Philippines et Cuba parce qu'on ne saurait ni les abandonner à l'anarchie, ni les céder à une puissance étrangère, ni les rétrocéder à l'Espagne. Il faut se soumettre à la

1. *Irish nationalism,* p. 30.

fatalité; mais ne se crée-t-il pas de ce fait un funeste engrenage? Près de l'une de ces colonies ne peut-il arriver qu'il se produise des émeutes, des révolutions dont la prolongation soit préjudiciable aux intérêts des citoyens américains, ainsi que cela a eu lieu à Cuba ; ne faudra-t-il pas rétablir la paix dans ces pays, leur imposer une bonne administration, les empêcher de retomber dans l'anarchie? Où s'arrêtera-t-on ?

Ce désir de domination sur de vastes contrées n'est pas tout à fait nouveau en Amérique ; déjà à d'autres époques certains politiciens se sont complu dans des visions grandioses d'extension territoriale. Seward n'assignait aucune limite à l'expansion des Etats-Unis. « L'Amérique ne leur suffirait pas, ils iraient en Asie rencontrer les civilisations européennes qui auraient, par un autre côté, envahi le continent jaune et qui reculeraient devant eux ou se fondraient avec eux pour rétablir sur la terre le règne de la vraie égalité et de la vraie liberté ».

Le traité de paix signé à Paris entre les Etats-Unis et l'Espagne, a dû enregistrer une protestation des Espagnols contre l'annexion des Philippines, le traitement de la dette cubaine, le refus de rembourser les cautionnements déposés par les particuliers dans les trésors des colonies annexées, et enfin, contre le message du président Mac-Kinley affirmant la criminalité de l'explosion du *Maine* et la mettant à la charge de l'Espagne.

« De sorte, dit un journal, que l'apparition de la
Grande République dans l'arêne de la politique
internationale, bien loin de provoquer ou de
marquer un pas en avant dans la voie de l'entente des peuples, aura contribué à créer un
germe de discorde de plus et à ouvrir un nouveau compte de rancunes et de haines. »

Le premier pas sur la pente impérialiste a été
l'annexion des Iles Hawaï qui n'a pas eu lieu,
cependant, sans une vigoureuse résistance de la
part des éléments les plus conservateurs du
Congrès. Elle avait d'abord été repoussée, mais
àprès la victoire de l'amiral Dewey à Cavite,
ou plutôt au moment même de son départ pour
les Philippines, les impérialistes rappelèrent
qu'aucune station de ravitaillement pour la
flotte américaine ne se trouvait à proximité de
ces îles, et cet argument joint à l'entraînement
du succès emporta l'adhésion de la majorité.
L'annexion fut votée le 6 juillet 1898, par 291 voix
contre 91 à la Chambre des députés et par 42 voix
contre 21 au Sénat; le sénateur Hoar lui-même,
le principal champion du parti anti-annexionniste,
céda, mais en adjurant les Chambres de ne pas
aller plus loin. Les économistes alléguèrent preuves en mains, que l'annexion ne constituait pas
un avantage financier, mais au contraire, un surcroît de dépenses. Rien n'y fit ; chez ces hommes
d'affaires calculateurs le désir de l'agrandissement
de l'Union l'emporta, et le sénateur Teller put

s'écrier aux applaudissements du public : « Je crois que partout où flotte notre drapeau, soit par droit de conquête, soit par le consentement du peuple qui le laisse arborer, là il doit rester, et le parti ou les hommes qui proposent de le retirer auront à compter avec la grande masse de la nation américaine, qui croit que c'est le meilleur drapeau du meilleur gouvernement qui existe et qu'il est plus capable d'apporter au pays sur lequel il flotte, la paix et la prospérité, que n'importe quel autre drapeau ou quel autre gouvernement sous le ciel ! ».

Quant aux Hawaïens eux-mêmes, c'est le cœur rempli de tristesse qu'ils virent les couleurs américaines remplacer celles qui, jusqu'à ce moment, avaient symbolisé pour eux la vie nationale ; ils n'assistèrent pas à la cérémonie. Un correspondant de New-York raconte que toutes les maisons étaient closes et les rues désertes. Il n'y eut pas de discours, pas d'acclamations et les quelques Hawaïens qui se trouvaient sur une estrade avec les principaux personnages représentant l'Union, baissèrent la tête quand le drapeau qui avait été le leur disparut pour toujours. Lorsqu'il s'agit de jouer une dernière fois l'air national, les indigènes qui étaient membres de la fanfare jetèrent leurs instruments et se retirèrent.

Constatons en passant que les difficultés qui ont accompagné et qui accompagnent encore la pacification des Philippines ont provoqué un

mouvement anti-impérialiste très marqué et que les
hommes politiques anglais qui ont cherché à entraîner l'Union dans leur orbite, en ont été pour
leurs frais (1). On a bu par ci par là, à la fraternité des *races anglo-saxonnes*, on en a exalté la
force et la vigueur ; beaucoup d'Américains descendants d'opprimés et de parias d'Albion, se sont
montrés flattés d'être appelés cousins par leurs
anciens oppresseurs ; mais le sentiment de la
race et de la communauté de langue que l'on
feint d'invoquer n'aveugle pas le plus grand
nombre sur la réalité de leurs origines. Ils comprennent très bien, en outre, que si les intérêts
de l'Angleterre avaient porté celle-ci à faire cause
commune avec l'Espagne, la *parenté* n'aurait pas
pesé d'un grand poids dans la balance.

« Une alliance avec l'Angleterre disait le *San
Francisco Chronicle* (2), ne serait pas à notre
avantage. Elle impliquerait pour nous l'isolement
d'abord et la guerre ensuite. Quels que soient
les périls que court l'Angleterre, cela nous importe peu et il n'y a rien dans le sentiment de la

1. Un auteur anglais que j'ai déjà cité, sir Lepel Griffin,
disait aux Américains en 1884. « L'entente cordiale entre
nos deux pays devient plus marquée d'année en année et
aussi longtemps que les Etats-Unis concentreront leur attention exclusivement sur le continent américain il n'est pas
probable que nos intérêts se heurtent (« *The great Répu-
blic*. p. 185) Le conseil est bon à retenir.

2. 10 juin 1898, cité par *L'Indépendant* de Fall River.

race qui puisse justifier l'Amérique de se jeter
dans les difficultés et des dépenses pour réparer
les mauvais effets des fautes de l'Anglais... C'est
seulement en nous alliant avec l'Angleterre, l'ennemi commune des nations, que nous nous ferons
des ennemis actifs et que nous nous mettrons en
passe de voir notre paix troublée et de perdre
notre commerce ».

En dehors des époques de leurs guerres, les
Etats-Unis n'ont guère fourni de matière aux publicistes du Vieux Monde ; la presse étrangère
s'est peu occupée des combinaisons de leurs diplomates, des déclarations de leurs ministres, des
discours de leurs hommes politiques ; les économistes seuls ont trouvé dans la grande République,
un champ intéressant d'observations et d'études.

La crise financière de 1837-41 ; quelques scandales, ceux du *Crédit Mobilier* en 1872, du *Star-
Route* en 1882, du Tammany-Hall à différentes
dates ; les répressions sanglantes d'émeutes de
grévistes à Pittsburg, New-York ou Cincinnati ;
les attentats anarchistes de Chicago en 1886, ces
faits ont obtenu quelques lignes dans la colonne
des nouvelles des journaux d'Europe. De même
encore, les expéditions successives de 1825 à 1858,
à l'effet de repousser les Mormons en dehors des
territoires civilisés, la loi votée contre eux en
1882 ; quelques campagnes contre les Indiens,

quelques-unes des nombreuses exécutions auxquelles procèdent, chaque année, les adeptes du
Juge Lynch ont pu, un instant, émouvoir l'opinion publique internationale.

Les Etats-Unis ont eu ce bonheur d'être en
dehors du mouvement politique et de n'avoir aucun
rôle à jouer dans le maintien de l'équilibre entre
les autres grandes puissances. Ils se sont déve-
loppés à l'écart de l'opinion étrangère, de la critique intéressée, des racontars exagérés de journalistes soudoyés en vue de campagnes diplomatiques.

Il a même fallu à certains moments, comme
par exemple en 1841, lorsque des législatures
d'Etats ont voulu renier leur dette publique, que
des hommes politiques américains rappelassent
à leurs compatriotes, que l'opinion étrangère existait et qu'il ne fallait pas se déshonorer à ses
yeux (1).

Cette situation privilégiée a permis aux Etats-
Unis d'accroître dans d'énormes proportions, sans
susciter de défiances ou de haines, leur richesse
commerciale, leur puissance industrielle et de
consacrer toutes leurs forces d'action au développement de leurs ressources économiques.

Cette situation se prolongera-t-elle au vingtième
siècle?

A l'heure qu'il est, deux puissances morales et

1. Sir Charles Lyell. *Travels in North America*, vol. II,
p. 63.

psychiques se trouvent en conflit. D'un côté, les enseignements des fondateurs de la République, dont l'autorité n'est pas encore tout à fait abolie; l'influence de l'élément conservateur et éclairé de la population, influence qui malheureusement n'est pas prépondérante[a]; les intérêts du commerce et de l'industrie qui sont basés sur la sécurité des relations extérieures.

D'un autre côté l'ivresse de la force matérielle et du succès; l'existence d'un esprit public susceptible de tous les emballements et que la presse façonne à son gré, d'un esprit fiévreux, enthousiaste, combatif et très cohérent auquel nul n'ose résister, ni la magistrature, ni le clergé, ni même le gouvernement, un esprit qui procède avec une sorte d'inconscience et à l'encontre duquel on serait mal venu d'opposer les lois de la justice, de l'humanité ou de la raison. Laquelle de ces puissances va l'emporter ?

Qui sait? Peut-être est-il dans les desseins de la Providence que toutes les forces du monde civilisé soient, au seuil du vingtième siècle, groupées les unes contre les autres, afin que le cataclysme qui se prépare soit général et que tous les éléments du passé soient désunis, afin de se prêter à des combinaisons nouvelles. L'Amérique qui semblait avoir dit son dernier mot dans les luttes armées, marquait peut-être un état de progrès anormal et pour lequel le monde n'est pas encore préparé.

STATISTIQUES DE POPULATION ET D'IMMIGRATION

I. *Population totale par décades, de 1790 à 1890. — Augmentation régulière de 30 à 36 pour 100 par décade. — Jusque vers 1860, familles généralement nombreuses. — L'immigration n'a jamais été interrompue. — II. Immigration allemande, statistiques établies avec soin. — III. Immigration irlandaise. — Difficultés de se renseigner exactement. — Opinions diverses exprimées au sujet de cette immigration. — Statistiques concernant l'augmentation de la population en Irlande, en Angleterre et en Ecosse.— IV. Autres immigrants. — Proportion des Américains de naissance et des Américains d'extraction étrangère. — V. Caractère général des immigrants. Agences d'émigration. — Les traversées sur l'Atlantique.*

« Si les Etats-Unis étaient fermés à l'étranger, le surcroît
« du nombre des naissances sur celui des morts marque-
« rait seul le progrès de la population. Ce surcroît étant
« de 1.38 pour 100, la population aurait dû être en 1870
« de 10 millions d'âmes. Elle s'élevait à 38 millions et
« demi. Sans l'immigration ce chiffre n'eût été atteint
« que dans 40 ans ».
(E. Lavisse. *Essais sur l'Allemagne impériale*, p. 200).

En 1754, lors du premier congrès tenu en vue d'une union fédérale, les treize colonies anglaises d'Amérique comptaient d'après les meilleures autorités (1), 1.428.000 habitants dont 1.165.000 de race blanche et 263.000 Noirs.

En 1775, à la veille de la déclaration de l'Indépendance cette population avait presque doublé et s'élevait à environ 2.580.000 âmes : 2.100.000 Blancs et 480.000 Noirs.

A partir de 1890, date du premier recensement complet, voici, d'après les chiffres officiels (2) quel a été par décade, le mouvement progressif de la population américaine.

	Population totale.	Noirs.
En 1790...	4.005.208	757.208
1800...	5.308.493	1.002.037
1810...	7.239.814	1.377.808
1820...	9.638.131	1.771.656
1830...	12.866.020	2.328.642
1840...	17.069.453	2.873.648
1850...	23.191.876	3.638.808
1860...	31.443.321	4.441.830
1870...	38.558.371	4.880.009
1880...	50.497.057	6.580.793
1890...	62.622.250	7.700.000

On calcule généralement que le chiffre total du census 1900, ne sera guère inférieur à 80 millions, s'il ne le dépasse pas. Ainsi, en un peu plus d'un siècle, la population des Etats-Unis se sera décuplée deux fois.

1. Bancroft, le professeur F. B. Dexter, etc.

2. *Compendium of the eleventh census* 1890 (Washington 1892).

L'augmentation a été à peu près régulière et a varié par décade, entre 30 et 36 pour 100, exception faite des décades 1860-70 (époque de la guerre de sécession) et 1880-90 pendant lesquelles elle n'a été que de 22,63 et 24,86.

Jusque vers 1860, les familles sont restées très nombreuses, tant dans l'élément indigène de la population que parmi les émigrés ; depuis environ quarante ans, les sociologues et moralistes signalent et déplorent la décroissance de la natalité dans les familles de vieille souche américaine et dans les classes riches.

A aucune époque l'immigration n'a été absolument interrompue ; pendant la guerre de l'indépendance même, paraît-il, un bon nombre d'Irlandais ont passé en Amérique. Après la guerre, ce nombre s'est accru en même temps qu'il s'y joignait plusieurs milliers d'Allemands, d'Ecossais et d'Anglais. De 1784 à 1808 l'extension extraordinaire donnée à la traite des Nègres a été un facteur important dans le mouvement de la population, comme on peut le constater dans le tableau qui précède.

On trouvera plus loin, puisées aux meilleures sources, les données statistiques qui permettent d'établir, au moins d'une manière approximative, la composition de la population des Etats-Unis, jusqu'à nos jours et de faire le compte des agrégations successives qui ont modifié ses éléments primitifs.

Jusqu'à la guerre de Sécession, l'immigration s'est recrutée parmi les Irlandais, les Allemands, les Scandinaves, les Ecossais ; mais surtout parmi les Irlandais, tandis que les descendants des anciens colons anglo-saxons, irlandais, allemands, huguenots, hollandais se sont multipliés dans des proportions normales et que les familles, comme je l'ai dit, sont restées généralement nombreuses. A partir de la guerre de Sécession qui a détruit près d'un million d'hommes, dont un grand nombre, principalement dans le Sud, appartenaient aux anciennes familles, les immigrants ont continué d'affluer, non-seulement de l'Allemagne, des Iles britanniques et de la Suède-Norvège, mais encore de l'Italie, de l'Autriche-Hongrie, de la Pologne, du Canada et même de la Russie, alors que la population américaine de vieille souche n'augmente plus sensiblement si même elle ne décroît pas.

II

Les statistiques relatives à l'immigration allemande ont été recueillies avec un grand soin, tant en Allemagne, aux ports d'embarquement de Brême et de Hambourg, qu'aux Etats-Unis ; ajoutons que les Allemands réussissent assez mal à dissimuler leur identité, même lorsqu'ils s'y efforcent et que les registres officiels doivent contenir assez peu d'erreurs à leur sujet.

En 1844, la population blanche totale des Etats-Unis s'élevait à 15.730.000 âmes; sur ce nombre d'après des statistiques de source américaine (1) 4,844.630 étaient d'origine allemande. Franz Löher déclare que ce chiffre est peut-être exagéré, mais fort peu et lui-même, après avoir consulté les registres des paroisses allemandes des différents Etats, nous soumet les calculs suivants :

En 1800 la population d'origine allemande dans l'Union dépassait 1.061.000 âmes.

D'après les rapports de l'immigration, 3.000 Allemands par année, de 1800 à 1815, sont arrivés aux Etats-Unis, soit 45.000.

Ce nombre, en 46 ans, s'est triplé. .   135.000

De 1815 à 1830, l'immigration s'est élevée à 12.000 par année soit : 180.000. Ce nombre a doublé en 31 ans 360.000

De 1830 à 1846, immigration annuelle 40.000 . . . .   640.000

Ce nombre s'est accru de moitié en 16 ans 320.000

Les 1.061.000 Allemands qui se trouvaient aux Etats-Unis en 1800, ont dû, comme le reste, se tripler . . 3.183.000

Total. . . 4.638.000

1. *The american almanac and repository of useful knowledge*, (Boston 1844).

2. *Einwanderûng und Zûstand der Deutschen in Amerika*, (Leipsig 1847).

Les citoyens américains d'origine allemande se seraient trouvés ainsi répartis, dans les différents Etats : (1)

Dans les six Etats de la Nouvelle-Angleterre.	10.000
New-York..........	700.000
Pennsylvanie.......	800.000
Ohio..............	800.000
Indiana...........	300.000
Virginie	250.000
Illinois	175.000
Maryland	125.000
Wisconsin	100.000
New-Jersey	105.000
Missouri..........	90.000
Michigan..........	75.000
Kentucky	69.636
Caroline du Nord...	60.000
Iowa.............	50.000
Tennessee.........	41.176

le reste était disséminé dans la Géorgie, la Louisiane, le Mississipi, le Texas, le Delaware, l'Alabama, l'Orégon, etc., etc.,

D'après les statistiques officielles américaines (2), l'appoint fourni par l'Allemagne à l'immigration, du 30 septembre 1819 au 31 décembre 1855, a été de 1.242.082 personnes dont 752,431 hommes et 487.864 femmes (le sexe de 1787 individus n'a pas été constaté).

1. Hubner. Jahrbuch (Berlin 1848).
2. W. J. Bromwell. *History of immigration to the United States* (New-York 1856).

Si maintenant nous continuons le calcul de Löher et supposons que ces 4,638.000 ou, si l'on veut, ces 4 millions d'Allemands ont doublé en trente ans, ce qui est fort probable, car on constate généralement que les immigrants appartenant à cette race ont beaucoup d'enfants, leurs descendants devaient être en 1875, au nombre de huit millions. Au cours des vingt-quatre dernières années, de 1876 à 1900, ce nombre a dû augmenter de moitié et se trouverait porté à 12 millions. Je fais ici la part du fait que beaucoup des Allemands émigrés dans la première moitié du siècle, ou antérieurement à la Révolution, se sont enrichis, complètement anglicisés, et qu'ils appartiennent désormais aux classes opulentes et peu prolifiques de la population.

J'emprunte le tableau suivant de l'immigration allemande aux Etats-Unis, aux statistiques officielles américaines (1).

De 1851 à 1860	951.667
1861 à 1870	822.007
En 1870	91.779
1871	107.201
1872	155.595
1873	131.141
1874	59.927
1875	36.565

1. Reproduites par M. G. Florenzano. *Statistica della emigrazione italiana all'Estero, confronti coll'Emigrazione dagli altri stati d'Europa per l'America.* (Rome 1897).

En 1876.......	31.323
1877.......	27.417
1878.......	31.958
1879.......	43.531
1880.......	134.040
1881.......	249.572
1882.......	232.269
1883.......	184.389
1884.......	155.529
1885.......	107.668
1886.......	86.301
1887.......	111.324
1888.......	106.975
1889.......	95.965
1890.......	96.514
1891.......	123.438
1892.......	118.278
1893.......	89.690
1894.......	40.505
1895.......	31.983

Les statistiques allemandes concordent avec les statistiques américaines, elles sont un peu moins élevées cependant, du fait qu'un certain nombre d'émigrants se sont embarqués à Amsterdam, à Anvers ou au Havre.

Le census de 1880 constate l'existence aux Etats-Unis de 1.690.410 individus qui déclarent être nés en Allemagne ; ils sont répartis principalement dans les Etats du Centre et de l'Ouest ainsi qu'il suit :

New-York..........	316.882
Ohio...............	182.889
Illinois............	203.750
Pennsylvanie.......	160.146
Wisconsin..........	162.314
Missouri...........	113.618
Indiana............	78.056
Iowa..............	66.160
Michigan..........	64.143

Ainsi depuis 1847 (1), c'est-à-dire pendant cinquante-trois ans, l'Allemagne a fourni presque chaque année, aux Etats-Unis, la population d'une grande ville. Si nous continuons le calcul commencé plus haut et supposons que les éléments de cette émigration, en majorité des jeunes gens valides et tous à l'âge du travail, ont doublé en trente ans, nous trouvons aux Etats-Unis en 1900, une population d'origine allemande d'au moins vingt-et-un millions d'âmes.

III

Les statistiques relatives aux Irlandais sont moins concluantes et présentent beaucoup plus

1. De 1846 à 1851 l'émigration allemande aux Etats-Unis a été de plusieurs centaines de mille, je n'ai pu me procurer les chiffres exacts. M. R. Baird l'évalue à plus d'un million, de 1846 à 1856 (Baird. *Religion in America*, p. 163).

de difficultés, attendu que dans les registres tenus dans le Royaume-Uni, les gens de cette race ont été souvent inscrits comme Anglais ou Ecossais selon qu'ils se sont embarqués à Liverpool, à Southampton ou à Glasgow.

D'un autre côté, un bon nombre d'entre eux, en raison de l'ostracisme et du mépris dont ils étaient victimes, tant en Angleterre qu'aux Etats-Unis, ont dû, à la faveur d'une langue commune, se donner eux-mêmes pour Anglais ou Ecossais. Aujourd'hui encore, bien que le préjugé nourri contre eux, par les autres sujets et citoyens de langue anglaise, soit devenu moins féroce, la chose se produit très souvent.

Les sept huitièmes des émigrants qui sont indiqués comme s'étant embarqués dans le Royaume-Uni pour venir en Amérique, sont des Irlandais, d'après toutes les autorités compétentes.

« De 1783 à 1829, dit Buchanan (1), la Grande-Bretagne a envoyé en Amérique 1.500.000 individus dont un million d'Irlandais, 250.000 Ecossais et 250.000 Anglais. » Ces chiffres sont probablement exagérés, surtout en ce qui concerne les Anglais, attendu que pendant la plus grande partie de cette période, tous leurs efforts ont été concentrés en Europe, dans la lutte contre Napoléon et la défense de leur commerce et que

1. Buchanan. *Emigration practically considered*, p. 26 (Londres 1829).

jusqu'à 1814, l'Angleterre a vécu sur un pied d'hostilité constante avec son ancienne colonie. Dans tous les cas, la plus grande partie de ces Anglais et de ces Ecossais a dû se fixer au Canada.

Le tableau suivant emprunté aux statistiques anglaises (1) établit le chiffre total de l'émigration de la Grande-Bretagne aux Etats-Unis, pour la période 1830-1896 :

1831–40	283.191
1841–50	1.047.763
1851–60	1.338.093
1861–70	1.106.976
1871–80	989.165
1881	176.104
1882	181.908
1883	191.573
1884	155.280
1885	137.687
1886	152.710
1887	201.526
1888	195.986
1889	168.771
1890	152.413
1891	156.395
1892	150.039
1893	148.949
1894	104.001
1895	126.502
1896	154·496

1. Florenzano. *op. cit.*

Il y a une différence importante entre les statistiques anglaises et les statistiques américaines, celles-ci portant sur des chiffres beaucoup moins élevés, mais cette différence s'explique par le fait qu'un grand nombre des émigrants de la Grande-Bretagne se rendent aux Etats-Unis en passant par le Canada et que des registres d'immigration ne sont tenus qu'aux ports maritimes.

Les autorités du Royaume-Uni tiennent également un registre des retours. Or, depuis 1885, les chiffres placés sous la rubrique « *Retour et rapatriement* » atteignent à peu près la moitié de ceux de la moyennne annuelle de l'émigration. Ainsi pendant la période septennale 1885-92, 684.481 personnes, dont un bon nombre d'étrangers il est vrai, sont entrés dans les ports britanniques, revenant d'Amérique.

Il se fait un mouvement de va et vient continuel entre la Grande-Bretagne et les Etats-Unis où le capital anglais est placé en d'énormes proportions, plusieurs milliards de livres sterling, paraît-il, de sorte qu'il est impossible d'établir exactement le nombre des Anglais et des Ecossais qui traversent l'Océan, dans le but de se fixer aux Etats-Unis, ou qui y vont simplement pour surveiller l'emploi de leurs capitaux ou en qualité de touristes. Les Irlandais, eux, qui sont rarement capitalistes et gens de loisir, entreprennent la traversée pour le bon motif et reviennent rarement d'outre-mer.

Voici quelques opinions exprimées à différentes époques, sur l'émigration irlandaise aux Etats-Unis, par des auteurs qui ont dû se renseigner aux meilleures sources : M. Philip Bagenal, dans son excellent ouvrage, l'*Irlandais américain* (1), cite le tableau de W. J. Bromwell portant à 4,212,624 le chiffre de l'immigration totale aux Etats-Unis de 1819 à 1855. De ces immigrants, 207,491 sont indiqués comme Anglais, 34,559 comme Ecossais, 747,930, comme Irlandais et 1.348.682 simplement comme émigrés de la Grande-Bretagne sans distinction de nationalité. « De ce dernier nombre, dit M. Bagenal, un million devait être composé d'Irlandais, ce qui porterait le chiffre de l'immigration irlandaise de 1819 à 1855, à 1,747,930 ; mais ce chiffre est encore inexact, attendu que pendant les seules années de la famine (1846-48) l'immigration irlandaise a été de plus d'un million.... Les immigrants étaient classés, selon qu'ils arrivaient d'Angleterre ou d'Irlande ; la plupart des passagers quittant les ports anglais étaient enregistrés comme Anglais ». J'ai déjà rappelé qu'un grand nombre venaient directement au Canada, d'abord, puis traversaient la frontière sans être signalés comme ceux qui débarquaient dans les ports de New-York, Philadelphie ou Boston.

« De 1820 à 1872, dit le révérend Stephen Byrne (1), on rapporte que le nombre des immigrants

1. *The American Irish.*
2. *The Irish emigration to the United-States.*

aux Etats-Unis a été d'environ huit millions. Sur
ces huit millions on en attribue trois millions à
l'Irlande. Que cette proportion est trop faible,
cela résulte absolument du fait que jusqu'à ces
dernières années, alors qu'a commencé un fort
courant d'immigration allemande, la grande majorité de tous les immigrants était irlandaise. Il est
vrai que l'on donne à la Grande-Bretagne, sans
distinction de nationalités un nombre supplémen-
taire de 544.000 individus, et comme pendant plusieurs années toute l'immigration de la Grande-
Bretagne a été composée exclusivement d'Irlandais, nous pouvons compter que ces 544.000 individus venaient la plupart d'Irlande ».

D'après M. Edward Young, chef du bureau des
statistiques à Washington, l'immigration irlandaise
de 1846 à 1878 a dépassé 2.850.000 âmes.

De 1849 à 1854, il a pu être constaté officiellement que 280 millions de francs avaient été envoyés des Etats-Unis en Irlande, pour permettre
aux parents restés au pays natal de venir rejoin-
dre les leurs, émigrés précédemment, ou à titre
de secours (1).

Enfin, un statisticien anglais, M. Lock (2), cal-
culait que de 1620 jusqu'en septembre 1853, on
pouvait évaluer à neuf millions et demi, le nombre des Irlandais qui avaient quitté leur pays,

1. Legoyt. *L'émigration europeenne* (Paris 1860).
2. Conférence faite devant la « *British association for
the progress of social science* » (Londres 1853).

l'Angleterre et le Canada pour se rendre aux Etats-Unis d'Amérique ; ce calcul est très exagéré.

En 1885 cette question de la proportion de l'élément irlandais dans la population américaine, fut agitée dans plusieurs journaux du pays, et l'on tomba généralement d'accord sur le fait qu'elle devait dépasser vingt millions ; c'était en particulier, paraît-il, l'opinion de Mgr Gibbons et d'autres évêques de cette race.

En 1887, dans le *Chatauquan Magazine* M. John, Hull évaluait à 22 millions, le nombre des Américains nés en Irlande et d'origine irlandaise. « A première vue, ce chiffre pourra paraître exagéré, dit-il, mais si l'on se rappelle que les Irlandais composaient le tiers de la population de l'Union, à la fin de la guerre de l'Indépendance, qu'ils ont émigré en grand nombre et continuellement depuis lors, et qu'ils sont l'un des peuples les plus prolifiques qui existe on ne songera plus à s'étonner (1) ».

La moyenne de l'émigration d'Irlande aux Etats-Unis depuis quinze ans, est d'environ 50.000 par année. Le nombre des citoyens américains qui ont du sang irlandais dans les veines, à l'heure qu'il est, ne doit pas être inférieur à 40 ou 50 millions.

Voici d'autres statistiques (2) qui peuvent ser-

1. *Chatauquan Magazine.* M. John Hull (octobre 1887).
2. *Willakers almanac* (Londres).

vir à corroborer cette opinion. En 1767 la population de l'Irlande était de 2.544.276 âmes ; trente-
quatre ans plus tard, en 1801, malgré la nombreuse émigration de l'Ulster et des autres provinces recrutée presque exclusivement parmi les
jeunes gens forts et valides, en dépit des circonstances économiques déplorables et de l'extrême
pauvreté, cette population s'élevait à 5.216.329.

. A partir de 1821, elle a oscillé ainsi qu'il suit :

En 1821.......	6.801.827
1841.......	8.175.124
1851.......	6.552.385
1861.......	5.764.543
1871.......	5.412.377
1881.......	5.174.836
1891......	4.706.162

Pendant une seule période septennale, 1852-
1858, l'Irlande a perdu par l'émigration 1.696.661
personnes :

Emigrés d'Irlande, sans distinction de destination :

En 1852.......	368.966
1853.......	329.637
1854.......	323.429
1855.......	176.807
1856.......	176.554
1857.......	212.875
1858.......	68.093

Nous savons que l'immense majorité de ces
émigrants sont allés en Amérique. Pendant la

période quinquennale précédente (du 31 décembre 1846 à la fin de 1851) l'exode d'Irlande a atteint le chiffre de 1.423.000 personnes.

Population de l'Angleterre et du pays de Galles :

En 1700.......	5.134.516
1750.......	6.039.684
1801.......	9.060.993
1871.......	22.791.578
1881.......	25.974.446
1891.......	29.001.018

Tout le long de ce siècle, l'Angleterre a envoyé de nombreuses colonies au Canada, en Australie, aux Indes, en Afrique, dans les Antilles, etc., etc. Or, la race anglaise est moins prolifique que la race irlandaise, et le nombre des femmes non-mariées, est, comme on le sait, beaucoup plus élevé en Angleterre qu'en aucun autre pays du monde.

L'Ecosse qui a également fourni un bon nombre d'habitants au Canada, à l'Australie et aux Etats-Unis, avait en 1801 une population de 1.625.000 âmes.

En 1801.......	1.625.000
1871.......	3.360.018
1891.......	4.033.183

Aux Etats-Unis, les familles Irlandaises, pendant une ou deux générations, après l'exode de

la mère-patrie, sont beaucoup plus nombreuses
que les familles anglaises et écossaises, chacun a
pu la constater ; elles comptent certainement, en
moyenne, six ou sept enfants. La plupart des émigrés de même que dans les autres nationalités
d'ailleurs, sont des jeunes gens qui se marient
aux Etats-Unis et se trouvent bientôt à la tête
d'une famille. On dit, d'un autre côté, qu'en raison des circonstances difficiles où se trouvèrent
souvent les émigrés irlandais, entassés dans les
grandes villes pendant les premières années de
leur séjour en Amérique, la mortalité a fait chez
eux de plus grands ravages que chez les Allemands et les anciens habitants de l'Union.

Lors du recensement de 1870, 1,854,827 personnes ont reconnu être nées en Irlande ; presque
toutes habitaient les villes, 142,000 seulement
vivaient à la campagne (1). Les Irlandais étaient
nombreux surtout dans les Etats suivants :

New-York	528.806
Pennsylvanie	235.748
Massachusetts	216.120
Illinois	120.162
Ohio	82.674
Connecticut	70.630
Californie	54.420

1. Cette statistique fait dire à sir Lepel Griffn. « Les
Irlandais se plaignent en Irlande de ne pas posséder de
terres et en Amérique ils ne veulent pas cultiver celles
qu'on leur offre à un prix nominal (*Op. cit.*, p. 131).

Après les Irlandais et les Allemands, l'émigration qui a le plus fourni à la population de l'Union est probablement celle de la Suède-Norvège. En 1860 d'après les autorités les plus compétentes, les Suédois et Norvégiens étaient déjà aux Etats-Unis, au nombre de 200,000; la plupart habitant les Etats du Wisconsin, du Missouri, de l'Iowa et du Minnesota. Depuis cette époque, ils y ont émigré dans les proportions suivantes (1).

1861-70	117.799
1871-80	226.488
1881-90 environ	370.000
1891	53.400
1892	57.724
1893	52.000
1894	20.000
1895	38.000

En 1892, les Etats-Unis comptaient une population de 500,000 Hongrois (2). L'immigration de Hongrie a commencé en 1849; dans la seule année 1892 elle s'est élevée à 34,000 et à environ 15,000 par année à partir de 1880.

En 1871, la population italienne des Etats-Unis ne dépassait pas 70,000 âmes. De 1873 à 1884, l'immigration d'Italie constatée officiellement par les autorités américaines a atteint le chiffre de

1. 3. Florenzano, *op. cit.*
2. Professor Alex. Marki. *Amerika und die Ungarn,* page 23.

145,616 et de 1885 à 1895 celui de 518,501, elle a été très considérable depuis cinq ans.

D'après les statistiques officielles, l'émigration des Français aux Etats-Unis, de 1820 à 1889 (1), s'est élevée à 357,333 âmes ; celle des Danois à 127,642 et celle des Suisses à 160-201.

Il y aurait à noter aussi, en ces dernières années, une immigration assez considérable d'Autriche et de Russie ; la première ne modifie que légèrement le chiffre de la population allemande de l'Union, un bon nombre des émigrés étant des Polonais et des Tchèques, des Polonais surtout. L'immigration russe se compose presque exclusivement de Juifs.

Les Canadiens-Français comptent aujourd'hui dans les Etats de l'Est et de l'Ouest, une population d'environ 1.300.000. Les Canadiens-Anglais ont émigré dans l'Ouest, paraît-il, au nombre de cent cinquante ou deux cent mille.

Les Français forment quelques groupes importants à New-York, San Francisco, Los Angeles ; les Louisianais de race française sont environ 250.000.

Les Noirs qui étaient 7.700.000 en 1890 dépasseront probablement au census de 1900, le chiffre de 9 millions.

Les Chinois sont nombreux dans quelques

1. Un grand nombre de ces émigrés n'ont pas fait souche aux Etats-Unis et sont retournés en France.

grandes villes et ils ont un ou deux représentants, dans la plupart des villes et villages de l'Union où ils exercent le métier de blanchisseurs.

249, 273 Indiens ont été inscrits au recensement de 1890, ce nombre n'aura pas dû augmenter depuis dix ans.

Les Juifs, enfin, comptent aujourd'hui une population de plus d'un million d'âmes aux États-Unis et ils y émigrent continuellement en nombre considérable d'Allemagne, d'Autriche et de Russie. Ils sont très puissants à New-York, y formant une colonie de 150.000 âmes. Des 400 édifices qui s'étendent sur le Broadway, de Canal-Street au Union-Square presque tous sont occupés par des Juifs ; plus d'un millier de maisons de gros sur un total de 1200 appartiennent à des individus de cette race (1).

Une fusion complète s'est accomplie peu à peu entre plusieurs des éléments divers dont se compose la nation américaine ; d'abord au sein des groupes entre lesquels les croyances religieuses ne créaient pas une barrière infranchissable : puritains et épiscopaliens anglo-saxons, presbytériens irlandais, luthériens allemands, Huguenots, Hollandais ; plus tard entre Irlandais, Allemands, Polonais, Hongrois catholiques, puis dans l'Ouest entre les représentants de toutes les nationalités qui s'y sont donné rendez-vous, au ha-

1. *The American Jew* p. 3. (New-York 1893).

sard des rencontres et des sympathies. Peut-être reste-t-il dans le Massachusetts, le New-Hampshire, le Vermont, le Maine, un certain nombre de familles chez lesquelles le *New-England blood* est sans mélange. Peut-être les descendants ruinés de quelques grands planteurs de la Virginie, ont-ils tenu à épouser des femmes dans la caste exclusive à laquelle ils appartenaient autrefois. Peu de familles, en dehors des émigrés des quarante dernières années, sont exclusivement anglaises, exclusivement irlandaises, exclusivement allemandes par le sang.

Les races se sont cependant perpétuées distinctement, par leurs représentants mâles et si les noms n'avaient pas été si souvent modifiés, nous pourrions indiquer la part revenant à chaque nationalité dans la formation de la population américaine en un tableau qui serait à peu près celui-ci.

Irlandais et descendants d'Irlandais. . . .	26.000.000
Allemands et descendants d'Allemands. . .	20.000.000
Descendants de Puritains, de Virginiens et d'Anglo-saxons de vieille souche américaine. .	6.000 000
Descendants de Hollandais.	1.000 000
Descendants de Huguenots.	700 000
Ecossais et descendants d'Ecossais	3.000 000
Scandinaves	2.500 000
Polonais (1)	2.000 000
A reporter. . . .	61.200.000

1. Je dois mes renseignements relativement à la population d'origine polonaise des Etats-Unis à l'obligeance de M. l'abbé Stepka, rédacteur à la *Review* de St-Louis (Missouri).

Report. . . .	61.200.000
Tchèques et Slaves d'Autriche.	600 000
Hongrois	600 000
Emigrés anglo-saxons, Canadiens anglais et descendants. . . . :	1.500 000
Canadiens-français	1.300 000
Belges, Suisses, Français.	1.000 000
Espagnols, descendants d'Espagnols et Portugais (1)	500 000
Italiens.	1.600 000
Indiens et Chinois.	500 000
Nègres	9.000 000
Juifs.	1.100 000
	78.900 000

En 1890, sur une population blanche totale de 34,983,890 (2), étaient nés aux Etats-Unis, de parents américains 34,358,348 individus ; de parents étrangers 11,503,675; et nés à l'étranger, 9,249,597, ainsi répartis :

Massachusetts, New-Hampshire, Connecticut, Maine, Vermont, Rhode-Island, New-Jersey, Delaware, New-York, Pennsylvanie. Nés de parents américains 51,93 0/0. Etrangers et fils d'étrangers, 48,07.

Ohio, Indiana, Illinois, Michigan, Wisconsin,

1. M. Albert Hans, consul-général du Paraguay à Paris, qui a étudié spécialement cette question, affirme que le nombre des Espagnols et descendants d'Espagnols aux Etats-Unis dépasse certainement 600.000 âmes. D'après M. le Vicomte de Valle da Costa, consul du Portugal à Boston, l'apport des Portugais dans la population américaine serait de 40.000 dans le Massachusetts, de 30 000 dans la Californie, en outre d'une colonie très importante dans l'Ohio.

2. *Compendium of the* 11th *census.* (Washington).

Minnesota, Iowa, Missouri, les deux Dakotas, Nebraska, Kansas. Nés de parents américains 55,91.
De naissance ou d'extraction étrangère, 44,09.

Montana, Wyoming, Colorado, Nouveau-Mexique, Arizona, Utah, Nevada, Idaho, Washington, Orégon, Californie. Nés de parents Américains 51,83.
De naissance ou d'extraction étrangère, 48,17.

Dans les Etats du Massachusetts, du Connecticut, du Rhode-Island, du New-York, de l'Illinois,
du Michigan, du Wisconsin, de l'Illinois, du Minnesota et des deux Dakota, l'élément de naissance
ou d'extraction étrangère comprenait plus de la
moitié de la population ; dans les anciens Etats esclavagistes du Sud, il ne comprenait que 9 ou 10
pour 100 de la population blanche totale.

<h2 style="text-align:center">V</h2>

L'émigration qui a fourni à l'Union les trois
quarts de sa population actuelle, ne s'est pas recrutée, comme à l'époque coloniale, parmi les victimes de l'intolérance et du fanatisme religieux,
non plus que parmi les repris de justice et les
anciens forçats ; mais pour l'immense majorité
parmi les pauvres, les déshérités de la vie, les victimes des inégalités sociales. Bien peu d'entre
ceux qui sont venus s'établir en Amérique depuis 1785, ont apporté à leur nouvelle patrie des
âmes affinées au contact de civilisations supérieures, l'appoint d'une haute culture intellec-

tuelle, les lumières de la science du Vieux Monde. Tous ont apporté la force de leurs muscles, la vigueur de leurs bras, la saine hérédité de longues générations de travailleurs, l'âpre énergie d'hommes que l'oisiveté ou la satiété des jouissances n'a pas amollis. Quoiqu'on en ait dit, il n'a dû se trouver au milieu de ces émigrants qu'un nombre fort restreint de scélérats endurcis, de criminels invétérés, et ceux-là, dès leur arrivée, se sont enfouis dans les bas-fonds des villes populeuses.

D'autres, quelques malheureux qui avaient pu, un instant, céder aux funestes suggestions de la misère sont venus chercher dans le Nouveau-Monde la réhabilitation et la régénération par le travail.

Les nouveaux venus ont contribué dans la même mesure que les anciens colons, au développement des ressources et de la richesse du pays ; car on leur avait gardé leur part d'obstacles à renverser et de luttes à livrer ; ils ont été, eux aussi, comme les hommes des générations précédentes, des pionniers, des fondateurs de villes, des créateurs de territoires et d'Etats.

Les émigrants de la première partie du siècle, avant l'ère des bateaux à vapeur, étaient presque tous des jeunes gens, des journaliers, laboureurs et artisans, ils ont été conséquemment, dès leur arrivée, des producteurs, donnant plus à leur pays d'adoption qu'ils n'en avaient reçu. «A l'heure qu'il est, écrivait M. de Molinari en 1886 (1), il y a plus d'un million d'étrangers en France, soit 1 pour 73 Français. Supposons qu'au lieu d'importer ce million de travailleurs adultes qui sont venus combler le déficit de sa population, la France les eût élevés elle-même : que lui auraient-ils coûté ? Pour obtenir un million d'hommes âgés de vingt ans, il faut mettre au monde environ 1.300.000 enfants. Or veut-on savoir ce que coûte en moyenne l'élève et l'éducation d'un million d'adultes : trois milliards cinq cent millions de francs.

C'est donc une somme de 3.500.000.000 que la France a épargnée en important des travailleurs tout élevés au lieu de les élever elle-même ; et cette épargne n'a-t-elle pas contribué pour sa bonne part à l'expansion de la richesse publique et privée ? »

Ce n'est pas d'une importation d'un million seulement mais de quinze ou vingt millions d'étrangers adultes que les Etats-Unis ont bénéficié matériellement en ce siècle.

∴

La plupart de ces étrangers ont été invités à venir en Amérique. Dès 1820 des agences furent établies en plusieurs pays d'Europe et principalement en Allemagne, afin d'attirer des émigrants

---

1. *Journal des Economistes*, décembre, 1886.

vers les nouveaux Etats de l'Ouest. Les agents, généralement peu scrupuleux, touchaient une somme de — pour chaque émigrant qu'ils recrutaient et, on le comprend, étaient prodigues de promesses. Mais les perspectives brillantes qu'ils faisaient luire aux yeux du pauvre paysan hessois ou westphalien, disparaissaient bientôt pour faire place à de douloureuses réalités dès qu'on avait quitté les rives du pays natal.

Car avant l'ère des bateaux à vapeur surtout, elles étaient terribles les traversées des émigrants sur l'Atlantique. Entassés les uns sur les autres comme un vil bétail, à peine nourris, maltraités par les hommes de l'équipage, un grand nombre de ces pauvres gens mourraient avant de toucher le sol américain. Ils arrivaient affamés, sales, souvent meurtris de coups et malades, puis se heurtaient à la rapacité d'aubergistes, de logeurs, d'exploiteurs de toutes sortes qui gagnaient leur confiance, les dépouillaient sans pitié et les abandonnaient (1). Souvent des émigrés débarqués en bonne santé, ont succombé au bout de quelques semaines à la faim, à la maladie et à l'ennui. Heureux ceux qui trouvaient au débarcadère un parent ou un ami déjà établi ; mais il arrivait même que, parmi leurs exploiteurs, se trouvaient d'anciens compatriotes.

1. Löher, *op. cit.*

Des sociétés fondées surtout parmi les Allemands, à New-York, Philadelphie et Baltimore, pour venir en aide aux émigrants finirent par remédier à cet état de choses. Puis les conditions de l'émigration comme tout le reste, se sont améliorées. En 1838 Samuel Cunard inaugura la première ligne de transatlantiques ; des groupes d'individus de même nationalité se formèrent un peu partout et grâce à eux, les émigrés retrouvaient bientôt sur le sol américain, un peu de la patrie absente.

Aujourd'hui, qu'ils viennent d'Allemagne, d'Irlande, de Suède ou d'Italie, les passagers d'entrepont des transatlantiques sont presque tous certains de rencontrer, en arrivant, quelques-uns de leurs nationaux, sinon des parents et des amis. La spéculation et l'exploitation éhontées d'autrefois ne sont plus possibles.

Ils est encore pénible cependant l'aspect d'un de ces navires mouillant en rade de New-York ou de Philadelphie.

Pendant les huit ou dix jours de traversée, les pauvres émigrants se sont amusés entre eux, ont chanté des chansons du pays natal, dansé gaiement au son d'un accordéon ou d'une guitare ; mais voici la terre de l'exil, l'inconnu... La foule qui encombre les quais se montre peu sympathique en général et très souvent hostile ; eux, attristés maintenant, l'air craintif y cherchent une figure de connaissance, quelquefois en vain ; ils consta-

tent que leur costume jure avec celui de leurs nouveaux compatriotes, ils saisissent sur les figures des
sourires et des regards méchants à leur adresse,
ils entendent faire dans une langue étrangère,
des observations qu'ils devinent être cruelles ou
moqueuses.... Peut-être se trouve-t-il au milieu de
ces gens qui débarquent chargés de leur humble
paquet de linge et de vieux habits quelque individu
qui sera un jour un des puissants de la terre, un
roi du blé, du pétrole, ou de l'or.....................

Je vous assure qu'à ce moment là, il n'a pas l'air
d'un conquérant.

FIN DU PREMIER VOLUME.

JOUVE et BOYER, imprimeurs-éditeurs, 15, rue Racine, Paris.

TABLE DES MATIÈRES

Les Puritains.

Les Hollandais. Les Quakers. Les Huguenots.

DEUXIÈME PARTIE

La vie historique.

La naissance de la République.

I. — Manque d'union entre les treize provinces pendant l'époque coloniale. — La fondation de la République a été l'œuvre d'un petit nombre de citoyens d'élite. — Saine hérédité des colons américains. — II. Premières velléités d'union. — Senti-

Jouve et Boyer imprimeurs-éditeurs, 15, rue Racine, Paris.